KB027375

시니어비즈니스 이해와 전략

김형수 · 고경환 · 송양민 · 김숙응 · 이원재 · 김정근 · 김정선
엄애선 · 정은경 · 안성남 · 진주영 · 이지흠 · 박해룡 · 한세미
한국시니어비즈니스학회 저

학지사

머리말

우리나라는 2018년에 고령사회로 진입하였으며, 2025년에는 전체 인구 중 65세 이상 인구가 20%를 상회하는 초고령사회로 접어들게 된다. 이렇듯 우리 사회는 고령사회로의 급진전으로 50+ 시니어가 차지하는 비중과 그 중요성이 갈수록 커지는 시대적 변화를 맞이하고 있다. 이러한 변화에 국가의 복지제도만으로 대응하기에는 한계가 있어, 미래의 다양한 시니어의 삶을 향상시킬 수 있는 시니어비즈니스가 필요하며, 또한 그 속에 새로운 기회가 담겨 있다고 생각한다.

한국시니어비즈니스학회는 50+ 시니어 제반 삶의 영역에 대한 학문적 연구와 비즈니스 현장에의 적용을 통하여 시니어비즈니스의 발전 및 시니어의 삶의 질 향상에 이바지하는 것을 주된 목적으로 2017년 12월 5일에 여의도 국회의원회관에서 창립되었다. 학회 창립 이후 학술대회, 학술포럼, 단행본 출간 등 여러 일을 진행하며 조금씩 성장해 가고 있다.

이 책은 시니어비즈니스라는 영역에 관한 학문적 연구와 실천적 관심을 같이해 오던 학회 회원들이 공동으로 일구어 낸 첫 결실이라는 점에서 의의를 갖는다. 책의 내용은 시니어비즈니스의 제반 이해를 기초로 다양한 분야에 관한 현황과 과제 및 향후 발전전략을 담고 있다. 전반부는 시니어비즈니스의 이해와 정책방향을 다루고 있고, 중반부는 시니어비즈니스의 영역(주거, 용품, 보건의료, 요양, 식품, 여가, 뷰티)별 현황과 과제를 포함하고 있으며, 후반부는 과학기술의 발전에 따른 시니어비즈니스의 진로와 혁신전략을 제시하고 있다.

이 책의 출판이 앞으로 우리 사회에서 시니어비즈니스에 관한 보다 심도 있는 논의를 확장시켜 나가는 계기가 되기를 기대한다. 또한 이 책에서 다루는 내용이 우리나라 시니어비즈니스의 발전 방향과 전략을 수립하는 데 도움이 되기를 바란다.

끝으로 집필에 참여해 주신 학회 회원들, 편집위원장 고경환 박사님과 간사 한세미 교수님을 비롯한 편집위원들 그리고 이 책을 흔쾌히 출판해 주신 학지사 김진환 대표님께 감사를 표한다.

한국시니어비즈니스학회 회장

김형수

차례

SENIOR BUSINESS

제1장 시니어비즈니스의 이해

◆

김형수

실버산업이나 고령친화산업으로 명명되던 산업이 이제는 액티브 시니어 혹은 베이비붐 세대를 포함하여 구매력 있는 시니어 소비자들을 대상으로 하는 시니어비즈니스 영역으로 자리매김하고 있다. 과거 고령세대와 다르게 소비여력이 있는 미래의 시니어 세대는 향후 고령사회의 소비주체로 부상할 것으로 예상된다. 시니어비즈니스란 장년층이 시작되는 50세 이상부터 삶을 다하는 그날까지 반평생의 삶의 질을 비즈니스 차원에서 지원하고 담보하는 사업이라고 할 수 있다.

이 장에서는 시니어비즈니스의 이해와 특성을 우선적으로 살펴보고, 그 필요성을 분석해 본다. 다음으로 시니어비즈니스의 현황과 사례를 검토하고, 끝으로 향후 시니어비즈니스의 전망과 과제에 관하여 살펴본다.

1. 시니어비즈니스의 정의 및 특성

우선 시니어비즈니스를 정의하기에 앞서 해당 비즈니스 주요 고객인 시니어가 누구인가에 대한 개념정의를 명확히 할 필요가 있다. 국내에서는 오랫동안 시니어라는 용어 대신 법률상으로나 학술적으로 65세 이상의 연령층을 지칭하는 노인, 실버 또는 고령자라는 용어를 사용하여 왔다. 하지만 최근에는 부정적인 함의가 내포되어 있는 개념보다는 서구에서 일반적으로 사용되는 보다 긍정적이고 연령 중립적인 개념인 시니어라는 개념을 사용하고 있다. 그러나 비즈니스 관점에서는 시니어를 50세를 기점으로 구분하는 것이 타당하리라 본다.

시니어는 50~64세까지의 예비 시니어(pre-senior), 65~74세의 전기 시니어(young-senior), 75~84세의 중기 시니어(middle-senior) 그리고 85세 이상의 후기 시니어(old-senior)로 구분하여 이해하면 좋을 듯하다. 특히 50~64세의 예비 시니어 연령층에는 사회적으로 출생률이 확대된 시기에 태어난 베이비붐 세대가 포함되어 있다. 이들은 사고방식, 체력, 라이프스타일 등 다양한 측면에서 젊고 활동적이며, 경제적 여유에 기반을 두고 적극적인 소비활동을 한다는 점에서 액티브 시니어(active senior) 혹은 새로운 시니어(new senior)라 불리기도 한다. 이들은 기존의 노인세대와 달리 앞으로 시니어비즈니스의 핵심 소비주체 역할을 할 것으로 기대되는 층이다(김광석 외, 2017).

〈표 1-1〉 **시니어의 구분**

구분	연령
예비 시니어(pre-senior)	50~64세
전기 시니어(young-senior)	65~74세
중기 시니어(middle-senior)	75~84세
후기 시니어(old-senior)	85세 이상

다음으로 시니어비즈니스가 무엇인가에 대한 개념정의를 명확히 해 보자. 처음에는 실버산업이라 불렀지만, 2006년「고령친화산업 진흥법」이 제정되면서 고령친화산업(senior friendly industry)이라 명명하였다. 국내에서는 1980년대 중반부터 일본에서 비롯된 실버산업에 대한 논의가 시작되어 베이비붐 세대(1955~1963년생)가 50대가 되기 시작한 2005년을 전후로 새로운 인구구조에 맞는 산업 활성화 논의가 구체화되면서「고령친화산업 진흥법」제정(2006년)과 더불어 고령친화산업으로 명명되었다. 최근에는 고령친화산업 시장의 확대전략 차원에서 액티브 시니어를 포함하는 50대 이상을 주요 소비자층으로 타기팅하면서 '시니어비즈니스(senior business)'라고 명명하며 성장을 도모하고 있다.

일본에서도 '단카이 비즈니스'라는 표현을 많이 쓰고 있다. 단카이 세대는 일본의 베이비붐 세대(1947~1949년 출생)로서 1970~1980년대 일본의 고도성장을 이끌어 낸 세대이다. 미국에서도 'senior market'이라는 용어와 더불어 'baby boomers market'으로 지칭하고 있다(고은지, 2014; 김우선, 2017). 이처럼 고령친화산업이 65세 이상 고령자를 대상으로 하는 경제 · 사회 · 심리 · 신체적 요구에 대한 것이라면, 시니어비즈니스의 개념은 베이비부머를 포함하는 산업이라 할 수 있다.

고령친화산업 또는 시니어비즈니스에 대한 구체적인 정의는 다양하다. 고령친화산업은 2005년 고령화 및 미래사회위원회의「고령친화산업 활성화 전략」에 관한 연구보고서에서 처음으로 정의되었다. 여기에서 고령친화산업은 "고령자의 생물학적 노화 및 사회 · 경제적 능력 저하로 발생한 수요를 충족시키기 위한 산업"이라고 정의하였다.

이후 2006년에 제정된「고령친화산업 진흥법」에서는 고령친화산업을 "고령친화제품의 연구 · 개발 · 제조 · 건축 · 제공 · 유통 · 판매 등의 업을 말하며, 고령친화제품 등은 노인을 우선적인 수요자로 하는 제품 또는 서비스"라고 정의했다. 이때 고령친화산업의 범위에는 용구 · 용품 또는 의료기기, 거주시설, 요양서비스, 금융 · 자산관리 서비스, 정보기기 및 서비스, 여가 · 관광 · 문화 또는 건강지원 서비스, 농업용품 또는 영농지원 서비스, 기타 노인을 대상으로 개발되는 제품 또는 서비스를 포괄하고 있다. 이후 보건복지부와 한국보건산업진흥원은 고령친화산업의 범주를 9개 분야(의약품, 의료기기, 식품, 화장품, 용품, 요양, 주거, 여가, 금융) 중심으로 재조정하였다.

한편, Cutler(2004)는 시니어비즈니스 또는 시니어산업을 "고령자에게 판매하기 위해 창조되고 생산되며 시장을 만드는 모든 상품과 서비스 관련 비즈니스"로 정의했다(성남고령체험관, 2015). 즉, 고령 인구집단의 수요와 구매력에 초점을 둔 기업의 영리활동을 추구하는 비즈니스를 말한다. 특히 시니어비즈니스는 현재의 노인뿐만 아니라 미래의 노인을 대상으로 하는 모든 제품이나 서비스를 시장경제원칙에 입각하여 생산하고 공급하는 활동이라 말할 수 있다.

이상과 같은 정의를 종합적으로 고려해 볼 때, 시니어비즈니스는 현재의 노인층 및 예비 노인층을 대상으로 그들의 현재 욕구와 잠재적 욕구를 충족시키기 위해 상품과 서비스를 제공하는 영리목적의 사업으로 정의될 수 있다.

시니어비즈니스는 사람이 노화됨에 따라 변화하는 신체적 · 심리적 · 사회적 욕구에 대한 적절한 대응(적합성)과 그들이 한평생 살아온 환경에 따른 다양한 선호에 부응(다양성)할 수 있어야 한다. 또한 시니어비즈니스는 시니어 고객에게 편리성과 안전성에 기반을 둔 제품이나 서비스를 제공해야 하며, 시니어와 그 가족에게도 신뢰성을 확보할 수 있도록 양질의 제품이나 서비스를 창출해야 한다.

시니어비즈니스는 예비 시니어에서 후기 시니어로 전개되는 가운데 시니어가 가능한 한 독립적인 생활을 영위할 수 있도록 지원하며(자립성), 지속적으로 자아실현의 기반을 마련하여 웰에이징(well-aging)의 삶을 누릴 수 있게 한다. 시니어비즈니스는 시장경제원리하에서 구매력을 가진 시니어를 대상으로 하되, 수익자 부담의 영리원칙을 추구한다는 점에서 민간주도형 영리산업(수익성)이라고 할 수 있다. 하지만 노인의 삶의 질을 담보해야 할 책임이 있는 국가가 복지시장화라는 차원에서 시니어비즈니스 육성정책과 기업 지

[그림 1-1] **시니어비즈니스의 특성**

원 및 시니어의 권익보호를 위한 시니어시장의 관리·감독 등을 통해 시니어비즈니스에 직간접적으로 관여한다는 점에서 공익성의 특징도 어느 정도 지니고 있다고 볼 수 있다.

2. 시니어비즈니스의 필요성과 현황

1) 필요성

한국은 이미 2000년에 노인이 전체인구의 7.2%(3,395천 명)로 고령화사회가 되었으며, 2018년에는 전체인구에서 고령인구가 차지하는 비율이 14.3%(7,381천 명)를 넘어섬에 따라 고령사회(aged society)에 진입했다. 그리고 다가오는 2025년에는 20.0%(10,508천 명)로 초고령사회(ultra-aged society)가 될 것으로 전망된다. 2060년에는 전체 인구에서 고령인구가 차지하는 비율이 41%(18,536천 명), 기대수명은 거의 90세에 이를 것으로 전망된다(통계청, 2016).

이렇듯 빠르게 초고령사회로 진전되고 있는 가운데 자산과 소득 수준이 높은 시니어비즈니스의 새로운 주체로서 예비 시니어인 액티브 시니어에 주목하고 있다. 2018년 현재 예비 시니어인 50~64세 인구가 차지하는 비율은 전

〈표 1-2〉 시니어 인구변화 추이

연도 / 인구종류별	2000	2010	2018	2020	2025	2030	2040	2050	2060
50~64세 (천 명)	6,189	8,964	11,863	12,402	12,871	12,477	10,949	10,353	8,456
50~64세 (구성비 %)	13.2	18.1	23.0	23.9	24.9	24.2	21.9	22.1	19.8
65세+ (천 명)	3,395	5,366	7,381	8,134	10,508	12,955	17,120	18,813	18,536
65세+ (구성비 %)	7.2	10.8	14.3	15.6	20.0	24.5	32.8	38.1	41.0

자료: 통계청(2016).

체인구 중 23.0%(11,863천 명)를 차지하고 있으며, 이들이 점차 고령화되어 감에 따라 노인인구는 지속적으로 증가할 것이다. 이들의 중심에는 1차 베이비붐 세대가 있어 한동안 우리 사회의 주류 구성원으로 활동할 것으로 예상되며, 향후 시니어시장의 핵심 소비자가 될 것이다. 어찌 보면 예비 시니어를 대상으로 하는 비즈니스가 우리나라에서 본격적인 시니어비즈니스의 출발점이라 할 수 있다.

향후 시니어 세대는 정년퇴직 후에도 연금, 저축, 보험, 자산소득 등의 고정 소득원을 갖고 있는바 구매력을 지닌 시니어 세대가 증가할 것이다. 50대 가구주의 월평균 가구소득 규모는 최근 10년 동안 그 어느 연령대 가구보다 가장 빠른 속도로 증가했다. 2016년 기준으로 50대 가구의 월평균 소득규모(514만 원)는 다른 연령대보다 높았으며, 2006~2016년 동안의 연평균 증감률도 4.4%로 50대가 가장 높다. 과거나 현세대의 고령층은 빈곤율이 높고 노후준비가 미흡했던 반면, 고령사회를 주도할 현재의 50대는 스스로 부양할 능력뿐만 아니라 문화·오락 등에 소비할 여력이 높은 것으로 판단된다. 특히 현재의 50대는 은퇴 이후의 삶에 대한 준비 수준이 높아 소비성향과 소비여력이 더 높은 것으로 판단된다(김광석 외, 2017). 그리하여 시니어비즈니스는 점차 거대한 소비시장이 될 것으로 예상된다.

노인인구의 급속한 증가에 따라 노인과 관련된 다양한 문제를 국가의 복지제도만으로는 해결할 수 없게 되어, 노인복지 관련 일부 재화와 서비스의 공급을 시장경제 체계에서 해결하려는 시도(복지의 시장화)가 있어 왔다. 향후 초고령사회로의 발전과정에서는 소득 수준의 향상과 함께 시니어 계층의 생활양식도 다양하게 변화될 것으로 예상된다. 노인들의 생존을 위한 기본욕구를 넘어서 다양한 개인적 욕구를 표출할 것이며, 노인부양부담비가 날로 증가하고 이에 대한 정부의 공적 복지 공급의 한계와 이에 따른 민간참여부분의 역할증대 문제를 야기할 것이다.

이러한 문제점들은 바로 시니어비즈니스의 필요성을 대두시키는 직접적인 원인이 된다. 공공 부문에서 행하는 노인복지서비스는 노인의 기초적인 생활을 보장하는 것이기 때문에 획일적이고 제한적인 형태로 제공될 수밖에 없다. 그러나 소득이 있는 새로운 시니어는 자신의 수요에 맞지 않는 획일적인 서비스보다는 자신에게 맞는 더 편안하고 만족스러우며 폭넓은 서비스를 추구하게 된다. 그러므로 이러한 수요는 민간기업이 주도하는 시니어비즈니스를 통해 효과적으로 충족될 수 있다. 아울러 시니어비즈니스가 활성화되면 구매력 있는 시니어는 자신의 소득으로 원하는 제품과 서비스를 구매하고, 정부는 저소득층 시니어를 위해 예산을 집중적으로 사용할 수 있어 복지예산의 효율성을 높일 수 있을 것이다(김수영 외, 2016).

이처럼 시니어의 높아진 경제력, 시니어 욕구의 다양화, 고령인구 증가에 따른 공적 복지체계의 한계로 인하여 시니어비즈니스가 필요하며, 또 그 속에 시니어비즈니스의 기회가 담겨 있다고 볼 수 있다.

2) 현황

2014년 한국보건산업진흥원이 발표한 보고서 「고령친화산업 실태조사 및 산업분석」을 통해서도 우리나라 시니어비즈니스의 현황과 성장 가능성을 가늠할 수 있다. 여기서 시니어비즈니스(고령친화산업)의 범위를 의약품, 의료기기, 식품, 화장품, 용품, 요양, 주거, 여가 및 금융 등 9대 산업으로 보았다. 보고서에 따르면 국내 시니어비즈니스의 시장규모를 2012년 기준으로 27조 3,809억 원에서 2015년 39조 2,839억 원, 2020년 72조 8,305억 원으로 성장, 연평균 13.01%의 성장률을 보일 것으로 전망했다(한국보건산업진흥원, 2014).

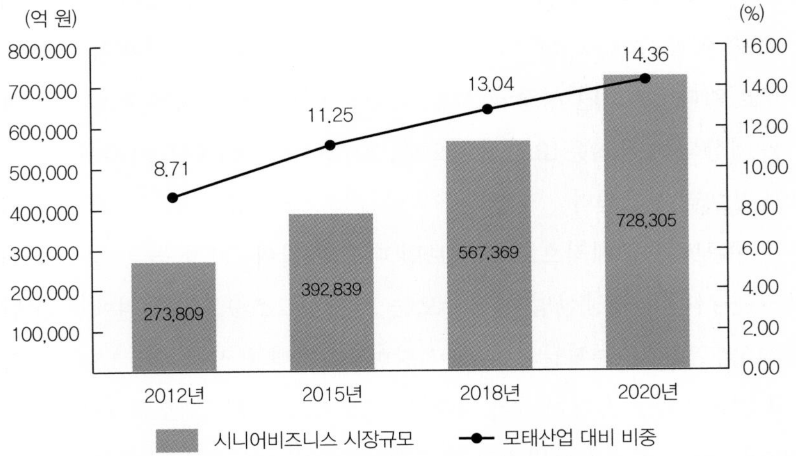

[그림 1-2] **시니어비즈니스 시장규모 전망**

자료: 한국보건산업진흥원(2014).

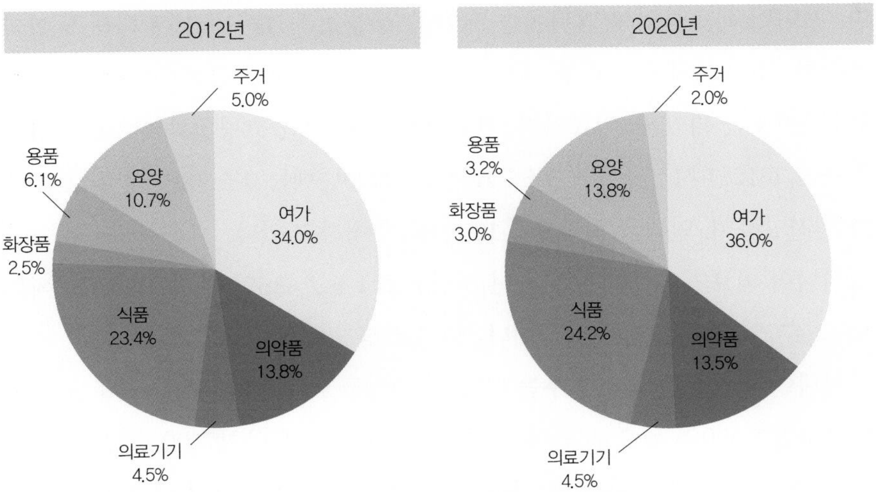

[그림 1-3] **시니어비즈니스 비중 변화**

자료: 한국보건산업진흥원(2014).

참고로 가장 규모가 클 것으로 예상되는 금융산업의 경우, 당해 연도에 매출이 발생하는 다른 산업과는 달리 누적과 거치 등의 특성을 지니고 있으며, 고령사회대비 은퇴자산의 개념으로 이해되어 시니어비즈니스 전체 시장 추계에서는 제외되어 있다.

금융산업을 제외한 우리나라 시니어비즈니스 중 여가산업(34.0%)이 가장 높은 비중을 차지하고 있으며, 그다음으로 식품산업(23.4%)이 높은 비중을 차지하고 있다. 2020년 시장규모 중 2012년 대비 가장 큰 비중 변화를 보일 것으로 예상되는 산업은 요양산업으로, 2012년 10.7%에서 2020년 13.8%를 차지할 것으로 전망된다.

산업 부문별로 구체적으로 살펴보면 다음과 같다. 가장 높은 성장세를 보이고 있는 시니어 요양산업 시장규모는 2012년 2조 9,349억 원에서 2020년 10조 316억 원으로 늘어날 것이라 전망한다. 연평균 성장률은 16.61%로 예상하고 있다. 이는 요양산업이 향후 노인장기요양보험제도를 바탕으로 한 재가서비스와 시설요양서비스가 포함되어 그 시장이 점차 커질 것이라는 판단에 기인하고 있다.

시니어 의료산업은 노인을 주 대상으로 하는 의료산업 분야라고 할 수 있다. 시니어 의료산업의 범위에는 노인의 질병을 치료하는 것에 더해 노인의 건강한 삶을 유지하기 위한 예방적인 의료분야까지 포함된다. 의료산업의 3대 분야로는 의약품, 의료기기, 의료서비스가 있다. 고령친화 의약품산업의 경우는 2012년 시장규모는 3조 791억 원, 2020년에는 9조 7,937억 원으로 증가할 전망하며, 연평균 성장률은 12.6%로 추정하고 있다.

시니어 의료기기산업은 2012년 시장규모 1조 2,438억 원에서 2020년에는 3조 2,479억 원으로 커질 전망이다. 연평균 성장률은 4.5%로 보고 있다.

시니어 화장품산업의 경우는 2012년 시장규모는 6,945억 원에서 2020년에는 2조 1,690억 원으로 연평균 성장률이 15.3%에 달할 것으로 전망한다. 화장품시장은 노화방지용 화장품과 체취방지용 화장품 등의 분야가 커질 전망이며, 인간의 아름다움을 추구하는 성향은 나이나 건강과 무관하게 지속될 것이다. 그리하여 시니어는 현재 화장품에 지출을 많이 하고 있을 뿐만 아니라 계속 소비가 늘어나는 결과로 이어질 것이라 보고 있다.

시니어 식품산업은 2012년 6조 4,016억 원이었던 시장규모는 2020년 17조 6,343억 원으로 연평균 성장률이 13.5%에 이른다. 이러한 성장 가능성의 근거는 식품이란 인간의 생명유지 및 성장에 필요한 영양성분을 제공함과 동시에 포만감 등으로 즐거움을 부여하는데, 저작이나 소화 능력이 감퇴하는 등의 노화과정을 경험하는 시니어에게도 예외가 될 수 없기 때문이다.

시니어 여가산업은 2012년 시장규모는 9조 3,034억 원에서 2020년에는 26조 2,331억 원으로 커질 전망이고, 연평균 성장률은 13.84%로 보고 있다. 시니어 여가산업의 세부 영역은 문화콘텐츠산업, 스포츠산업, 여행관광산업으로 구분되어 있다. 최근에 노인들의 삶의 질을 높이기 위한 방편으로 적극적인 여가활동에 대한 인식이 높아지고 있으며, 동시에 공적연금의 수혜 등으로 인해 구매력도 점점 증가하고 있다. 따라서 시니어의 여가시간을 보다 의미 있게 보낼 수 있도록 지원할 수 있는 시니어비즈니스 분야는 향후 지속적으로 성장할 것으로 보인다.

고령자용 주택이나 요양시설 또는 주택개조사업을 포함하는 시니어 주거산업은 초고령사회에 필요한 산업 분야 중 하나이다. 시니어 주거산업은 2012년 1조 3,546억 원에서 2020년 1조 4,257억 원으로 늘어날 것으로 예상된다. 연평균 성장률은 0.68%로 타 분야 산업에 비해 변화가 미미할 것으로 전망된다. 하지만 기존에 살고 있는 집에서 오래 살려는 경향(aging in place)으로 인해 새집보다는 주택 리모델링 시장에서 그 성장 가능성을 기대할 수 있을 것이다.

시니어 용품산업의 시장규모는 2012년 1조 6,689억 원에서 2020년 2조 2,907억 원으로 성장할 전망이고, 연평균 성장률은 4.04%로 예상되고 있다. 시니어 용품산업에는 침구 · 목욕 · 배변 · 가사 · 주거설비 · 수발예방용품 및 정보통신기기, 이동기기, 여가용품, 개인건강 · 의료용품 등 의존성이 높은 노인의 일상생활과 관련된 다양한 분야가 포함된다. 시니어 용품산업은

〈표 1-3〉 시니어비즈니스 시장규모 및 전망 (단위: 억 원, %)

구분	연도	2012년	2015년	2018년	2020년	CAGR (2012~2020년)
의약품	고령친화	37,791	54,010	77,190	97,937	12.64
	비중	27.92	35.02	42.86	48.31	–
	모태산업	135,354	154,218	180,114	202,713	5.18
의료 기기	고령친화	12,438	17,827	25,550	32,479	12.75
	비중	32.08	32.88	33.70	34.26	–
	모태산업	38,774	54,216	75,808	94,793	11.82
식품	고령친화	64,016	93,609	136,880	176,343	13.50
	비중	14.70	16.39	18.27	19.64	–
	모태산업	435,561	571,267	749,255	897,752	9.46
화장품	고령친화	6,945	10,645	16,316	21,690	15.30
	비중	9.75	10.69	11.72	12.46	–
	모태산업	71,227	99,594	139,258	174,133	11.82
용품	고령친화	16,689	18,770	20,957	22,907	4.04
	비중	100.00	100.00	100.00	100.00	–
	모태산업	16,689	18,770	20,957	22,907	4.04
요양	고령친화	29,349	46,533	73,778	100,316	16.61
	비중	93.90	93.92	93.94	93.96	–
	모태산업	31,256	49,545	78,536	106,769	16.60
주거	고령친화	13,546	14,209	14,257	14,301	0.68
	비중	1.47	2.32	2.33	2.33	–
	모태산업	918,512	612,532	613,078	613,441	−4.92
여가	고령친화	93,034	137,237	202,441	262,331	13.84
	비중	6.22	7.10	8.11	8.86	–
	모태산업	1,495,176	1,931,679	2,495,615	2,960,325	8.91
전체	고령친화	273,809	392,839	567,369	728,305	13.01
	비중	8.71	11.25	13.04	14.36	–
	모태산업	3,142,548	3,491,821	4,352,621	5,072,833	6.17

자료: 한국보건산업진흥원(2014).

〈표 1-4〉 금융산업 시장규모 및 전망 (단위 : 억 원, %)

구분		2010년	2015년	2020년	CAGR (2012~2020년)
금융	고령친화	105,663	301,711	610,404	19.2
	비중	4.8	6.4	7.1	–
	모태산업	2,183,113	4,741,535	8,627,149	14.7

자료: 한국보건산업진흥원(2011).

유니버설 디자인(universal design)의 관점에서 모든 산업 부문과 직간접적으로 관련되어 있어서 향후 그 수요가 뚜렷하게 증가할 것으로 전망된다.

고령친화 금융산업의 경우는 2014년 산업실태조사에서 제외되어, 2011년 보고서를 기준으로 하면(〈표 1-4〉 참조) 2010년 10조 5,663억 원에서 2020년 61조 404억 원으로 가장 큰 규모로 성장할 것으로 전망하고 있다(한국보건산업진흥원, 2011). 이는 공적연금제도 및 민간 금융기관에서 출시하는 각종 퇴직연금, 개인연금, 민영의료보험, 주택연금 및 금융자산 등 노후생활의 경제적 안정을 담보할 수 있는 금융상품에 대한 수요와 공급이 매우 높을 것이라는 추정에 기인한다.

그러나 한국보건산업진흥원에서 수행한 고령친화산업 시장규모 현황과 추계는 산업별로 매출액, 생산액 혹은 시장규모(생산+수입–수출) 등 측정하는 방법이 상이하여 산업별 규모를 비교하고 미래의 규모를 예측하는 일에는 한계가 있음을 유의해야 한다. 또한 초고령사회에서 미래 노인층인 예비 시니어의 수요 파악이 실로 중요함에도 50~64세 예비 시니어의 수요와 소비행태가 시장규모 추정에 전혀 반영되지 않고 있음을 염두에 두어야 한다.

3. 시니어비즈니스 분야별 트렌드

소비 및 구매력을 갖춘 액티브 시니어의 경우 자신의 건강을 유지하기 위해 지속적인 노력을 기울이며, 이에 대한 투자욕구도 높다. 이러한 시니어의 니즈(needs)에 맞추어 기업들은 금융, 건강, 일상생활지원, 여가(여행과 교육 등), 용품, 식품, 주거 등 다양한 산업에서 시니어의 욕구를 겨냥한 상품 및 서비스를 개발하여 시장에 출시하고 있다(김광석 외, 2017; 김우선, 2017; 김원제 외, 2018; 최상태 외, 2018).

전체 생애에서 노후기간이 차지하는 비중이 더욱 증가하면서 은퇴 이전에 금융시장을 통한 자산증대로 노후자금을 마련해야 할 필요성이 높아지고 있다. 그리하여 시니어비즈니스의 일환으로서 노후에 필요한 자산관리와 금융업무를 해결해 주는 서비스가 활발하게 성장하고 있다. 상속 및 증여에 관한 신탁 상품이 뜨고 있으며, 장수 위험을 관리하기 위한 다양한 보험상품과 주택연금도 개발되고 있다. 또한 금융회사는 점차 금융+사회 서비스라는 새로운 비즈니스의 기회를 활용하고 있다.

미국의 글로벌 금융사인 '웰스파고(Wells Fargo)'는 시니어 고객전용 회원제 프로그램인 '엘더케어 프로그램(Elder Care Program)'을 운영하고 있다. 일정 수준의 자산을 지닌 시니어 고객을 대상으로 독립적인 생활과 삶의 질을 유지할 수 있도록 지원하는 서비스이다. 병원 예약, 간병인 관리 등 의료서비스뿐만 아니라 식사 · 심부름 · 집수리 등의 생활서비스, 라이프플랜 설정까지 지원한다. 이는 시니어 고객의 가족들까지 고객으로 확대하는 효과와 더불어 고객충성도의 강화 및 은행의 대외이미지 제고 효과도 있는 것으로 보인다.

우리나라의 경우 KB국민은행은 시니어 고객을 확보 · 유지하기 위하여 시니어전용 모바일 플랫폼인 '골든라이프 뱅킹(Golden Life Banking)'을 운영 중이다. 이 플랫폼은 이용도가 높은 조회 · 이체 메뉴를 전면에 간단히 배치하고, 앱 화면의 글씨 크기 확대, 이해하기 쉬운 단어 사용 등 시니어 맞춤형 모바일 환경을 제공한다. 이 서비스는 은퇴설계 등 금융서비스는 물론 시니어들에게 필요한 여행, 건강정보 등의 비금융서비스도 제공하고 있다.

시니어비즈니스의 주된 역점사업 중의 하나는 건강 분야다. 시니어가 되면

제일 먼저 건강문제에 관심이 집중되기 때문이다. 미국에서는 시니어 피트니스 산업이 날로 발전하고 있다. 미국에서 시작된 시니어를 주 고객으로 하는 여성전용 피트니스 클럽 '커브스(Curves)'는 전 세계 90개국에 가맹점을 보유한 세계 최대 피트니스 클럽 프랜차이즈 기업으로, 한국에서도 커브스코리아라는 이름으로 운영 중이다. 커브스의 특징은 여성전용이고 거울이 없으며 화장할 필요도 없다는 점이다. 여성 이용자가 운동에만 몰입할 수 있는 환경을 제공하기 위해서다. 퀵피트(Quick Fit)라는 운동기구를 독자적으로 개발하여, 30분 내에 모든 운동을 마칠 수 있는 단순하고 편리한 프로그램(30분 순환운동)으로 구성되어 있다. 소규모 공간사용과 원형 운동시스템으로 기존 피트니스에 비해 가격이 저렴하고 사회적 관계도 증진할 수 있는 이점이 있다.

일본의 '다이이치코쇼(第一興商)'의 경우 원래 노래방 기계를 판매·임대하는 기업이지만, 2001년부터 기존 노래방 기계에 시니어의 건강을 위하여 음악과 신체적 활동 및 교육서비스를 접목한 사업을 시작했다. 이 기업에서 개발한 DK 엘더시스템은 노래와 음악을 즐기면서 기능 훈련과 개호 예방을 효과적으로 할 수 있도록 다양한 콘텐츠를 제공하고 있다. 시니어의 건강은 비단 신체적 건강뿐만 아니라 정신적 건강에도 점차 관심이 고조되고 있다. 예를 들어, 미국에서 개발된 '데이킴 브레인 피트니스(Dakim Brain Fitness)'는 베이비붐 세대를 위해 특별히 제작된 웹 기반의 두뇌 훈련 프로그램으로, 시니어가 나이 들수록 자칫 약화될 수 있는 인지능력을 유지·보존할 수 있도록 설계되어 있다. 데이킴 브레인 피트니스는 시니어 사용자의 메모리와 언어능력 등과 같은 인지능력을 크게 향상시키는 것으로 임상적으로 입증되었다.

우리나라의 경우 '브레인솔루션즈'라는 기업이 일종의 치매예방을 위한 뇌 훈련 애플리케이션을 개발하였다. 이러한 애플리케이션에 기반을 둔 브레인 시니어캠퍼스 프로그램은 시니어를 대상으로 맞춤형 치매예방 교육을 할 수 있는 콘텐츠이다.

고령사회로 접어들면서 독거노인 가구가 점차 증가하고 있으며, 홀로 사는 부모를 돌보는 문제가 이들 자녀들의 주된 관심사가 되고 있다. 이러한 고객의 니즈에 착안한 서비스가 바로 '시니어 안부확인 서비스'이다. 이는 독거노인가구나 시니어 부부만 있는 세대를 대상으로 매일 건강상태와 안부를 확인하고, 만일 이상이 감지되면 서비스기관의 직원이 방문하거나 구급기관에 통지하는 것을 말한다.

일본 통신회사인 'NTT도코모'는 스마트폰을 활용해 시니어들이 자신의 건강 상태를 가족들에게 알려 주는 서비스를 제공하고 있다. 시니어가 가족의 걱정을 덜어 주고, 떨어져 사는 자녀도 편리하게 부모의 안부를 확인하고 싶어 하는 니즈를 충족시키고자 개발되었다.

우리나라의 경우 LG유플러스 '부모안심 IoT 패키지'는 자녀가 부모 건강과 현재 상황에 대해 관심이 높다는 점에 착안해 내놓은 상품이다. 자녀는 스마트폰으로 부모의 외출과 귀가 여부를 실시간으로 확인하고 가스밸브나 전열기구를 켜 두고 외출했을 경우에는 원격으로 조종할 수 있는 기능을 제공한다. 홈 CCTV 영상을 통해 부모의 건강 상태도 수시로 파악할 수 있다.

시니어가 점차 고령화되어 일상생활에 지장을 받게 됨에 따라 가족을 대신하여 이들을 돌볼 수 있는 생활지원서비스(home-care) 비즈니스가 성장하고 있다. '홈 인스테드 시니어케어(Home Instead Senior Care)'는 노인들을 집에서 돌봐 주는 가사대행 서비스를 제공하는 업체로 미국에서 시작된 세계 최대의 시니어케어 프랜차이즈 업체이다. 홈 인스테드는 다양한 서비스를 제공하는데, 신체에 문제가 없고 혼자 사는 노인들에게 단순히 가정 방문을 통해서 말벗을 해 주는 동반자(companion) 역할에서부터 거동이 조금 불편한 노인들을 위해서 함께 장을 보러 가고 요리를 도와주는 역할까지 다양한 서비스가 제공된다. 또 고령으로 인해 직접 운전을 하기 어려운 경우 병원 방문 및 각종 외출 시에 차량으로 이동을 제공하는 서비스도 있다. 이처럼 고령자마다 요구사항과 어려움이 다르기 때문에 맞춤형 서비스 플랜으로 운영한다.

우리나라의 경우 홈케어 서비스를 제공하고 있는 비지팅엔젤스코리아는 지금까지는 노인장기요양급여 서비스 분야에 역점을 두었다. 그러나 차츰 본격적으로 사업을 다각화하여 노인장기요양보험 대상자를 돌보는 역할에 머물지 않고, 시니어의 가사수발은 물론 병원 방문이나 산책 도움, 말벗, 취미생활 등 전반적인 노후케어 서비스를 제공할 계획이다.

미국의 시니어용품 인터넷 쇼핑몰인 '골드 바이올린(Gold Violin)'은 고령자들의 수요와 기호를 잘 포착해 성공을 거둔 업체이다. 고객요구에 대응할 수 있는 다양한 품목(글씨가 잘 보이는 확대경, 음성으로 시간을 알려 주는 손목시계, 관절염을 앓는 사람도 사용하기 편리한 병따개와 펜, 고급형 지팡이, 액세서리형 보청기 등)을 구비하고 있다. 골드 바이올린의 경쟁력은 다른 업체들이 사용 편의성만을 강조한 것과는 달리 차별화된 디자인의 제품을 선보이고 있다는 점이다. 골드 바이올린은 단순한 생활필수품이 아니라 패션과 자부심을 느낄 수 있게 디자인한 제품을 선보여 많은 인기를 얻고 있다.

우리나라의 경우 온라인 커머스 업체 쿠팡은 간병 · 보조용품, 병원 · 의료용품 등을 판매하는 시니어 전용관 '실버 스토어'를 운영하고 있다. 위메프도 노인 쇼핑 편의를 위해 인터넷 대신 전화로 주문할 수 있는 서비스 '위메프 텔레마트'를 선보였다. 오프라인에서는 편의점 GS25가 적극 나서고 있다. 최근 '시니어 편의점' 출발을 표방한 GS25는 유한킴벌리와 손잡고 요실금 전문 브랜드를 출시하였다.

나이가 들어도 건강하고 경제적 수준이 있는 시니어가 많아지면서 여가, 여행, 교육 등에 대한 관심이 높아지고 있다. 미국에서 설립된 단체인 '로드스칼라(Road Scholar)'는 "길 위에서 인생을 배운다"라는 슬로건을 걸고 50세 이상 시니어를 대상으로 교육과 여행을 접목시킨 프로그램을 제공하고 있다. 세계 각지의 대학, 박물관, 미술관, 유적지, 여행사 등과 협약을 맺고, 다양한 프로그램을 운영하면서 매년 수만 명의 시니어가 참여하여 여행하며 강의를 수강(travel+study)하고 있다.

일본 노인관광 전문 여행사 '클럽 투어리즘(Club Tourism)'은 '배리어 프리(Barrier Free)'라는 여행상품을 운영하고 있다. 장애가 있어 지팡이와 휠체어를 사용하는 여행자를 위해 리프트 장착 버스를 제공하고, 직원들이 동행하여 여행물품을 운반하고 식사와 목욕을 돕는 등 편의를 제공한다. 이 상품은 고령자의 느린 걸음걸이에 맞춰 충분한 시간을 두고 일정을 진행하며, 무거운 짐은 가이드가 대신 들어 주고, 욕실에서 사용하는 미끄럼 방지 매트를 제공한다. 무엇보다도 트래블 서포터(travel supporter) 서비스를 통하여 장애가 있는 시니어도 즐거운 여행을 할 수 있는 여건을 제공하고 있다.

시니어가 되었다고 해서 음식에 대한 관심은 줄어들지 않는다. 하지만 구강구조의 변화 등 신체적 어려움 때문에 예전만큼 식사를 즐기지 못하는 것이 사실이다. 그럼에도 고령층은 젊은 시절 먹던 음식을 그대로 먹고 싶어 하는 욕구가 매우 높다. 이 점에 착안하여 일본에서는 다양한 '실버푸드'가 발달했다. 유동식에 가까운 형태, 씹을 필요가 없는 형태, 혀로 뭉갤 수 있는 형태, 잇몸으로 뭉갤 수 있는 형태, 씹기 쉬운 형태로 요양식을 세분화하여 슈퍼마켓에서 판매하는 한편, 노인의 자택까지 배달서비스도 운영한다. 로손 등의 편의점에는 고령자 코너가 마련돼 있고, 개호식 전문 레스토랑이나 배달 서비스도 활발하다. 일본의 편의점 체인인 세븐일레븐은 도시락 반찬을 배달하는 서비스를 제공하고 있으며, 또 다른 편의점 체인인 패밀리마트는 당뇨병, 신장병, 고혈압 등이 있는 고령자들을 대상으로 메디컬 푸드(요양식)를 판매하고 있다.

독일 기업인 '바이오준(Biozoon)'은 시니어 맞춤형 영양식을 3D 프린터로 만든다. 딱딱한 음식을 소화하기 쉽지 않은 고령층이 대상이다. 3D 프린터에 내장된 알고리즘이 자동으로 사용자의 영양 상태, 체중 등을 체크하고 그에 맞는 음식을 제조한다. 음식의 맛을 유지하면서도 시니어에게 부드럽고 소화하기 쉬운 음식을 만들 수 있어 치아·소화기능 저하 등으로 먹는 즐거움을 포기했던 고령층으로부터 인기를 끌고 있다.

우리나라의 경우 매일유업은 혈류를 개선해 주는 오메가3와 항산화제 역할을 하는 성분이 첨가된 치즈를 선보이는 등 실버푸드 개발에 박차를 가하고 있다. CJ프레시웨이도 시니어 전문 식자재 브랜드 '헬씨누리'를 통해 국공립 시설, 요양원 등 고객 특성에 맞는 맞춤형 상품 전략을 보이고 있다. 음식을 삼키는 데 어려움을 겪는 노인이나 환자를 위해 식재료를 잘게 갈거나 다져 만든 유동식을 우선적으로 제공한다. 식품기업인 아워홈도 씹기 쉽고 부드러운 고기·떡·견과류 개발에 성공, 특허를 출원하고 최근 판매에 돌입했다.

노화됨에 따라 사회활동의 폭이 좁아지면서 시니어에게 집은 더욱 중요한 공간이 된다. 선진국에서는 활기찬 노후를 위해 지금까지 살던 곳에서 다양한 사람과 교류하면서 공동체를 만드는 시니어가 많다. 미국의'CCRC (Continuing Care Retirement Community)'는 맞춤형 서비스를 제공하기 위한 치매요양소, 재활센터 등의 의료시설 외에 혼자서도 독립적인 생활을 할 수 있는 건강한 노인을 위한 시설(independent living unit), 약간의 보조를 통해 일상생활을 영위하는 노인을 위한 시설(assisted living unit), 혼자서는 생활할 수 없어 전적인 지원이 필요한 노인 환자들을 위한 시설(nursing home) 등으로 주거지를 분류해 맞춤형 서비스를 제공하고 있다.

경기도 용인에 소재하고 있는 삼성노블카운티는 부분적으로 CCRC 개념을 도입하고 있다. CCRC의 기본 조건은 실버주택, 노인전문병원, 요양원을 한곳에 갖춘 것인데, 노블카운티는 실버주택인 시니어 타운과 의료서비스 및 요양센터를 갖추고 있다.

미국에서 주목받고 있는'UBRC(University Based Retirement Community)'도 시니어 커뮤니티 주택단지의 좋은 예이다. UBRC는 대학 근처에 실버타운을 조성해 다양한 교육 기반을 즐길 수 있게 만든 시니어 은퇴자 공동주거 형태이다. 대학이 사업 주체가 되어 은퇴자 커뮤니티를 직접 운영하거나 대학의 다양한 교육 프로그램을 은퇴자 커뮤니티가 이용할 수 있도록 하는 방식이다. 활동적인 노후생활과 평생교육이 가능하기 때문에 시니어들의 좋은 반응을 이끌어 낼 수 있다. 일본에도 이와 비슷하게 '칼리지 링크(college-link)'라는 시니어 주거형태가 주목받고 있다.

국내에서는 서울의 건국대학교 '더 클래식 500'이 대학연계 은퇴자 커뮤니티 공간으로 알려져 있다. 대학이 지닌 시설과 자원을 바탕으로 커뮤니티를 운영하고 있기 때문이다. 하지만 이곳이 선진국에서 정착화된 전형적인 UBRC 형태라고 단정하기는 어렵다.

최근 시니어들은 실제 나이보다 더 젊고 건강해 보이도록 외모를 가꾸고 유지하는 것(down aging)에 관심이 많아지고 있다. 시장에서도 시니어 화장품 브랜드가 주목을 받고 있다. 미국과 일본 등 주요 해외 화장품 브랜드는 구매력 있는 시니어 소비자를 확보하기 위하여 60대 이상의 모델을 기용하여 홍보 마케팅을 펼치고 있다. 또한 시니어를 대상으로 하는 기능성 화장품을 개발하고 있으며, 나이가 들고 있는 시니어의 신체적 특성을 배려하여 화장품 설명서의 글씨를 크게 표시하고, 용기의 개폐를 용이하게 하며, 식별하기 좋은 색상과 사용이 편리한 제품들이 속속 시판되고 있다. 시니어도 점차 외모와 건강 관리에 관심이 커지고 자신에 대한 투자에 적극적이어서 시니어 화장품시장은 갈수록 성장추세지만, 아직 국내 기업들은 외국 기업에 비해 광고모델로 시니어를 기용하거나 시니어 친화적인 제품을 만드는 데 소극적인 편이다.

4차 산업혁명이라는 메가트렌드가 시니어비즈니스를 더욱 활성화시킬 것이라는 점에는 이견이 없다. 고령화가 진행되면 젊었을 때의 상태와는 달라지며, 여러 측면에서 변화가 생기게 된다. 이러한 변화는 새로운 욕구를 발생시키는데, 발전하는 사물인터넷(IoT), 빅데이터(Big Data), 가상현실(VR), 인공지능(AI), 로봇 등의 기술이 시니어의 신체적 · 심리적 · 사회적인 새로운 욕구를 충족시키기 위한 하나의 솔루션이 될 수 있다. 혼자 주거하는 1인 시니어의 증가에 따라 자립이나 편의성 목적의 사물인터넷 서비스가 주목을 받을 것으로 보인다. 쾌적한 생활환경 유지를 위한 스마트홈(smart home) 서비스뿐 아니라 건강체크, 안전을 고려한 방범 및 긴급 상황 대처 등 집 안에서 발생할 수 있는 다양한 상황이 모두 서비스가 될 수 있다. 인공지능은 최근 증가하고 있는 시니어의 정신적, 육체적 취약점을 보완하고 시니어의 건강과 생활을 도울 수 있는 돌봄 역할을 담당하고 있다.

미국의 '케어엔젤(Care Angel)' 기업은 세계 최초로 음성인식 인공지능을 시니어 돌봄 서비스에 접목한 사업을 시작했다. 케어엔젤의 음성인식 인공지능은 매일 아침, 점심, 저녁에 시니어의 집으로 3번 전화해서 취침상태, 건강상태, 약 복용, 안부 등에 관한 다양한 질문을 한다. 그리고 이에 대답하는 시니어의 목소리를 인식해 그 결과를 자동으로 리포트 형식으로 작성, 가족이나 의사의 스마트폰 또는 컴퓨터 모니터로 전달한다.

일본에서 만든 '간병 로봇 파로(Paro)'는 로봇의 동작을 유연하게 해 주는 기계 장치, 각종 센서, 사람을 기억하는 인공지능 등의 첨단기술이 내장되어 있다. 사람과 눈을 맞추고, 털을 쓰다듬으면 반응하고, 사람들에게 안긴다. 미국에서 의료기구로 승인될 정도로 지금은 세계 각지에서 치매환자와 고령자들이 사용하고 있다. '소셜 동반자 로봇 엘리큐(Elli-Q)'는 노인들이 사회적 고립감과 외로움을 느끼지 않도록 대화하고 약 복용을 챙기거나 적극적인 활동을 유도하도록 고안됐다. 엘리큐는 다양한 언어 톤을 갖추고 있으며, 빛의 깜빡임과 밝기, 몸체의 움직임을 이용하여 최대한 감정을 풍부하게 전달하도록 설계되어 있다. 노인들이 정신적으로 활발함을 유지하도록 독서, 산책, 게임 등을 권유하거나 친구와 가족에게 전화를 걸도록 제안하는 것이 특징이다.

우리나라 시니어비즈니스는 주로 복지와 의료용품 등과 같은 한정된 제품에 집중되어 있는 경향이 있고, 또한 성공적인 시니어비즈니스의 사례를 찾아보기가 쉽지 않은 실정이다. 일본과 미국 등 선진국의 시니어비즈니스의 트렌드를 예의주시하고 각각의 성공사례를 분석하고 벤치마킹하여 우리나라 실정에 적합한 시니어비즈니스 서비스와 제품을 개발해야 할 것이다.

4. 시니어비즈니스의 전망과 과제

전체 인구의 25% 이상을 차지하는 1차 및 2차 베이비부머가 2020년부터 고령층으로 진입하면서 이들이 초고령사회의 주축을 형성하며 시니어비즈니스의 주된 수요층으로 등장할 것이다. 베이비붐 세대는 부동산, 주식, 연금 등 자산과 소득의 증가로 인해 여행, 교육, 여가활동에 대한 지출이 높아질 것이다. 또한 구매력을 보유한 시니어가 증가함에 따라 시니어비즈니스의 규모는 더욱 커질 것이고, 우리나라 미래 산업의 새로운 동력으로 자리매김할 것이다.

하지만 시니어비즈니스에는 기회만 있는 것이 아니며 한계도 존재한다. 현세대 노인의 자산과 소득이 그리 높지 않아 구매력에 한계가 있으며, 미래 노인층인 베이비붐 세대의 자산 역시 유동자산보다는 부동산 비중이 높아 실질적인 구매력으로 연계될지는 확실하지 않다. 그 이유는 퇴직 이후 장수리스크(longevity risk)로 인한 경제 혹은 건강 불안으로 비롯될 수 있는 소비지출의 한계, 시니어 기업의 영세성과 전략 부재, 그리고 시니어비즈니스 육성 발전을 위한 정책적 지원의 부족과 인프라 구축의 미약 등이 있다. 앞으로 우리 사회는 이러한 한계를 돌파하면서 시니어비즈니스의 활성화로 인구 고령화를 위기가 아닌 기회로 잘 활용해야 할 것이다.

시니어비즈니스의 성패는 시니어의 구매력에 좌우된다고 해도 과언이 아니다. 이러한 맥락에서 우리나라 노인복지정책은 시니어산업 발전에 중요한 토대가 될 수 있다. 노후 소득보장정책으로서 연금이라는 공적자금이 시니어에게 적정 수준 지급되면 시니어의 구매력이 확보되어 시니어비즈니스의 주요 소비자로 등장할 것이다. 마찬가지로 정년연장과 계속고용제도 등과 같은 노후 고용보장정책이 내실 있게 추진되면, 시니어 근로소득의 지속적인 창출을 통한 소비 진작이 곧 시니어산업 발전으로 연결될 수 있을 것이다.

따라서 정부는 복지와 시니어비즈니스 성장의 선순환이 일어날 수 있는 정책적 지원을 강구할 필요성이 있다. 아울러 주택 부동산을 소유하고 있는 50+ 시니어를 위한 역모기지론(reverse mortgage) 시장을 촉진할 필요가 있다. 역모기지론의 발달은 퇴직자의 현금의 안정적인 유동성 확보로 인하여 시니어비즈니스 제품이나 서비스를 구매할 가능성을 높이기 때문이다.

시니어시장이 확대됨에 따라 시니어 계층의 세분화가 선행될 필요가 있다. 시니어 집단은 동일집단이 절대 아니며, 매우 다양한 집합체로 구성되어 있다. 그리하여 시니어 기업이 시니어 대상의 서비스를 제공할 때에는 시니어 계층에 대한 STP(Segmentation, Targeting, Positioning) 전략을 철저히 수립하여 맞춤형 서비스를 제공할 필요가 있다.

시니어비즈니스는 50세 이후 반평생을 책임지는 비즈니스이다. 시니어는 세대별로 신체적, 경제적, 교육적, 문화적 차이가 매우 상이하다. 가령, 50세 이후 연령단계별로 일차적으로 필요한 욕구가 상이할 수 있다. 전기 시니어에서 중기 시니어까지는 패션과 뷰티, 여행이나 여가, 건강관리, 자산관리, 교육, 일자리 지원서비스 등에 대한 욕구가 중심이 된다. 그러나 중기 시니어 이후에는 건강이 점차 약화되면서, 헬스케어, 요양, 일상생활지원서비스, 신탁금융, 웰엔딩(well-ending) 서비스 등에 관한 욕구가 더욱 높아질 것이다.

마찬가지로 연령대별 욕구의 정도도 다를 수 있다. 가령, 요양 및 일상생활지원서비스 영역에서 중기 시니어와 후기 시니어가 요구하는 수준은 상이할 수밖에 없다. 시니어 세대는 연령대, 성별, 소득 수준, 교육 수준, 가구형태, 건강 수준 등에 따라 다양한 욕구와 특성을 갖는 단위들의 총합이기 때문이다. 따라서 시니어비즈니스 기업은 빅데이터 등 다양한 정보를 활용해 이들의 다양성을 이해하고 특성별 맞춤형 비즈니스의 전략적 접근이 요망된다.

시니어비즈니스는 사물인터넷, 빅데이터, 인공지능, 가상현실, 증강현실(AR), 클라우드(Cloud) 등과 같은 4차 산업혁명이라는 과학기술을 활용하여 개인별 맞춤형 서비스가 가능한 형태로 정착되어야 할 것이다. 이로 인하여 시니어의 소비성향 충족이 다양한 방식으로 가능해지고 서비스 이용의 편의성이 증가함에 따라 시니어서비스 이용의 활성화가 기대된다. 초고령사회와 4차 산업혁명시대에 즈음하여 우리 사회에서도 시니어를 위한 스마트 플랫폼(smart platform)을 구축하여 그들의 재취업, 교육, 의료, 여가정보 등 다양한 서비스를 제공할 필요가 있다. 하지만 우리나라는 일본이나 미국에 비해서 시니어비즈니스를 통하여 시니어에게 양질의 혁신적인 서비스를 제공할 만한 기술발전이 아직 이루어지지 않고 있다. 정부는 시니어비즈니스 발전을 위한 혁신 과학기술(일상지원 로봇, 센서로 내장된 스마트 홈, 웨어러블 디바이스와 VR 기기, 원격의료서비스, 스마트 플랫폼 등)의 연구개발에 적극적으로 투자해야 할 것이다.

「고령친화산업 진흥법」(2006)이 제정된 지 이미 10년이 넘었지만, 지금까지 실질적인 개정 없이 구체적인 실행방안이 미흡하고, 예산과 인력 등이 상당히 제한적으로 운영되어 그 실효성은 여전히 의문이다. 2020년은 베이비부머가 65세 고령자로 진입하는 해이고, 2021년은 '제4차 저출산고령사회 기본 계획'이 시작되는 해이다. 2021년을 시니어비즈니스 육성의 원년으로 만들어야 한다. 시니어비즈니스 육성의 법적 · 제도적 근거로서 2021년에 「시니어비즈니스 활성 지원법(가칭)」을 제정 · 시행하여 저소득층 시니어는 국가가 노인복지차원에서 전담을 하고 중산층 이상의 시니어에게는 시니어비즈니스를 적극 활용할 수 있도록 해야 할 것이다.

「시니어비즈니스 활성 지원법」에는 시니어산업의 시장동향 조사 및 분석, 시니어를 위한 제품과 서비스의 KS 제정 및 인증 S마크 시행이 포함될 필요가 있다. 또한 시니어산업의 홍보 강화, 소비활성화의 기반조성, 해외시장 진출의 지원, 시니어 서비스의 전문인력 양성, 핵심기술의 개발지원 등이 명시될 필요가 있다. 그리고 시니어비즈니스 기업의 인증제도를 도입하여 선정된 해당 기업에게는 투자금 일부를 지원하며, 제품개발 및 연구에 대한 세액공제 확대 등 세제상의 혜택 혹은 해당 재화나 서비스의 공급에 대해 부가가치세 세율을 낮추어 주는 방안을 검토할 만하다. 동시에 우리나라는 아직 시니어비즈니스 산업과 관련하여 국가에서 승인된 기본통계조차 제대로 갖추고 있지 못한 실정이다. 그나마 공공기관에서 전체 고령친화산업 관련 전국단위의 조사통계는 현재 보건복지부 고령친화지원센터로 지정된 한국보건산업진흥원에서의 몇 차례 실태조사로 도출된 통계자료가 전부이다. 따라서 주기적 통계생산을 법적으로 명시하여 국가에서 승인된 통계의 생산체계를 구축할 수 있도록 제도적 기반을 갖추어야 할 것이다. 끝으로 상기 업무를 총괄하고 세부적으로 지원할 수 있는 가칭 '시니어비즈니스 지원센터'를 중앙과 광역자치단체별로 하나씩 설치하는 방안을 강구해야 할 것이다.

이상과 같은 향후 과제들을 제대로 수행할 때 비로소 우리 사회에서 시니어비즈니스가 새로운 기회가 될 것이며, 시니어산업이 신성장동력으로 작용할 것이고, 무엇보다 시니어의 삶의 질이 한층 고양될 수 있는 계기가 될 것이다.

참고문헌

고은지(2014). 시니어비즈니스: 섬세하고 포용적인 접근으로. LG Business Insight, pp. 13-21.

김광석 외(2017). 고령사회 진입과 시니어 비즈니스의 기회. 서울: 삼정KPMG 경제연구원.

김수영 외(2016). 실버산업의 이해(2판). 서울: 학지사.

김우선(2017). 시니어 시프트(Senior Shift)에 대응하는 국내 · 외 시니어비즈니스 혁신사례. 한국보건산업진흥원.

김원제 외(2018). 시니어 비즈니스 블루오션. 경기: 한국학술정보.

성남고령체험관 외(2015). 한국 시니어 그리고 시니어비즈니스. 경기: 성남시.

최상태 외(2018). 시니어 시프트. 서울: 한국경제신문.

통계청(2016). 장래인구추계.

한국보건산업진흥원(2011). 고령친화산업 실태조사 및 산업분석.

한국보건산업진흥원(2014). 고령친화산업 실태조사 및 산업분석.

Cutler, N. (2004). Silver industries: Introduction. *Generations, 28*(4), 6-7.

SENIOR BUSINESS

제2장

시니어비즈니스의 방향

◆

고경환

최근 노인인구의 증가는 다양한 소비욕구를 발생시키고 있으며, 사회보장제도의 확충과 성숙은 구매력을 갖춘 노인인구를 꾸준히 늘게 한다. 바로 미래 성장을 주도할 시니어비즈니스 시장이 조성, 확대되고 있는 것이다. 이로 인해 시장 규모는 2010년 33조 원에서 2020년 125조 원으로 약 3.7배의 급성장이 전망되고 있다. 또 노령연금과 노인기초연금 등으로 구성된 노령급여는 2010년에 23.7조 원에서 2020년 56.8조 원으로 약 2.4배 증가할 것으로 보인다. 시니어산업의 정책목표는 '시니어의 삶의 질 향상과 건전한 산업발전'으로 설정한다. 이 장에서는 정책목표를 달성하려는 기본방향과 구체적으로 실현하는 전략과 정책과제를 살펴본다.

1. 시니어비즈니스 산업[1]의 성장 현황

베이비붐 세대(1955~1963년 출생자)의 은퇴와 100세 시대 도래에 따라 시니어 제품과 서비스에 대한 수요가 꾸준히 증가하고 있다. 이러한 배경에는 시니어인구의 급격한 증가에 따른 사회문제와 노인장기요양보험제도의 시행뿐만 아니라 공적·사적 연금수급자의 확대 등이 자리하고 있다.

먼저 시니어 세대는 질병을 앓는 빈도의 증가, 역할 상실과 여가활동의 제한, 사회심리적 갈등과 소외문제 등 여러 문제를 야기하며, 이에 필요한 제반 서비스와 제품의 수요를 증가시킨다. 다음으로 노인장기요양보험제도 도입은 노인을 대상으로 서비스나 시설제공 혹은 물품판매와 관련된 급여 제공으로 시니어산업의 소비를 이끌어 왔다. 끝으로 노인의 공적연금과 기초연금으로 구성된 노령급여(old age benefit)는 2005년 이래 10년 동안 12조 원에서 42조 원으로 약 3.5배나 증가하였다(〈표 2-1〉 참조). 공공사회복지지출에서 노령급여가 차지하는 비중도 2005년 21.7%에서 2015년 26.6%로 커지고 있

〈표 2-1〉 공공사회복지지출과 노령급여의 규모와 비중 추이 (단위: 조 원, %)

	2005	2010	2015
공공지출(A)	56.3	103.9	159.7
노령급여(B)[1]	12.2	23.7	42.3
노령급여 비중(B/A)	21.7	22.8	26.6

자료: 고경환 외(2017).
주: 1) 공적연금+기초연금

1) 기존 고령친화산업에 예비고령자인 중장년층의 산업까지 포함하므로 제품과 서비스 범주뿐만 아니라 대상자도 다소 넓어진다. 장래 노인이 될 계층까지 포함하는 것은 노인문제의 예방적 차원에서도 개인들에게 준비 기회를 주는 측면이다. 특히 노인문제의 예방과 연결시키면 시니어비즈니스 산업의 대상자는 비노인층 전체가 될 수 있다. 그렇지만 이 책에서는 시니어비즈니스 관련 선행연구와 통계 발견이 어려워 고령친화산업을 중심으로 언급되기도 한다.

다. 이러한 소득 향상은 편리하고 안락한 노후를 보내려는 노인들의 시니어 용품에 대한 소비를 증가시키고 있다.

시니어산업은 고령사회 진입에 따른 국가 차세대 시장 조성자(market maker)로서 '시장성'과 노년층의 안전과 권익 보장이라는 '공익성'의 양면성을 지니고 있다. 이들 산업은 민간을 중심으로 시장경제 원리에 의하여 서비스가 제공되거나, 자유시장 기능과 정부의 개입이 혼합되어 제공되기도 한다. 즉, 후자의 경우 서비스 영역에 따라 정부의 재정 지원이나 사회보험으로 연계하는 등 노인의 생활지원과 안전보장을 위한 사회복지적 성격을 지니기도 한다. 시니어산업은 노인문제뿐만 아니라 크게 보아 사회문제까지 해결 및 예방하고 있어 국민 전체의 복지 수준을 향상시키고 있다.

이러한 특성을 담아내고자 이 글은 2006년「고령친화산업 진흥법」제정 후 추진해 온 현황을 살펴보고, 향후 보다 실효성 있는 활성화 방향을 살펴보고자 한다. 저출산고령사회위원회는 고령친화산업 도입기에 시장규모를 2010년 약 43.9조원에서 10년 후인 2020년에는 약 148.6조에 이를 것으로 내다봤다. 이 기간 동안 연평균 증가율은 14.6%로 높게 전망하였다. 또한 2010년에는 모태산업에서 차지하는 비중이 5.2%에서 2020년에는 10%에 이를 것으로 보았다. 사업 초기 이러한 청사진과 그후 10여 년간 추진해 온 실제 사이에 어느 정도의 격차가 발생했는지에 대해 살펴보고자 한다.

〈표 2-2〉에서 고령친화산업의 실제 소비규모를 보면 2010년 33.2조 원(한국보건산업진흥원, 2012)으로 사업 초기 전망한 43.9조 원에 비해 10.7조 원이 낮았다. 결국 실제 규모는 전망의 75.5%에 불과한 것으로 당시 전망에 비해 낮은 성장세를 보였다.

이러한 이유로는 먼저 고령친화산업의 특성과 규모가 과대 추정된 것으로 본다. 당시 고령친화산업은 2007년 태동되어 2012년부터 본격화될 것으로 전망되었다. 이러한 배경에는 2007년 노인요양보험제도가 도입되고, 2008년에 고령자 비중이 10%를 넘어설 뿐만 아니라 국민연금제도의 급여가 본격적으로 지급되는 여건이었다. 또한 2012년부터 베이비붐 세대의 은퇴가 본격화될

〈표 2-2〉 **시니어비즈니스 산업의 전망값과 실제값의 비교(2010, 2020)** (단위: 억 원, %)

구분 \ 모태산업 대비 비중 \ 연도			2010		2020	
			매출액	모태산업 대비 비중	매출액	모태산업 대비 비중
2006년 전망	계[1)]		439,612	5.2	1,485,969	10.0
	여가산업	고령친화휴양단지	73,370	8.5	263,941	15.5
	금융산업	역모기지 연금	55,240	2.9	185,241	5.8
	요양산업	재가요양서비스	49,299	100	93,661	100
	의약품 산업	질병치료제, 노화방지제, 바이오신약	48,017	43.83	113,436	66.7
	정보산업	홈케어, 노인용 콘텐츠 개발	42,375	1.3	396,732	7.5
	교통산업	저상버스, 파워핸들, 파워브레이크,	33,637	2.9	94,841	7.3
	식품산업	건강기능식품, 의료용 식품	17,416	3.3	41,687	4.5
	…	…	…	…	…	…
2012년에 본 2010년 실제값과 2020년 전망	계[2)]		332,241 (실제)		1,249,825 (전망)	

자료: 1) 저출산고령사회위원회(2006).
2) 한국보건산업진흥원(2012).

것으로 보아 비교적 낙관적으로 전망한 것으로 분석된다. 다음 범 정부 차원의 체계적인 산업발전 정책의 추진이 미흡한 것으로 보인다. 즉, 국내 시니어 산업은 주로 노인들이 사용하는 용품 분야의 지원정책에 치우쳤으며, 미래 주도 전략산업으로 발전 · 육성하기 위한 정책이 약하였다. 끝으로 기업의 진출과 투자가 부진한 것도 중요한 이유이다. 고령친화산업에 대한 사회적 인식이 낮다 보니 투자도 걸음마 단계였다. 고령친화제품과 서비스를 제공하는 기업 300곳을 조사한 결과 65%가 고령친화산업에 진출할 의사가 없는 것으로 나타났음(대한상공회의소, 2015)이 이를 뒷받침한다.

2. 시니어비즈니스 산업의 발전여건과 전망

1) 시니어비즈니스 산업의 발전 잠재력: 보건의료산업을 중심으로

최근 정부는 시니어비즈니스 산업을 미래성장 산업으로 육성 · 지원할 수 있는 제도적 기틀을 마련하고 있다. 그 일환으로 「고령친화산업 진흥법」을 제정하고, 범 정부 차원의 전담조직을 운영하고 있다. 바로 보건복지부의 고령친화산업지원센터(한국보건산업진흥원), 산업통상자원부의 고령친화산업지원센터(부산테크노파크) 그리고 고령친화산업육성 지원 등이다. 특히 우리나라 보건의료산업 분야의 발전여건은 현재의 높은 의료인력 수준과 의료기기 기술, IT기술, 웰빙(well-being) 수요 등을 고려할 때 비교적 유리한 여건을 가졌다고 볼 수 있다.

우리의 성장 잠재력이 높은 분야 중 우수정책 사례를 들어 보자. 우리나라는 국제적으로 비교해 볼 때 낮은 의료비를 부담하면서 높은 수준의 기대수명을 달성하고 있다. 2016년 우리나라 국민이 진료와 예방 등 건강을 위해 지출한 경상의료비는 국내총생산(GDP) 대비 7.3%이다. 33개 OECD 회원국의 경상의료비 평균은 8.9%로 우리의 지출은 1.6%p나 낮다. 반면, 기대수명은 82.4년(2016년)으로 OECD 회원국 평균(80.8년)보다 1.6년 긴 것으로 나타났다(〈표 2-3〉, [그림 2-1] 참조).

우리나라는 OECD 회원국 평균에 비해 낮은 비용을 투입하고도 그 성과인 기대수명이 상대적으로 높은 것으로 나타났다. 국제비교 측면에서 볼 때 우리의 보건의료정책은 OECD 회원국 평균에 비해 상대적으로 저비용 고효율 구조를 갖추고 있음을 알 수 있다.

특히 의료비 한 단위당 기대수명을 살펴보면 우리나라는 11.2년으로 가장 높고, OECD 평균은 9.0년이다. 우리가 OECD 평균보다 2.2년이 긴 것이다. 의료비 한 단위당 기대수명을 개별국가별로 살펴보면 영국 8.2년, 일본

〈표 2-3〉 OECD 주요 국가의 경상의료비와 기대수명의 비교(2016) (단위: GDP 대비 %, 년)

	한국	OECD 평균	영국	일본	미국
GDP 대비 경상의료비	7.3	8.9	9.8	10.8	17.1
기대수명	82.4	80.8	81.2	84.1	78.6
단위당 기대수명	11.2	9.0	8.2	7.8	4.6

자료: OECD (2018) 재구성

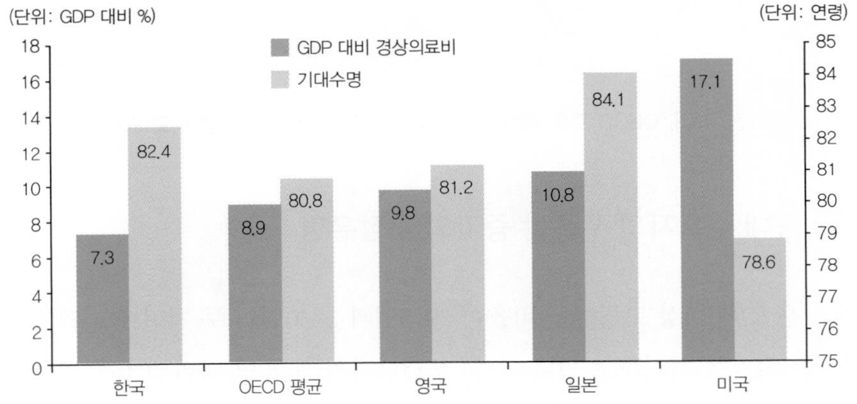

[그림 2-1] OECD 주요국가의 경상의료비와 기대수명의 비교

자료: OECD (2018) 재구성

7.8년 그리고 미국 4.6년 순임을 알 수 있다([그림 2-2] 참조).

이러한 정책성과를 달성한 주요 요인은 다음과 같이 볼 수 있다. 먼저 의료비 부담이 상대적으로 낮다. 그 원인은 국민 모두에게 양질의 의료서비스 접근을 보장해 주는 국민개보험과 노인장기요양보험제도의 도입과 성숙 때문이다. 우리나라의 건강보험은 국민이 자유롭게 의료서비스를 받고, 비용은 정부가 고시한 공공의료수가로 지불한다. 다음으로는 생활환경의 선진화와 교육수준의 향상, 그리고 의료서비스 발달 등 우수한 사회적 인프라 구축에 기인한 것으로 생각된다.

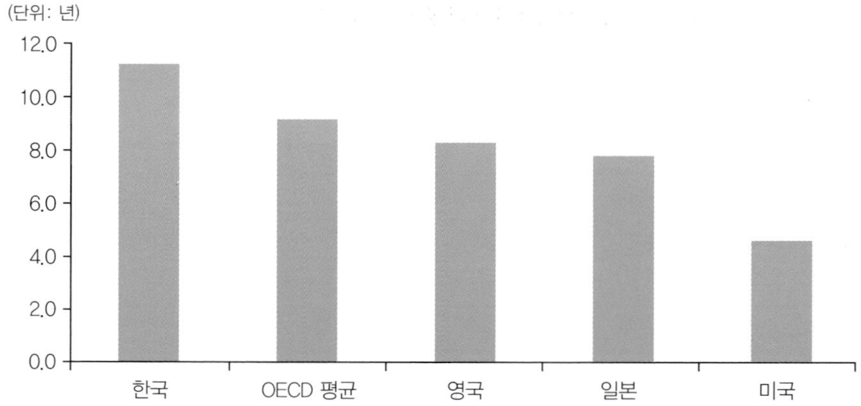

[그림 2-2] **OECD 주요 국가의 경상의료비 1단위당 기대수명 비교(2016)**

2) 국내 수요자의 꾸준한 증가와 시장유형

UN은 60세 이상 고령인구 비율이 2015년과 2030년의 두 지점에서 크게 변화하는 국가를 제시하고 있다. 그중 우리나라가 2000년 대비 2015년에 세계 5위를 차지하였다. 나아가 2015년 대비 2030년에는 2위로 크게 높아질 것으로 전망하고 있다.

[그림 2-3]은 대상자의 건강과 경제상태에 따라 시장유형을 분류하고 있다. 즉, 건강이 허약하고 경제적으로 취약한 계층의 의료·복지시장은 공공부문이 담당하며, 건강하며 중산층영역에 속하는 시장은 정부나 민간이 각각 참여하거나 또는 공동참여한다. 이 영역이 '미래개척 시장'이 된다. 채산성이 높은 부유층 대상 영역은 민간시장이 맞춤형서비스로 제공한다. 시니어산업이 수요와 공급 측면에서 볼 때 발전단계에 있기 때문에 우리 사회에 적합하고 내실 있는 사업이 되도록 정부의 전략수립과 정책이 뒷받침되어야 한다. 결국 시니어산업의 수요자에게 적합한 시장 구성은 노인복지의 향상뿐만 아니라 국민복지의 증대에 기여하게 된다.

〈표 2-4〉 **최근 10년간 두 시점의 60세 이상 고령인구비율 변화순위(2000/2015, 2015/2030)**

순위	국가, 지역	2000년 대비 2015년의 %포인트 변화	국가, 지역	2015년 대비 2030년의 %포인트 변화
1	미국령 버진아일랜드	10.9	쿠바	12.8
2	일본	9.9	대한민국	12.7
3	몰타	9.3	홍콩	12.3
4	핀란드	7.3	대만	12.1
5	대한민국	7.2	퀴라소	11.7
6	아루바	7.0	마카오	11.4
7	마르티니크	6.9	태국	11.2
8	홍콩	6.9	마르티니크	11.0
9	대만	6.7	브루나이	11.0
10	퀴라소	6.6	싱가포르	9.9

자료: United Nations (2015).

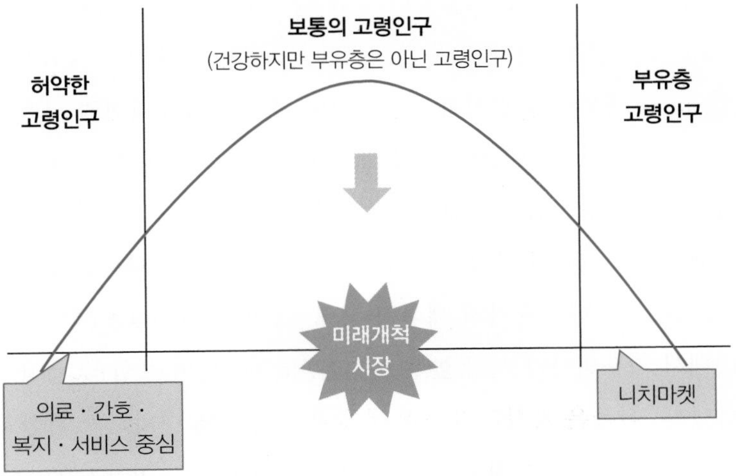

[그림 2-3] **시니어산업의 수요자 유형별 시장형태**

자료: 장석인(2017)에서 재인용.

3) 성장 유망산업들

고령화에 대비한 성장 유망산업은 고령화 단계별로 구분하여 차별화된 접근과 전략적인 정책이 필요하다. '2040 세대'와 '베이비붐 세대(50~65세)'는 노후준비산업인 보험(금융)산업과 장기요양산업이 높고, '고령 세대'는 건강 및 의료 서비스와 공적지원의 사회적 수요가 높다.

다음 〈표 2-5〉는 시니어산업 활성화 방안을 모색하기 위한 성장유망 후보산업에 대한 평가를 보여 주고 있다. 이들 산업에 대한 전략적 평가요소는 성장성, 파급성, 공익성 그리고 시의성의 네 기준에 따라 조사되었다. 이 중 성장성을 기준으로 한 3위까지의 산업을 살펴보면, 먼저 '노인장기요양'이 성장성, 공익성, 시의성에서는 1위, 파급성에서는 3위로 나타났다. 다음으로 '고령친화 기기 및 용품'은 성장성, 공익성, 시의성에서는 2위, 파급성에서는 1위를 보였다. 끝으로 '노후준비 보험·금융'은 성장성에서는 3위, 파급성에서는 4위, 공익성에서는 9위를 보였다.

한편, 네 가지 평가요소를 종합한 높은 점수순으로 보면, 1위는 노인장기요양, 2위는 고령친화 기기 및 용품, 3위가 U-헬스 및 홈케어, 4위가 노후준비 보험·금융, 5위가 고령친화 의약품, 6위가 재교육·재취업 서비스의 순이었다(〈표 2-5〉 참조). 네 가지 개별 평가요소로 살펴보든 또는 종합한 평균으로 살펴보든 유망산업의 순위가 유사함을 알 수 있다.

주요 세대별 성장유망 분야의 주요 제품과 서비스 지불의사를 조사한 결과는 〈표 2-6〉과 같다. 세 가지 세대의 형태 중 먼저 20~40대 세대와 베이비붐 세대에서 지불의사가 가장 높은 산업은 '노후준비의 보험 및 금융산업'으로 나타났다. 이들은 자산관리를 통해 향후 고령화에 대비하기 위한 준비를 가장 중요하게 생각하는 것으로 분석되었다. 이어서 '노인장기요양산업' 순으로 나타났다. 다음 고령세대(65세 이상)에서 지불의사가 가장 높은 산업은 '노인장기요양산업'이며 이어서 '건강기능식품 및 건강관리 서비스' '고령친화 의약품산업' 순으로 나타났다.

〈표 2-5〉 100세 시대 주요 성장유망산업의 평가기준별 순위(산업별)

순위	성장성[1]	파급성[2]	공익성[3]	시의성[4]	종합적 전략성
1	노인장기요양	고령친화 기기 및 용품	노인장기요양	노인장기요양	노인장기요양
2	고령친화 기기 및 용품	U-헬스 및 홈케어	고령친화 기기 및 용품	고령친화 기기 및 용품	고령친화 기기 및 용품
3	노후준비 보험 · 금융	노인장기요양	재교육 · 재취업 서비스	U-헬스 및 홈케어	U-헬스 및 홈케어
4	U-헬스 및 홈케어	노후준비 보험 · 금융	U-헬스 및 홈케어	노후준비 보험 · 금융	노후준비 보험 · 금융
5	고령친화 의약품	항노화 (anti-aging)	고령친화 의약품	항노화 (anti-aging)	고령친화 의약품
6	건강기능식품 및 건강관리 서비스	고령친화 의약품	중고령 전문 인력 파견업	건강기능식품 및 건강관리 서비스	재교육 · 재취업 서비스
7	항노화 (anti-aging)	실버주거지 및 고령자주택	건강기능식품 및 건강관리 서비스	재교육 · 재취업 서비스	항노화 (anti-aging)
8	재교육 · 재취업 서비스	건강기능식품 및 건강관리 서비스	실버주거지 및 고령자주택	고령친화 의약품	건강기능식품 및 건강관리 서비스
9	실버주거지 및 고령자주택	재교육 · 재취업 서비스	노후준비 보험 · 금융	고령자 여가 및 관광	실버주거지 및 고령자주택
10	중고령 전문 인력 파견업	고령자 여가 및 관광	항노화 (anti-aging)	실버주거지 및 고령자주택	중고령 전문 인력 파견업
11	고령자 여가 및 관광	중고령 전문 인력 파견업	장묘	중고령 전문 인력 파견업	고령자 여가 및 관광
12	장묘	장묘	고령자 여가 및 관광	장묘	장묘

주: 1) 성장성은 향후 해당 산업의 시장 규모가 얼마나 크게 성장할 것인가를 의미함.
2) 파급성은 해당 산업의 성장이 관련 전후방 산업 및 경제사회 발전에 얼마나 긍정적 파급효과를 창출하는가를 의미함.
3) 공익성은 해당 산업 발전이 사회복지 및 공공 이익 창출에 얼마나 기여하는가와 공공복지 측면에서 해당 산업 발전이 얼마나 중요한가를 의미함.
4) 시의성은 해당 산업 발전에 대한 사회적 니즈가 얼마나 빠르게 증가하는가와 국가 차원의 지원 · 육성 필요성이 시급하게 요청되는가를 의미함.

자료: 장석인(2017)에서 재인용.

〈표 2-6〉 100세 시대 세대별 주요 성장 유망산업에 대한 순위

시장성 순위	20~40대 세대	베이비붐 세대(50~65세)	고령세대(65세 이상)
1	노후보험 및 금융산업	노후보험 및 금융산업	노인장기요양산업
2	노인장기요양산업	노인장기요양산업	건강기능식품 및 건강관리 서비스
3	실버주거지 및 고령자주택 산업	건강기능식품 및 건강관리 서비스	고령친화 의약품산업
4	고령자 여가 및 관광산업	실버주거지 및 고령자주택 산업	노후보험 및 금융산업
5	건강기능식품 및 건강관리 서비스	고령친화 기기 용품산업	고령친화 기기 용품산업
6	고령친화 기기 용품산업	고령자 여가 및 관광산업	고령자 여가 및 관광산업
7	U-헬스 및 홈케어산업	고령친화 의약품산업	항노화(anti-aging) 산업
8	고령친화 의약품산업	U-헬스 및 홈케어산업	실버주거지 및 고령자주택 산업
9	항노화(anti-aging) 산업	항노화(anti-aging) 산업	U-헬스 및 홈케어산업
10	재교육 및 재취업 관련 서비스	재교육 및 재취업 관련 서비스	재교육 및 재취업 관련 서비스
11	장묘산업	장묘산업	장묘산업

자료: 장석인(2017)에서 재인용.

글상자 **필요 제품과 서비스**

베이비붐 세대는 과거의 고령자 계층과 달리 경제능력과 시간, 활동력을 바탕으로 다양한 삶을 추구하고 있다. 특히 건강유지나 생활에 있어 편리성 제품과 서비스에 대한 욕구가 다양하다. 조사결과를 [그림 2-4]에서 보면 고령자를 위해 필요한 제품으로 식품이 가장 높고 의약품, 의료기기, 생활용품, 운동용품 그리고 화장품의 순으로 나타났다.

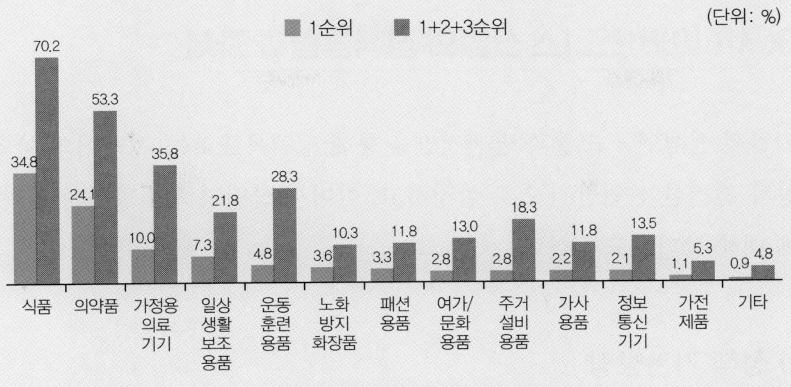

[그림 2-4] **고령자를 위한 필요제품**

주: N=1,200, 3순위까지 복수응답
자료: 한국보건산업진흥원(2015).

다음으로 고령자를 위해 필요한 서비스로는 건강지원서비스가 가장 높고 요양, 급식, 일자리지원 그리고 여가서비스의 순으로 나타났다([그림 2-5] 참조).

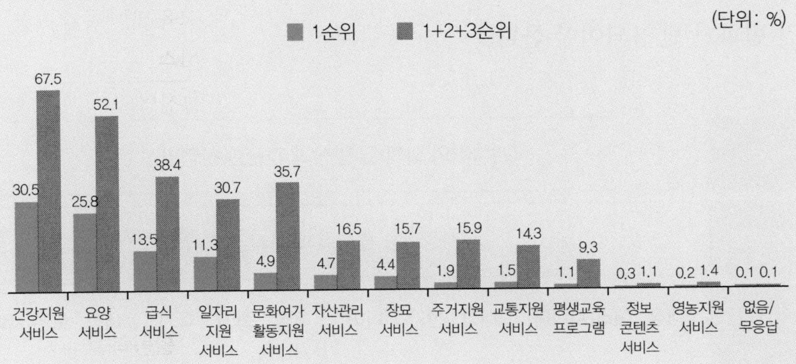

[그림 2-5] **고령자를 위한 필요 서비스**

주: N=1,200, 3순위까지 복수응답
자료: 한국보건산업진흥원(2015).

고령자를 위한 제품과 서비스의 수요결과를 종합하면 건강 관리 · 지원사업이 주를 이루고, 이어서 생활 용품, 운동, 여가 그리고 일자리 등임을 알 수 있다.

3. 시니어비즈니스 산업의 정책방향과 과제

지금껏 선행연구 고찰과 발전전망을 통해 정책목표로는 '시니어의 삶의 질 향상과 건전한 산업발전'으로 설정하고, 이어서 산업정책의 방향과 전략, 과제에 대해 살펴보고자 한다.

1) 정책 기본방향

정책 기본방향은 정책목표를 달성하기 위해 시장기능 활성화와 공공복지 차원의 조화로 설정한다. 고령사회를 떠받치는 산업시스템으로 영리적 측면과 사회복지적 측면을 고려하여 양측의 한계를 상호 보완하는 조화가 고려되어야 한다. 또한 시니어비즈니스의 발전전략은 시니어 친화 제품과 서비스에 대한 실질적인 니즈에 따라 시장규모나 발전 속도가 달라지므로, 이러한 여건 변화가 반영되어야 한다.

목표	시니어의 삶의 질 향상과 건전한 산업발전			
기본방향	시장기능 활성화와 복지의 조화			
전략	**대상: 예비 시니어** 노후준비 산업 개발과 활성화	**대상: 전기 시니어** 퇴직자의 적극적 사회활동 지원과 육성	**대상: 중기 · 후기 시니어** 민간 · 사회수요 기반의 서비스 개발과 활성화	**대상: 모든 시니어** 파급성 높은 국가 전략산업 개발과 육성
정책과제	노후자산관리의 기능강화	퇴직자의 전문성과 경력 활용 육성	요양 · 용품산업의 활성화와 인프라 조성	미래산업 발굴과 시장 개척

[그림 2-6] **시니어비즈니스의 정책 목표와 전략**

2) 전략유형과 정책방향[2]

시니어 구분에 따라 전략유형은 크게 네 가지로 제시하고 있다([그림 2-6] 참조). 예비 시니어에 대해서는 '노후준비 산업개발과 활성화'를, 전기 시니어는 '퇴직자의 적극적 사회활동 지원과 육성'을, 중기 · 후기 시니어는 '민간 · 사회수요 기반의 서비스 개발과 활성화'를 그리고 모든 시니어는 '파급성 높은 국가전략산업 개발과 육성'으로 설정한다. 이러한 전략유형의 도출을 위한 과정을 살펴보면 다음과 같다.

먼저 〈표 2-7〉은 고령친화산업의 전략성인 성장성, 파급성, 공익성 그리고 시의성의 네 가지 기준을 조사한 결과이다. 이 중 성장성, 공익성, 시의

〈표 2-7〉 고령친화 산업의 전략성 평가 결과

구분	성장성	파급성	공익성	시의성	종합적 전략성[1)]
노인장기요양산업	78.97	78.13	89.07	84.97	82.38
고령친화 기기용품산업	78.43	84.27	82.24	81.67	81.43
U-헬스 및 홈케어산업	76.03	83.47	79.62	81.47	79.88
고령자 여가 및 관광산업	60.80	64.90	60.79	67.90	63.44
노후보험 및 금융산업	76.60	77.73	70.03	78.27	75.82
실버주거지 및 고령자주택산업	62.87	71.37	71.10	67.27	67.75
항노화(anti-aging) 산업	65.93	77.40	63.93	72.67	69.82
건강기능식품 및 건강관리서비스	67.17	68.13	72.24	71.43	69.51
고령친화 의약품산업	70.20	77.20	74.24	68.43	72.36
장묘산업	53.50	56.07	61.10	57.93	56.82
재교육 및 재취업 관련 서비스	64.60	66.53	80.14	70.60	69.88
중고령 전문인력 파견업	62.00	60.87	73.79	65.77	65.20

주: 1) 종합적 전략성 = 성장성 중요도(0.31) × 성장성 점수 + 파급성 중요도(0.24) × 파급성 점수 + 시의성 중요도(0.23) × 시의성 점수 + 공익성 중요도(0.22) × 공익성 점수

자료: 장석인, 문혜선(2011).

2) 문혜선(2014). 고령친화산업의 부상과 육성 방향. 서울경제.

성의 세 기준에서 가장 높은 평가결과는 노인장기요양산업이다. 한편, 파급성에서 가장 높은 평가결과는 고령친화 기기용품산업이다. 이들 네 가지 기준을 종합해 보면 노인장기요양산업이 가장 높고, 고령친화 기기용품산업, U-헬스 및 홈케어산업, 고령자 여가 및 관광산업의 순으로 나타났다.

다음 〈표 2-8〉은 〈표 2-7〉의 지표를 반영하여 고령친화산업별 전략유형을 분류한 후 정책방향을 제시하고 있다. 고령친화산업의 유형을 크게 네 가지, 세부적으로는 다섯 가지로 분류하고 있다.

〈표 2-8〉 **고령친화산업의 특성유형별 정책방향(공익성과 시장성 측면 중심)**

분면	유형	특성	산업	정책방향
1/4	1유형	• 공익성, 시장성이 높은 산업 • 전 연령대 높은 수요	노인장기요양산업, 고령친화 기기용품산업, U-헬스 및 홈케어산업	민간수요에 바탕을 둔 차별적 서비스 개발과 국가차원의 지원범위 확대
2/4	2유형	공익성은 높지만 시장성이 낮은 산업	재교육 및 재취업 관련 서비스	공익성이 높으므로 국가차원에서 고령자의 전문성, 경력을 활용한 재교육, 재취업 서비스 지원
3/4	3유형	공익성과 시장성이 낮은 산업	• 항노화산업 • 고령자주택산업, 고령자 여가 및 관광산업	• 국내수요는 크지 않지만 파급성이 커서 국가전략산업 역할 • 국내수요의 한계로 해외시장 개척, 해외시장 니즈파악, 국제기준에 맞는 기술 및 제품 개발
	4유형	공익성은 낮지만, 고령층 중심의 시장성이 높은 산업	건강기능식품 및 건강관리서비스, 고령친화 의약품 산업	• 수요규모는 크지 않지만 고령층 중심의 수요가 높아 시의성 높음 • 고령자 니즈파악과 수요개발 필요
4/4	5유형	공익성은 낮지만, 젊은층 중심의 시장성이 높은 산업	노후보험 및 금융산업	• 국가의 직접지원보다 젊은층이 고령화 준비를 할 수 있도록 다양한 상품개발, 맞춤형 지원 • 공익성이 낮으므로 국가의 직접지원보다 산업발전을 위한 법제도 정비, 인프라 구축

자료: 장석인(2017)에서 재구성.

첫째, 공익성, 시장성이 높은 1/4분면은 '노인장기요양산업' '고령친화 기기용품산업' 'U-헬스 및 홈케어산업'으로 민간수요에 바탕을 둔 서비스 개발과 국가차원의 지원범위 확대 정책의 방향이 필요하다.

둘째, 공익성은 높지만 시장성이 낮은 2/4분면은 '재교육 및 재취업 관련 서비스산업'으로 공익성이 높아 국가차원에서 고령자의 전문성, 경력을 활용한 재교육, 재취업 서비스를 지원하는 정책이 요구된다.

셋째, 공익성과 시장성이 낮은 3/4분면은 '항노화산업'으로 국내 수요는 작지만 파급성이 커 국가전략산업의 역할을 하고 있어 해외시장 개척, 해외시장 니즈파악, 국제기준에 맞는 기술 및 제품개발의 정책지원이 필요하다.

끝으로, 공익성 낮고 시장성이 높은 노후보험 및 금융산업이나 건강기능식품 등은 국가의 직접지원보다 산업발전을 위한 법제도 정비, 인프라 구축 또는 고령자 니즈파악과 수요개발의 정책이 필요하다.

[그림 2-7]은 공익성과 시장성의 두 축으로 관련 산업들의 특성을 4/4분

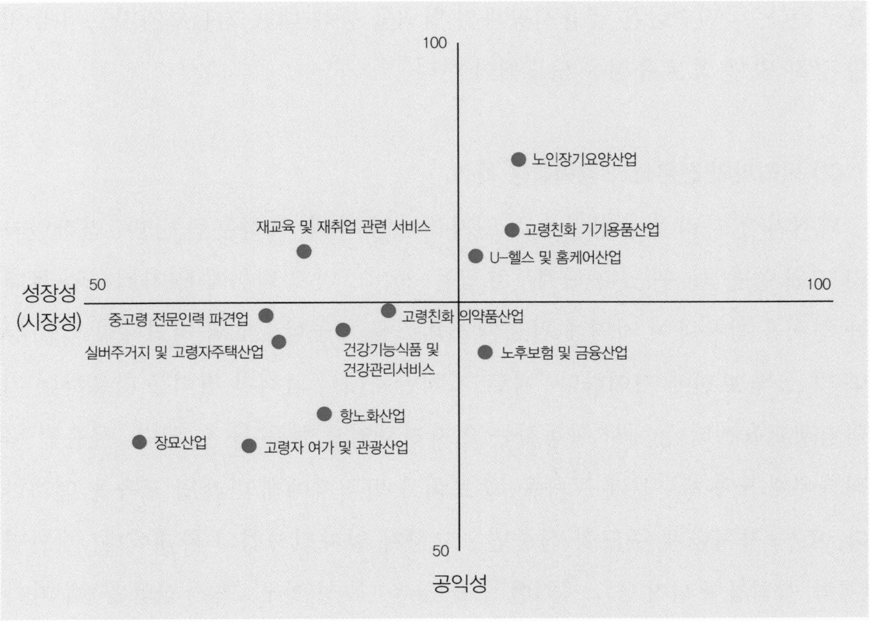

[그림 2-7] **고령친화산업의 특성유형별 분류(공익성과 시장성 측면 중심)**

면에 도시한 것이다. 다수 산업이 1/4분면과 3/4분면에 분포하며, 2/4분면과 4/4분면에는 소수 분포하는 것으로 나타났다. 산업별 특성에 대한 접근 전략이 필요함을 알 수 있다.

3) 정책과제

(1) 노후자산관리 기능의 강화

국민의 안정적인 노후생활을 위한 연금자산의 효율적 관리가 요구된다. 즉, 개인 · 퇴직 · 국민연금의 조화로운 발전을 통해 국민의 노후생활 안정이 필요하다(관계부처 합동, 2015). 개인연금은 가입 수준이 낮은 만큼 연금가입 확대와 연금수익률을 제고하는 노력이 요구된다. 아울러 종합적 규율체계를 마련하여 개인 · 퇴직 · 국민연금의 다층노후소득 보장체계를 완성하는 정책이 필요하다. 퇴직연금은 사업장의 퇴직연금 도입이 낮은 수준(16.7%)임을 고려할 때 제도도입률과 연금수급률 등을 높여 노후소득 보장기능의 강화가 요구된다. 국민연금은 금융시장과의 협력을 통해 대표 기관투자자로서의 역할 강화 및 운영 효율성을 도모해야 한다.

(2) 퇴직자의 전문성과 경력활용 육성

퇴직자 일자리 확충방안으로 일자리사업 확대, 특화훈련 강화, 민간일자리 지원 등을 들 수 있다(관계부처 합동, 2018). 먼저 퇴직자 일자리사업 확대는 경력을 활용하여 지역에 필요한 서비스를 제공함으로써 지역사회 역할 강화 및 소득 보전에 기여한다. 예로, 자치단체에서 퇴직자 경력을 활용하여 지역평생교육센터 등에서 활동하는 일자리사업 신설을 들 수 있다. 금융권 퇴직자에게 노후재무설계 교육을, 홍보회사 퇴직자에게 마케팅 교육을 연계한다. 또는 자치단체 주도형 신중년 · 고령자 일자리사업의 확대이다. 개인별(경력, 사회참여 의지 등), 지역별(도시, 농촌) 특성(인구, 고용, 산업 등)에 따라 다양한 퇴직자 지역일자리모델을 설계하도록 지원체계를 구축하는 것이다.

여기에는 지방 공공부분 일자리 우수사례를 발굴하고 확산하며, 선도지방자치단체에 대해 관계부처와 민간기관 등이 협업지원을 할 수 있다.

다음으로 퇴직자 특화훈련 강화이다. 대학에 퇴직자 특화훈련교사 양성과정을 신규 개설, 직업훈련교사 자격취득 후 기관 등에 취업을 유도한다. 또는 핵심 기술 · 기능, 창업컨설팅 · 마케팅 등 기존 훈련과정과 차별화한 창업스쿨 등을 운영한다.

끝으로 민간일자리 지원이다. 퇴직자 적합직무 고용장려금을 확대한다. 만 50세 이상 구직자를 신중년 적합직무에 채용하는 기업에게 일정한 고용장려금을 지원한다. 또는 민간기업의 사회공헌활동과 연계한 민관협업의 퇴직자 교육훈련을 통해 사회적기업 · 소셜벤처로 재취업을 연결한다. 나아가 기업이 자발적으로 정년 이후 근로자를 계속 고용 또는 재고용하도록 지원하는 정책이 필요하다(예: 일본의 계속고용확보조치).

(3) 요양 · 용품산업의 활성화와 인프라 조성

요양 · 용품산업의 활성화를 위해 산업경쟁력 확보, R&D 투자 확대, 시장 활성화, 노인장기요양보험과 시니어산업 간 활성화가 요구된다. 먼저, 산업경쟁력 확보를 위해 시니어산업 기업이 생산하는 주요 제품들의 선진기술 수준을 파악하고, 글로벌 네트워크를 통해 국제 경쟁력을 제고해야 한다.

다음으로 R&D 투자 확대이다. 고령친화산업 관련 기업의 대부분이 자본금 10억 미만의 영세한 중소기업으로 자체 R&D 및 연구비 투자 능력이 부족하고, 고령친화산업 관련 연구수행 주체가 대학인 과제가 상당수(과제수 66%, 금액 51%)를 차지하고 있어, 고령친화산업체의 수요를 반영하지 못하는 실정(한국보건산업진흥원, 2015)이다. 앞으로 유망기술 개발에 대한 투자 확대와 제품개발에서 상품화(실용화)에 이르는 전체 주기에 걸친 연계의 R&D 지원이 요구된다. 또한 고령자의 일상생활 능력(ADL)을 향상하기 위한 첨단기술의 활용을 통한 개발이 필요하다. 바로 고령자의 신체기능을 보완할 웨어러블, 일상생활지원 로봇, 스마트 기능을 구현한 복지용구/보조기기 등을 들 수 있다.

이어서 시장 활성화를 위해 시니어용품 종합체험관을 운영하고, 지역사회 밀착형의 전시와 체험관 설치, 박람회 지원과 홍보강화 등이 요구된다.

끝으로 노인장기요양보험이 사회보험으로 정착하고 요양용품산업이 활성화되기 위해서는 요양급여 대상자나 급여범위 등을 점차 확대하고 복지욕구 상담 전문인력을 양성하여야 한다.

(4) 미래산업 발굴과 시장 개척

시니어 소비자의 수요를 전망하는 대표도구인 소셜네트워크서비스(Social Network Service: SNS)의 빅데이터 분석[3]을 통해 미래 트렌드와 키워드를 추출한 결과를 살펴보면 다음과 같다(중앙일보, 2018.01.06.).

시니어비즈니스의 5대 키워드는 식품·보건의료·여가·패션·반려동식물인 것으로 나타났는데, 그중 식품(26.7%)과 보건의료(20.9%) 키워드에 관심이 집중되었다. 식품은 음식에 대한 비중이 가장 컸으며, 다양한 웰빙 먹거리 개발에 수요가 높을 것으로 보인다. 보건의료는 질병치료 중심에서 예방으로 패러다임이 변하고 있다. 정기적인 건강검진을 통해 질환 예방과 조기 발견에 큰 의미를 두고 있다. 이에 따라 4차 산업혁명의 핵심산업인 스마트 헬스케어를 통한 맞춤형 건강관리 제품과 서비스에 대한 수요가 늘어날 것으로 보인다.

시니어들은 정적 여가(35.9%)보다는 동적 여가(64.1%)를 더 선호하는 것으로 나타났다. 동적 여가에서는 운동에 관심이 많은데, 꾸준한 운동을 통한 건강관리뿐만 아니라 사회적 관계형성에 목적이 있다. 패션에 대한 관심도 높았다. 여전히 오프라인에서 의류를 구매하는 비중이 높지만, 최근 온라인과 모바일로 쇼핑하는 패턴이 두드러지는 것이 특징이다.

또한 은퇴 또는 자녀 출가로 인한 일상의 무료함과 허전함으로부터 정서적

3) 빅데이터분석 기업 타파크로스가 최근 3년 동안(2014~2017) 페이스북, 트위터, 블로그, 카페, 커뮤니티 사이트의 45억 건의 빅데이터 분석 중 21만 건이 시니어 비즈니스와 연관됨.

안정을 얻기 위해 반려동식물에 대한 선호가 증가하였다. 반려동물의 경우 밥을 챙겨 주거나 산책을 시켜 줘야 한다는 점에서 규칙적인 생활을 할 수 있어 시니어에 긍정적 요인으로 다가가고 있다.

(5) 고령친화산업 기반 조성

① 전문적 · 창의적 인력양성

먼저, 산업계의 수요, 기술개발 수준과 시장전망 등을 고려한 중장기적 인력양성계획이 필요하다. 기존 기업의 연구센터 설치 및 설비구입 지원 등 하드웨어 중심의 인력양성에서 중장기 R&D 프로젝트와 신제품 및 서비스 개발 등을 통한 경쟁력 있는 인력양성프로그램 위주의 정책이 요구된다.

다음으로 융합제품과 서비스개발, 사업화 등에 필요한 전문인력의 양성이다. 즉, 시니어산업의 제조업과 서비스의 융합, 기존 제품과 IT 및 정보서비스와의 융합 및 서비스개발, 사업화 등의 전문 인력이 필요하다. 예를 들어, 잠재수요가 높은 U-헬스산업의 경우 제조 · 개발(HW, SW), 상품화(임상, 인허가, 보험수가개발 등), 서비스제공(운동, 식이, 요양) 등 단계별 인력양성이다.

② 기업 성장을 위한 종합지원 플랫폼 구축

기업의 규모와 역량에 따라 성장단계별 기술개발 · 사업화, 제품화, 시장화 등 맞춤형 프로그램 제공을 통해 영세한 고령친화산업체를 중소기업에서 강소기업 나아가 중견기업으로의 성장을 지원하는 종합지원 플랫폼이 필요하다. 즉, 국내 고령친화 신산업의 유망기업을 육성하기 위해 성장잠재력이 있는 중소기업을 발굴하고, 기업이 신성장 동력을 창출[4]할 수 있도록 핵심분야를 중점 지원하는 전 주기적 R&D 지원체계 확대이다.

4) 신성장 동력의 창출과정은 신기술/신사업의 아이템을 발굴하고, 맞춤형 R&D를 통해 제품을 개발하고, 이어서 생산단계를 거쳐 시장에 판매하는 단계이다.

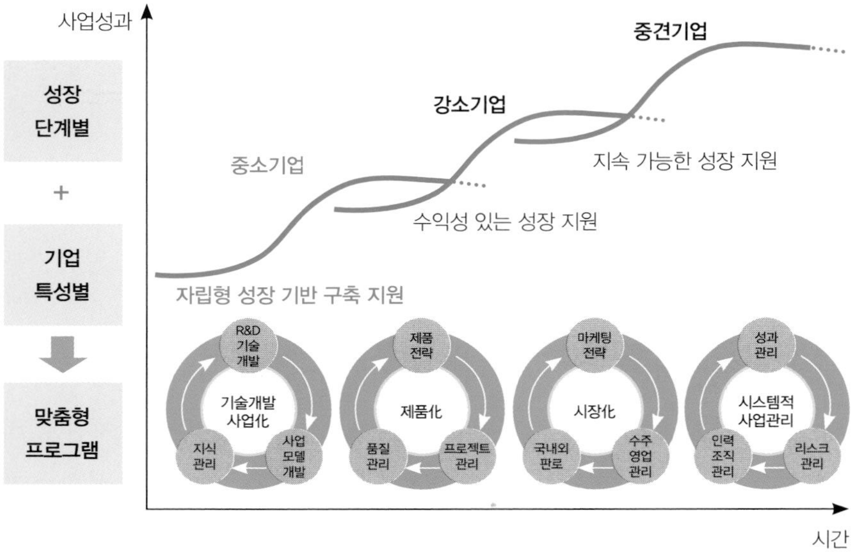

[그림 2-8] **기업 성장 단계별 R&D 추진 전략**

자료: 한국보건산업진흥원(2017).

③ 고령친화산업 육성을 위한 제도개선

시니어산업은 여러 부처(보건복지부, 국토교통부, 기획재정부 등)의 업무와 연관되어 있어 유기적인 협조체제가 이루어져야 한다. 인허가 업무나 규제 업무 등과 같은 법과 제도와의 연관관계가 중요하다. 시니어산업의 경우 일상 생활용품에서부터 U-헬스에 이르기까지 다양한 수준의 기술로 구성되어 있다. 이들 용품과 기기 및 서비스는 건강보험, 노인장기요양보험, 「의료법」 등의 다양한 법 · 제도와 연계가 필요하다. 산업발전 여건은 2006년 「고령친화산업 진흥법」 제정 당시에 비해 크게 변화하고 있다. 예를 들면, 장애인 및 고령자 등 주거약자 지원에 관한 법률에서 이들을 위한 설계 및 표준화, 지원사업 홍보 강화 등 관련 산업을 활성화할 조항의 추가 등이 필요하다.

이상으로 정책 기본방향에 따라 향후 정책과제를 제대로 수행함으로써 시니어비즈니스가 새로운 산업으로 발전하리라 기대한다.

참고문헌

고경환 · 이기호 · 박아연 · 김재진 · 강지원 · 안민영 · 정영애(2017). 한국의 사회복지 지출 작성방법 마련 및 산출. 보건복지부 · 한국보건사회연구원.

관계부처 합동(2015). 국민의 안정적인 노후생활을 위한 연금자산의 효율적 관리 방안. p. 1.

관계부처 합동(2018). 신중년 일자리 확충방안. pp. 3-5.

대한상공회의소(2015). 실버산업인식조사.

문혜선(2014). 고령친화산업의 부상과 육성 방향. 서울경제, pp. 11-12.

장석인(2017). 제4차 산업혁명시대, 고령친화산업의 활성화를 위한 정책방향과 과제. 산업연구원, p. 23.

장석인, 문혜선(2011). 베이비붐 세대 은퇴 관련 산업 활성화 방안. 산업연구원.

저출산고령사회위원회(2006). 고령친화산업전략.

한국보건산업진흥원(2012). 고령친화산업 현황 및 전망. 고령친화산업리포트, 2012-1, pp. 10-11.

한국보건산업진흥원(2015). 고령친화산업 소비자 수요 현황 분석. 고령친화산업리포트, 2015-2, p. 6.

한국보건산업진흥원(2015). 고령친화산업 연구개발 현황.

한국보건산업진흥원(2017). 고령친화산업체 지원제도 현황분석. 고령친화산업리포트.

OECD (2018). OECD Health Statistics.

United Nations (2015). World Population Ageing 2015, p. 146.

SENIOR BUSINESS

제3장

시니어 주거산업

◆

송양민

고령자들이 좋은 주거환경에서 사는 것은 매우 중요하다. 이를 위해 먼저 허약해진 신체활동을 지원하는 시설들이 집 안에 잘 갖추어져 있어야 한다. 예를 들어, 미끄럼 방지장치 같은 낙상방지 설비, 간병 서비스를 받을 수 있는 공간 등이 이에 해당한다. 또 다양한 여가활동을 즐길 수 있는 공동체(community)가 주변에 있어야 한다. 이를 통해 고령자들은 집 안에서 안전한 생활을 하고, 지역사회에서 활발한 사회참여와 문화활동을 즐길 수 있게 된다.

시니어 주거산업은 변화하는 노인들의 건강상태와 생활방식에 적합한 주택들을 지어 고령자에게 공급하는 사업이다. 고령자들이 새 장소로 이사 가지 않고 살던 집에 계속 살 경우에 그들이 생활하기 편하게 기존 주택을 개조하는 사업도 시니어 주거산업에 포함된다. 이 장에서는 노인임대주택 공급, 실버타운 건설, 주택 개보수 등 국내외에서 이루어지고 있는 시니어 주거산업의 현황을 알아보고, 향후 산업발전 가능성을 살펴본다.

1. 시니어 주거산업의 개념

사람은 나이를 먹어 갈수록 예전보다 더 많은 시간을 주택 내에서 보내게 된다. 흔히 60대는 60%, 70대는 70%, 80대는 80%의 삶이 주거지를 중심으로 이루어진다고 말한다. 신체노화의 영향으로 이동(mobility)하는 일이 점차 힘들어지고, 젊은 시절에 활발하던 사회적 교류도 감소하기 때문이다. 당연히 집 외부에서 보내는 시간보다 집 안에서 가족들과 지내는 시간이 더 많아진다.

따라서 고령자주택은 청장년 시절에 살던 도시형주택과 다른 특성을 가지고 있어야 한다. 집 안은 낙상 등의 안전사고를 예방할 수 있는 고령친화적인(age-friendly) 구조를 갖추어야 한다(권오정, 김진영, 이옥경, 2016). 치매에 걸려 몸을 움직이기 불편해질 때에는 간병서비스를 적절하게 받을 수 있는 시설도 일부 준비되어 있어야 한다. 이런 점에서 고령자들에게 적절한 주택을 공급하여 편안한 노후생활을 하도록 지원하는 것은 매우 중요한 일이다.

1) 노년기 주택의 조건

고령자의 생활은 주로 집을 중심으로 이루어지기 때문에 은퇴생활 장소를 잘 선택하는 것은 삶의 질에 큰 영향을 미친다. 지역사회(community) 활동이 비교적 활발한 건강한 은퇴자들도 마찬가지다. 취미생활이나 운동을 하고 싶을 때에 이용할 수 있는 문화・스포츠 시설이 집 근처에 있는 고령자와 그렇지 않은 고령자들은 생활만족도와 삶의 질에서 큰 차이가 난다.

은퇴 후 대학에서 학습활동을 하거나 자원봉사 활동에 참여하고자 할 때에, 사회적 자원과 관련 커뮤니티 시설이 잘 갖추어져 있으면 제2의 인생을 시작하는 데에 유리하다. 나이가 들어 노인성 질환에 걸릴 경우, 좋은 의료전문가에게서 신속히 도움을 받을 수 있는 의료시설의 존재도 고령자에게 매우 중요하다. 좋은 주거환경이 '건강한 고령화(healthy aging)'와 '활기찬 고령화(active aging)'를 촉진하는 요소라는 뜻이다.

또 고령자는 경제적 사정이 좋지 않아 노후생활비 마련이 어려워질 때에 주택 매각(또는 주택연금 가입)을 통해 생활비를 조달할 수 있다. 노후생활비가 부족한 고령자에게 주택은 품위 있는 은퇴생활을 보장해 줄 수 있는 생활비 조달수단이기도 하다는 뜻이다. 그래서 미국과 유럽에서는 '노후준비란 집에서 시작해서 집에서 끝난다.'는 격언이 있을 정도로 은퇴주거지의 중요성을 강조하고 있다.

유엔(UN)의 '사회규약위원회'에서는 노년기 주거지를 결정할 때 고려해야 하는 요소들을 잘 제시해 주고 있다. 점유의 안정성과 적절한 주거비 부담, 최저 주거기준의 확보, 적절한 주거기반시설 및 서비스 제공, 가족들의 접근 가능성, 입지의 적절성, 문화적 요소의 반영 등이다(송양민, 우재룡, 2014). 비교적 활발한 생활을 하는 60~70대는 물론이고, 신체 활동력이 저하되는 80~90대에도 적용할 수 있는 기준이다. 따라서 고령자가 노후계획의 일환으로 주거지를 결정할 때에는 다음과 같은 질문에 답을 할 수 있어야 한다.

- 고령이 되어 가면서도 오랫동안 머무를 수 있는 주거지인가?
- 자녀, 친구, 친척들과 원활하게 접근할 수 있는 곳인가?
- 주택을 노후자금으로 활용할 수 있는 방법은 무엇인가?
- 문화활동, 사회활동, 다양한 사람과 교류를 골고루 할 수 있는 곳인가?
- 연령대별로 생활 스타일이 변해도 이사하지 않고 살 수 있는 환경인가?
- 온도, 습도, 풍경과 같은 자연여건이 적합한가?
- 노인들의 낙상사고를 방지할 수 있도록 안전하게 집을 수리할 수 있는가?
- 간병기가 되더라도 오랫동안 집에 머무를 수 있도록 준비할 수 있는가?

이런 UN 기준과 비교할 때, 우리나라는 시니어 주거산업 문화가 사실상 백지상태에 있는 것이나 다름없다. 고령자에게 '은퇴 후 어디에서 살고 싶나요?' 하고 질문을 하면 대부분 어리둥절해한다. 평생 노력해서 겨우 마련한 '내 집(아파트)'에서 죽을 때까지 살고자 하는데, 또 어떤 집에서 노후를 보낼 것인가 하고 질문을 받으니 무슨 말인지 뜨악해하는 것이다.

직장에서 은퇴할 시점이 되면, 자녀들이 다 커서 집을 나가기 때문에 도시 아파트는 두 부부만 살아가는 '빈 둥지(empty nest)'가 된다. 그래서 부부만 살기에는 집이 너무 크고 생활비도 비싸다는 생각이 들어, 일부 고령자들은 아파트 평수를 줄여 다소 작은 집으로 이사를 가 볼까 하는 생각을 하는 정도이다. 나머지 대다수 고령자는 살던 집에서 계속 사는 것이 일반적이다. 우리나라 고령자들의 주거 플랜은 이 정도에 그치고 있다(송양민, 우재룡, 2014).

이러한 분위기 때문에 그간 국내에서는 고령자주택에 관한 연구와 공급이 아주 미진한 상태에 있었다. 미국, 유럽, 일본처럼 고령자 집단주거단지(실버타운, CCRC)를 만든다거나, 고령자들이 생활하기 편하도록 집 구조를 장애가 없도록 고치는(무장애화, barrier-free) 개념도 거의 형성되어 있지 않다. 한마디로 말해 시니어 주거산업이 전반적으로 걸음마 단계에 머무르고 있는 것이다.

그러나 우리나라가 2018년 노인이 전체인구의 14%를 넘어서는 고령사회에 진입하고, 삶의 질을 높게 유지하고 싶어 하는 베이비붐 세대(1955~1963년생)가 대거 은퇴하기 시작하면서 시니어 주거산업도 발전의 호기를 맞고 있다. 따라서 고령자들의 삶의 질을 고양시키는 방향으로 국내 시니어 주거산업을 한 단계 더 업그레이드(upgrade)시킬 필요성이 있다는 여론이 높아지고 있다.

글상자 **고령자의 5단계 생애주기**

우리나라 근로자의 정년은 60세이다. 한국인의 평균수명이 80세를 넘어서고 있는 것을 고려하면, 정년 후에 20~30년의 은퇴생활을 하게 된다. 이 시기를 어떻게 보내느냐에 따라 노년기의 삶의 질도 크게 좌우된다. 60세 이후에 맞는 노년기는 하나의 인생이 아니라, 다양한 단계를 가지고 있다. 고령자 부부는 사망할 때까지 대체로 다음과 같은 5단계의 생애주기를 맞게 된다.

사회활동을 비교적 열심히 하는 '활동기', 집 안에서 가족들과 대부분의 시간을 보내는 '회고기', 나이가 많은 남편이 먼저 치매에 걸려 수발을 받는 '남편간병기', 남편이 사망한 후에 부인 홀로 살아가는 '부인 홀몸 생존기', 고령의 아내도 치매에 걸려 수발을 받아야 하는 '부인간병기' 등이 그것이다. 이러한 단계별로 주택이 가지는 의미 역시 함께 변화한다.

예를 들어, 50대에서 80대 초반까지의 비교적 건강한 시기에는 사회로부터 격리되지 않은 곳에서 공동체 생활을 잘 유지하는 것이 중요하다. 몸이 불편해지는 80대 중

〈표 3-1〉 **고령자 생애주기에 맞는 주거의 개념**

구분	연령대	단계의 특징	주거의 특징
활동기 · 회고기	50~80대 초반	활발한 사회활동과 자아실현 활동을 전개함.	사회로부터 격리되지 않은 곳에서 공동체 생활을 유지하는 것이 중요함.
남편 간병기	80대 중후반	병원에 주기적으로 출입하면서 부인의 간병을 받음.	부인의 간병활동에 불편하지 않은 유니버설 디자인으로 개조된 주거시설이 필요함. 배우자의 간병이 불가능할 경우 요양시설을 활용함.
부인 홀몸 생존기	남편 사별 후, 아내 홀로 5~7년 정도 생활함.	남편 사별 후, 독신가구로 변함.	홀몸 노인여성의 공동체 활동을 지원하는 주거환경의 조성이 필요함.
부인 간병기	아내 사망 전에 3년 전후의 간병기를 맞이함.	아내도 남편처럼 사망 전에 수년간 간병상태를 지내게 됨.	집에서 재가요양서비스를 이용하거나 요양원 입소가 필요함.

자료: 송양민, 우재룡(2014).

반 이후에는 안전사고를 예방하는 유니버설 디자인(universal design, 연령이나 장애 유무에 관계없이 모든 사람이 편리하게 이용할 수 있도록 설계하는 개념)의 주거시설이 필요해진다.

또 치매와 중풍 등으로 가족이나 요양보호사의 간병서비스를 받아야 하는 80대 후반 이후의 시기에는 간병활동을 지원하는 시설이 집 안에 갖추어져 있어야 한다. 평균수명이 100세에 근접하는 '100세 장수시대'가 시작되면 이처럼 생애주기를 고려한 노인주택의 공급은 더욱 중요해질 것이다.

2) 시니어 주거산업의 범위

시니어 주거산업의 범위는 크게 ① 고령자들이 거주하는 주택을 건설하는 사업, ② 고령자들이 살고 있는 주택을 생활하기 편하게 개조 · 보수하는 사업으로 나눌 수 있다(한국보건산업진흥원, 2014; 〈표 3-1〉 참조). 여기서 가리키는 '고령자 거주주택'이란 고령자들에게 분양 또는 임대할 목적으로 건설하는 고령자 전용주택을 말한다. 건설업체들이 불특정 다수 소비자를 대상으로 짓는 보통 아파트(또는 연립주택)와는 다른 구조와 용도를 가진 주택이라는 뜻이다.

앞에서 지적한 것처럼, 우리나라는 현재 고령자 전용주택에 대한 개념이 아직 형성되어 있는 않은 데다, 고령자들도 이런 주택을 별로 찾지 않아 공급이 거의 이뤄지지 않고 있다. 보통 아파트에 그냥 고령자가 살고 있을 뿐이다. 이런 점에서 고령자가 일반 아파트를 분양받아 생활하는 것을 노인복지주택과 합쳐 시니어 주거시장에 집어넣음으로 인해 시니어 주택시장 규모가 과대평가될 가능성이 있다고 하겠다(〈표 3-3〉 참조).

고령자를 위한 주택개보수사업은 고령자가 집 안에서 생활할 때 사고예방은 물론 편안하게 생활할 수 있도록 주택 구조를 개선하는 사업을 말한다. 예를 들어, 욕실에 미끄럼 방지 바닥재를 깔거나 욕조에 손잡이를 설치하여 낙상을 방지하는 일, 계단이나 문턱의 단차를 제거하여 집 안에서 쉽게 이동할

〈표 3-2〉 시니어 주거산업의 범위

구분	내용
주택 개보수	신체적 노화에 대응하는 평면 및 설비를 갖춘 주거공간을 개보수 -계단이나 문턱 등의 단차를 제거, 욕조 손잡이 설치
	고령자를 위한 주거 관련설비(욕조, 손잡이, 수변장치, 문짝 미끄럼 방지 바닥재 등) 생산
고령자 주택공급	고령에 맞는 주거공간을 갖춘 독립된 주호와 공동으로 이용하는 각종 편의시설을 갖춘 노인복지주거시설 및 주택을 공급

자료: 한국보건산업진흥원(2014).

〈표 3-3〉 일반 고령자주택과 노인복지주택의 차이점

구분	내용
일반 고령자주택	노인이 분양받아 거주하는 일반주택(아파트, 단독주택)
노인복지주택	노인에게 주거시설을 분양 또는 임대하여 주거의 편의·생활지도·상담 및 안전관리 등 일상생활에 필요한 편의 제공을 목적으로 하는 시설

자료: 한국보건산업진흥원(2014).

수 있도록 돕는 일이 여기에 해당한다. 우리나라에서 고령자주택 개보수 사업은 아직 초기 단계에 있으나, 미국과 일본 등 선진국에선 매우 활발하게 이뤄지는 분야이다(권오정, 김동숙, 이용민, 2016).

우리나라 고령자주택 관련법규는 「노인복지법」에 규정되어 있다. 그러나 「노인복지법」도 '일반 고령자주택'에 관한 규정은 거의 없고, 대부분 '노인복지시설' 위주로 규정되어 있다. 우리나라 「노인복지법」 제31조에 따르면, 노인복지시설은 노인주거복지시설(양로시설과 노인복지주택), 노인의료복지시설(요양시설과 요양공동생활가정), 재가노인복지시설, 노인여가복지시설(노인복지관과 경로당) 및 노인보호전문기관 등으로 나뉜다(〈표 3-4〉 참조).

보건복지부가 발간한 『보건복지백서』에 따르면, 우리나라에는 2015년 말 현재 노인주거복지시설 427개소, 노인의료복지시설 5,063개소, 노인여가복지시설 6만 6,292개소, 재가노인복지시설 3,089개소가 각각 만들어져 있다.

〈표 3-4〉 **노인복지시설의 종류**

시설 구분		시설의 내용과 주요 업무
노인주거 복지시설	양로시설	노인을 입소시켜 급식과 그 밖에 일상생활에 필요한 편의를 제공함을 목적으로 하는 시설
	노인공동 생활가정	노인들에게 가정과 같은 주거여건과 급식, 그 밖에 일상생활에 필요한 편의를 제공함을 목적으로 하는 시설 –최대 9인까지 입소자 허용
	노인복지 주택	노인에게 주거시설을 분양 또는 임대하여 주거의 편의 · 생활지도 · 상담 및 안전관리 등 일상생활에 필요한 편의를 제공함을 목적으로 하는 시설 –입소대상, 입소절차, 입소비용 및 분양 · 임대 등에 관하여 필요한 사항은 보건복지부령으로 함. –노인복지주택의 설치 · 관리 및 공급 등에 관하여 동법에서 규정된 사항을 제외하고는 「주택법」의 관련 규정을 준용
노인의료 복지시설	노인요양 시설	치매 · 중풍 등 노인성질환 등으로 심신에 상당한 장애가 발생하여 도움을 필요로 하는 노인을 입소시켜 급식 · 요양과 그 밖에 일상생활에 필요한 편의를 제공함을 목적으로 하는 시설
	노인요양 공동생활 가정	치매 · 중풍 등 노인성질환 등으로 심신에 상당한 장애가 발생하여 도움을 필요로 하는 노인에게 가정과 같은 주거여건과 급식 · 요양, 그 밖에 일상생활에 필요한 편의를 제공함을 목적으로 하는 시설 –최대 9인까지 입소자 허용
재가노인복지시설		방문요양서비스, 주 · 야간보호서비스, 단기보호서비스, 방문목욕서비스 등을 제공함을 목적으로 하는 시설
노인여가 복지시설	노인 복지관	노인의 교양 · 취미생활 및 사회참여활동 등에 대한 각종 정보와 서비스를 제공하고, 건강증진 및 질병예방과 소득보장, 재가복지, 그 밖에 노인의 복지증진에 필요한 서비스를 제공하는 시설
	경로당	지역노인이 자율적으로 친목도모 · 취미활동 · 공동작업장 운영 및 각종 정보교환과 그 밖의 여가활동을 할 수 있도록 하는 장소를 제공하는 시설
	노인교실	노인에게 사회활동 참여욕구를 충족시키기 위해 건전한 취미생활 · 노인 건강유지 · 소득보장 및 그 밖의 일상생활과 관련한 학습프로그램을 제공하는 시설

노인보호 전문기관	노인학대에 관한 업무를 담당하는 국가 및 지방자치단체의 기관 –노인학대의 예방 및 방지를 위한 홍보, 학대받은 노인의 발견 · 상담 · 보호, 의료기관에 치료의뢰 및 노인복지시설에 입소의뢰 등의 역할을 함.

자료: 한국보건산업진흥원(2014).

2. 시니어 주거트렌드와 산업현황

고령자주택시장이 성장하려면 고령자 편의시설이 잘 갖춰진 고령자 전용주택이 많이 건설되고, 고령자들이 이런 주택을 많이 구매해야 한다. 그러나 우리나라 은퇴자들은 경제적 상황이 전반적으로 어렵기 때문에 은퇴자금을 털어 노인주택을 새로 구매하는 일이 쉽지 않다(노영훈, 2014). 더욱이 최근 3~4년 사이에 수도권을 중심으로 주택가격이 크게 올라, 고령자들이 신규주택을 구입하는 것은 더욱 어려워지고 있다.

주거지 선택이 노년기에 매우 중요함에도 불구하고, 우리나라에 별다른 '고령자 주거모델'이 없다는 점도 시니어 주거산업 성장에 걸림돌이 되고 있다. 내 집에서 그냥 눌러앉아 살아가던 노인 주거문화만 있었을 뿐, 선진국처럼 노인들의 독립적인 생활을 지원하는 주거문화나 공동체 생활을 강조하는 주거모델은 거의 형성되지 못했다고 해도 과언이 아니다.

도시와 농촌 구별 없이 은퇴자들의 생활을 지원하는 보건, 복지, 교육, 문화 인프라도 매우 부족하다. 이런 상황에서 설사 고령자들이 새로운 주거스타일에 관심을 가지고 있다고 해도 실천에 옮기기가 쉽지 않다. 시니어 주거산업이 발전하기에는 주변 환경이 열악하다는 이야기이다.

1) 시니어 주거시장 규모

한국보건산업진흥원은 국내 시니어 주거산업 규모가 2012년 1조 3,546억 원에서 2020년 1조 4,301억 원 규모로 성장(연평균 성장률 0.7%)할 것으로 추정하고 있다(한국보건산업진흥원, 2014). 국토교통부 '제2차 장기(2013~2022) 주택종합계획'의 연간 주택공급 예상물량(약 39만 호)에 근거하여 고령자 입주규모를 산출하고, 리모델링 주거산업 시장에서 고령자주택 개보수가 차지하는 비율을 추정하여 산출한 수치이다.

여기서 고령자 입주물량은 전체 주택시장 규모에 고령자 구매비율(약 1% 전후)을 적용하여 산출하게 된다. 다시 말해, 노인 전용주택 구매 물량을 뜻하는 게 아니라, 노인이 구매하는 모든 주택(아파트와 연립주택, 단독주택)을 다 합친 수치라는 뜻이다. 노인이 일반 아파트를 구입하여 입주할 경우에도 시니어 주거산업에 포함한다면 '시니어(senior)'라는 의미가 애매해진다.

이런 현실적 상황을 고려하면, 1조 4,000억 원선의 시니어 주거산업 추정치는 참고 이상의 의미는 없다고 하겠다. 또 한국보건산업진흥원의 분석에 따르면, 우리나라 시니어 주거산업은 모태산업 규모의 1.5%선에 그치는 것으로 추정되어 전반적인 산업여건은 아직 걸음마 단계에 있다고 보아야 할 것 같다(〈표 3-5〉 참조).

시니어 주거산업을 좀 더 세밀히 들여다보면, 사업 내용에 따라 크게 네 가지 부문으로 분류할 수 있을 것 같다. 첫째, 실버타운의 건설과 운영 사업, 둘째, 'aging in place'를 지원하기 위한 주택개조사업, 셋째, 중 · 고령층 전원주택 개발사업, 넷째, 은퇴자 농어촌이주 지원사업 등이다(송양민, 우재룡, 2014).

〈표 3-5〉 고령친화 주거산업 시장규모 전망 (단위: 억 원, %)

구분 \ 연도	2012	2015	2018	2020	연평균 성장률 (2012~2020)
고령친화 주거산업	13,546	14,209	14,257	14,301	0.68
비중	1.47	2.32	2.33	2.33	
모태산업	918,512	612,532	613,078	613,441	−4.92

자료: 한국보건산업진흥원(2014).

2) 실버타운 건설사업

인구고령화 시대가 열리기 전, 도시에 살던 직장인들은 은퇴 후 도시를 떠나 자유롭게 여행을 즐기고 전원생활을 선호하는 경향을 보였다. 지속적인 경기호황에 힘입어 도시민들의 소득이 높아지면서 가급적 일찍 은퇴하여 노년기를 즐겁게 보내려는 사람들도 늘어났다. 이런 사회적 트렌드를 배경으로 하여, 유럽과 미국, 일본에서 대규모 은퇴자 주거단지가 많이 만들어졌다.

우리가 은퇴자 집단주거단지를 가리킬 때에 사용하는 실버타운(silver town)은 일본식 용어이다. 미국에서는 실버타운을 CCRC(Continuing Care Retirement Community)라는 이름으로 부른다. 실버타운이란 사회에서 은퇴한 고령자들을 대상으로 안정된 노후생활이 가능하도록 주거, 의료, 문화, 스포츠, 휴양시설을 갖추고 각종 생활서비스를 제공하는 복합기능의 주거단지를 의미한다. 「노인복지법」에는 '노인에게 주거시설을 분양 또는 임대하여 주거의 편의 · 생활지도 · 상담지도 및 안전관리 등 일상생활에 필요한 편의를 제공하는 시설'이라고 규정되어 있다.

우리나라에서도 이런 실버타운이 2000년대 들어 하나둘씩 생겨나기 시작해 전국에 약 30여 개의 실버타운이 운영 중인 것으로 조사되었다. 삼성생명복지재단이 2001년 경기도 수원시 근교에 건설한 '노블카운티'가 그 시초이다.

일반주택에 비해 노인들이 지내기에 편하다는 소문이 많이 나서, 실버타운에 대한 이미지는 비교적 좋은 편이다. 이 때문인지 우리나라 은퇴자들에게 노후생활을 보내고 싶은 곳을 물어보면, 약 10%의 사람들이 실버타운을 선호한다고 대답한다. 선진국과 대체로 비슷한 수치이다. 그러나 실버타운은 시설이 좋은 만큼 입주비용도 상당히 비싼 편이다. 그래서 실버타운에 실제로 입주해 사는 우리나라 노인들은 5,000여 명에 그치고 있다.

실버타운의 특징은 크게 세 가지이다. 첫째, 60세 이상의 고령자들만 입주가 가능한 고령자 전용주택이라는 점이다. 둘째, 고령자들이 자립생활을 잘 할 수 있도록 건축설계에서 고령자친화적인 유니버설 디자인을 반영한 주택이라는 점이다. 셋째, 고령자들의 일상생활을 돕는 청소, 세탁, 식사서비스 같은 인적 서비스가 제공된다는 점이다(이인수, 2003).

우리나라 주부들은 평생을 식사준비, 빨래, 노부모 돌보기 등 가족 뒷바라지를 하면서 지내 왔다고 해도 과언이 아니다. 실버타운은 고령 입주자들이 편안한 삶을 살 수 있도록 식사, 청소 서비스는 물론이고, 건강관리, 문화·여가생활 지원 등의 다양한 서비스를 제공하고 있다. 그래서 실버타운의 최대 장점으로 가사노동으로부터의 해방을 꼽는 고령자들이 많다.

실버타운은 입주자들에게 일정 금액의 입주비(보증금)와 함께 매월 생활비를 받아서 필요한 운영경비를 지출하고 실버타운 건축비를 충당한다. 예를 들어, 중산층이 많이 입주하는 서울 시니어스타워의 경우, 25평형 사용료는 입주비(보증금) 3억 3,000만 원에 매월 생활비가 150~200만 원 소요된다. 서민형 실버타운인 수원 유당마을의 경우, 27평형 사용료는 입주비 2억 1,000만 원에 매월 생활비가 160만 원가량 든다. 다른 실버타운도 시설규모에 따라 2~4억 원의 보증금에 월 100~200만 원의 생활비를 받고 있다(이한세, 2014).

수억 원의 입주 보증금을 차치하고라도, 은퇴자들이 매달 100~200만 원가량씩 들어가는 생활비를 조달하기란 쉽지 않다. 그래서 실버타운은 마케팅을 할 때 연금생활자들을 주요 고객으로 공략하고 있다. 실제로 실버타운 입주자의 40%가량이 전직 공무원, 교사, 군인 출신으로 월 200만 원 이상의 높은 연금을 받는 사람이 대다수를 차지하고 있다.

실버타운 건립을 위해서는 우리나라 「주택법」과 「노인복지법」에서 정하는 시설물의 기준을 충족시켜야 한다. 참고로 「노인복지법」에 규정된 실버타운 설치 기준은 〈표 3-6〉과 같다. 고령자들이 사용하는 시설이기 때문에 일반 공동주택에 비해 설치 기준이 상당히 엄격하게 되어 있다.

〈표 3-6〉 **실버타운 설치 기준**

구분	내용
정의	60세 이상의 노인에게 유료로 분양 또는 임대하여 주거의 편의, 생활지도 상담 및 안전관리 등 일상생활에 필요한 편의를 제공함으로써 삶의 질을 향상시키고자 개발된 주거 시설로서 유료노인복지주택을 실버타운이라 칭함.
설치 기준	• 시설의 규모: 30세대 이상 • 시설기준: 거실(1), 관리실(사무실, 숙직실 포함), 식당 및 조리실(1), 오락실 및 체력단련장(1), 의무실(1), 식료품점 또는 매점(1), 비상재해 대비시설(1), 경보장치 • 기타: 복도, 화장실 등 필요한 곳에 야간 상용등을 설치하고 경사로를 설치해야 하나 승강기 설치 시는 제외, 바닥은 낙상방지용 바닥재 사용
직원 배치 기준	• 시설장 1인, 사무원 1인, 영양사 1인, 상담지도원 1인, 관리인 1인(부대복지시설에 관리에 필요한 자 포함) • 상담지도원: 입소자에 대하여 노인의 건강유지, 여가선용 등 노인의 복지 증진에 관하여 상담, 지도하는 자
직원 자격 기준	• 시설장: 「사회복지사업법」에 의한 사회복지사 3급 이상의 자격증 소지자 또는 「의료법」 제2조의 규정에 의한 의료인의 자격을 취득한 자 • 상담지도원: 「사회복지사업법」에 의한 사회복지사 3급 이상의 소지자

자료: 관련법 규정을 저자가 정리함.

3) AIP 현상과 주택개조사업

미국은퇴자협회(AARP)가 45세 이상 미국인을 대상으로 실시한 앙케이트 조사에 따르면, 미국인의 약 86%가 은퇴 후 도시에 위치한 자기 집에서 계속 사는 것을 선호하는 것으로 나타난다. 또 스웨덴과 노르웨이, 핀란드 등 북유럽 국가의 경우 65세 이상 노인 중 90%가량이 자기 집에서 거주하고 있는 것으로 조사되고 있다(송양민, 우재룡, 2014). 이처럼 선진국에서는 은퇴자들이 실버타운 같은 시설에 입소하는 것보다는 내 집에서 사는 것이 일반화되어 있다.

자신이 살던 집에서 계속 머무르면서 늙어 가는 것을 영어로 'aging in place'라고 하며, 영어 약자로 'AIP'라고도 한다. 우리말로 번역하면 '내 집에서 나이 들기' 정도로 이름 붙일 수 있겠다. 살던 곳에서 계속 살아간다는 말은 교통 사정이나 생활 편의시설의 위치 등 생활환경이 익숙한 지역에서 얼굴을 잘 아는 동네 이웃들과 어울려서 살아간다는 것을 의미한다(이상림 외, 2016).

고령자가 은퇴 후에 거주지를 먼 곳으로 옮겨 가면 자녀와 친구들과 떨어지게 되어 외로움을 많이 겪고, 그동안 자신이 속해 있던 공동체도 잃어버리게 된다. 거주지의 갑작스러운 이동은 이처럼 고령자의 정신건강에 좋지 않은 영향을 주기 때문에 고령자를 양로원 같은 시설에 모시는 것보다 살던 집에 계속 살도록 지원하는 게 좋다는 것이 현대 노인복지정책의 흐름이다(최성재, 장인협, 2006).

우리나라에서도 수년 전부터 aging in place 주거문화가 관심을 받기 시작했다. 수도권 중장년층 사이에서 도시에 있는 집을 노년이 되어서도 편하게 사용할 수 있도록 은퇴 전에 미리 고쳐 놓거나, 역모기지(reverse mortgage, 주택연금)를 사용해서 노후생활비를 조달하려는 트렌드가 강하게 나타나고 있다.

실제로 우리나라 고령자들에게 '노후에 가장 필요로 하는 주거지원서비스는 무엇인가?' 하고 질문을 던지면 25%가 '주택개조 지원'이라고 답한다([그림 3-1] 참조). 우리나라에서 고령자주택 개보수사업이 지금은 초창기에 있지만, 앞으로 시니어 주거산업의 새로운 성장 분야로 떠오를 가능성이 높다는 뜻이다.

우리나라 고령자들에게 발생하는 각종 신체사고를 조사해 보면 대부분 가정에서 일어난다는 것을 확인할 수 있다. 연령이 높아질수록 집에서 지내는 시간이 계속 증가하기 때문이다. 보건사회연구원의 조사에 따르면, 우리나라 65세 이상 고령자 사고의 57.4%가 가정에서 발생한다. 가정 내 사고는 주로 추락, 넘어짐, 미끄러짐 등이 전체 사고의 60% 이상을 차지한다. 연령대가 높아질수록 가정 내 사고발생률은 높아져 90세 이상은 무려 85.3%에 달한다.

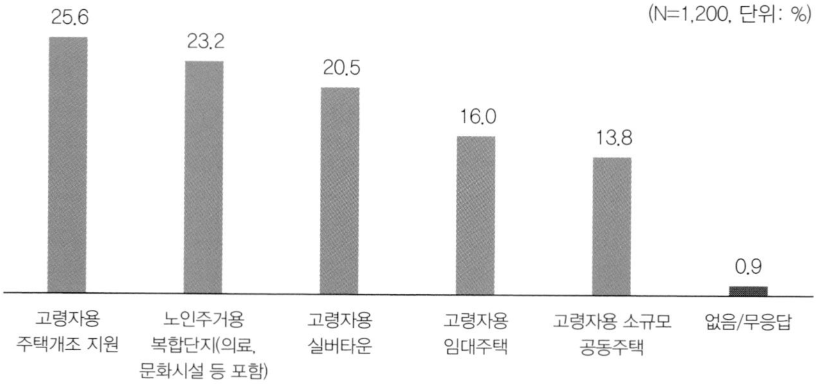

[그림 3-1] **고령자가 가장 희망하는 주거지원서비스**

자료: 한국보건산업진흥원(2014).

〈표 3-7〉 **고령자주택의 개조 효과**

대상	효과
고령자	• 현재 주택에서 안심하고 생활할 수 있게 된다. • 이사하지 않고 오랫동안 생활할 수 있다. • 집에서 스스로 할 수 있는 일이 많아진다. • 몸을 움직이는 것이 쉬워져 재활이 용이하고 건강하게 산다. • 요양원에 가기 전까지 재택생활이 가능하게 된다.
부양가족	• 신체가 허약한 부모 간호가 편리하게 된다. • 간호와 부양비용이 줄어 경제적 부담이 줄어든다.
국가	• 노인들이 사용하는 국민의료비가 줄어든다. • 주택을 오래 사용하기 때문에 사회적 가치가 높아진다.

자료: 송양민, 우재룡(2014).

노인들이 자기 집에서 안전하고 편하게 지낼 수 있도록 하려면 전문적인 방법을 적용해서 집을 개조해야 한다. 예를 들어, 오래된 집은 에너지 절약형으로 변경해야 하며, 노인들이 낙상사고를 많이 당하는 화장실과 욕조도 안전한 공간으로 바꿔야 한다. 집 안 곳곳에 손잡이 지지대를 설치해야 하며, 미끄럼 방지장치를 설치하는 것도 필요하다. 집에 있는 모든 방문에 턱(단차)을 없애서 노인이 휠체어를 타고 마음대로 이동할 수 있도록 만들어야 한다.

이처럼 노인이 집 안에서 생활할 때에 안전사고로 장애(disability)를 입을 가능성을 최소화하고, 자립 생활이 가능하도록 돕기 위해 주택을 고치는 일련의 행위를 '주택개조(home modification)' 또는 '주택개보수'라 말한다. 일본에서는 이 같은 노인주택 개보수를 '무장애화(無障礙化, barrier-free)'라고 부른다(권오정 외, 2016).

주택 개보수를 통해 고령자들은 익숙한 곳에서 계속 편하게 살 수 있기 때문에 신체 잔존능력을 최대한 발휘할 수 있게 되고, 아울러 심리적으로 자존감과 자립심을 증진시키는 효과가 있다. 그 결과, 고령자 개인적으로는 건강이 좋은 상태를 유지할 수 있고, 낙상 등의 안전사고를 미리 예방할 수 있다. 가족과 국가 입장에서 볼 때도 노인부양 비용과 노인의료비를 크게 줄이고, 주택의 가치를 높이는 사회적 비용절감 효과를 기대할 수 있다(〈표 3-7〉 참조).

이 때문에 미국과 일본, 유럽 등 선진국에서는 노인들이 자기 집에서 계속 살기 위해 집을 개조할 경우 리모델링 비용을 지원한다. 우리나라는 아직 이런 주택개보수 지원제도가 없지만, 노인들의 복지지원 요구가 지금보다 더 늘어나게 되면 선진국처럼 정책을 변경할 가능성이 높다.

4) 전원주택 개발사업

우리나라는 세계적으로 인구밀도가 높은 국가이다. 통계청에 따르면 우리나라 인구밀도는 ㎢당 486명이나 된다. 이는 방글라데시(1,033명/㎢), 대만(640명/㎢)에 이어 3번째 인구조밀 국가이다. 미국이 32명, 브라질이 23명에 불과하니 우리나라가 얼마나 복잡한 곳인지 짐작이 가능하다. 이러한 도시생활에 싫증 난 중장년층이 새로운 주거대안으로서 전원주택에 주목하고 있다.

국토연구원이 조사한 '은퇴자들의 희망 주거생활 양식'에 따르면, 은퇴 후 전원생활을 희망하는 사람들의 비율이 45%로 도시생활을 희망하는 비율 34%보다 훨씬 높게 나타나고 있다. 우리나라 전체 국민의 90%가 복잡한 도시에서 부대끼며 살고 있다 보니, 많은 사람이 은퇴 후엔 경치가 좋은 전원에서 노후를 보내고 싶어 하는 것이다.

이런 사회적 트렌드를 타고 중소건설업체들이 수도권에 전원주택 단지를 개발하여 분양하는 사업이 최근 들어 붐을 이루고 있다. 또 서울 코엑스나 일산 킨텍스에서 열리는 건축박람회를 가 보면, 100여 개가 넘는 전원주택 건설업체들이 곳곳에 부스를 열고 중장년층의 전원주택 건설 상담에 응하는 것을 볼 수 있다. 인테리어 업체까지 포함하면 전원주택 관련업체는 수천 개에 달한다.

전원생활의 장점은 많다. 혼잡한 도시에서 벗어나 아름다운 자연 속에서 지내다 보면 스트레스가 줄고 생활 만족도는 높아진다. 비가 오면 골짜기에 흐르는 물소리가 들리고, 눈이 오면 백색 옷으로 갈아입은 산과 들의 아름다운 모습에 취하기도 한다. 스스로 재배한 작물을 소비하므로 생활비가 한 달에 100~200만 원 선으로 하락하기도 한다. 이런 점에서 전원주택은 경제력이 취약한 고령자에게 적합한 주거모델이다.

그러나 은퇴 장소로 시골을 선택하는 것은 단점 또한 적지 않다. 우선 시골에는 도서관, 영화관 같은 문화시설이 부족해 여가활동이 어렵다. 병원도 멀기 때문에 고령으로 건강이 악화될 경우 생활하기 불편해지며, 친구관계가 끊어질 가능성이 높아진다. 무엇보다 자신이 평생토록 익숙하게 적응해 온 지역사회 공동체로부터 멀어진다는 것은 큰 단점이다.

꼭 은퇴자들이 아니더라도 자연환경이 좋은 시골에 전원주택을 마련하여 주말을 보내는 중장년층이 많이 생겨나고 있다. 이른바 '멀티 해비테이션(multi-habitation)' 현상이다(교보생명, 시니어파트너즈, 2011). 유럽에서 시작된 멀티 해비테이션은 도시와 농촌 등 서로 다른 지역에 각각 집을 마련해 두고 양쪽에 모두 거주하는 주거 트렌드를 말한다. 독일의 클라인 가르텐(Klein Garten), 러시아의 다챠(Dacha)가 대표적인 형태이다. 멀티 해비테이션 문화는 수도권 고속도로망의 확충으로 교통이 편해지고, 행복한 삶을 추구하는 웰빙 문화가 도시민 사이에 확산되고 있는 데 따른 것이다.

전원주택 시장 규모는 정확한 통계수치가 없어 판단하기 어렵지만, 현재로서는 실버타운 건설시장보다는 규모가 큰 것으로 분석된다. 실제로 은퇴를 앞둔 중장년층이 은퇴주거지로서 요즘 수도권 주변에 전원주택들을 구입하거나 직접 짓는 모습을 많이 발견할 수 있다. 전원주택 한 채 짓는 데에 대략 3~10억 원의 금액이 들어가는 것을 고려하면, 중 · 고령자용 전원주택 시장은 상당한 규모에 이를 것으로 추정된다.

5) 귀농 · 귀촌 이주지원사업

농촌에서 태어난 한국의 중장년층들은 시골생활의 삶에 대한 짙은 향수를 가지고 있다. 최근 수도권에 은퇴자들을 위한 전원마을이 많이 만들어지고, 도시인들의 귀농(歸農)과 귀촌(歸村)이 지속적으로 늘어나는 것은 그런 현상을 반영하는 것이다. 사람들은 귀농과 귀촌을 비슷한 것으로 취급하지만, 내용 면에서 귀농과 귀촌은 상당히 다르다.

귀농은 도시민들이 도시생활을 그만두고 농사를 지으러 농촌으로 돌아간다는 말이다. 반면, 귀촌은 그냥 시골로 돌아가 생활한다는 뜻이다. 다시 말해, 귀촌은 시골로 돌아와서 농사를 하는지 아니면 그냥 은퇴생활을 하면서 노는지 알 수 없는 개념이다. 귀농 · 귀촌생활의 최대 장점은 도시 지역에 비해 생활비가 절반밖에 되지 않는다는 것이다. 이런 점에서 중 · 고령자의 귀농 · 귀촌은 노후자금이 부족한 서민과 중산층에게 새로운 은퇴모델이 될 수 있다(송양민, 2010).

농림축산식품부의 조사에 따르면 2017년 귀농 · 귀촌한 인구는 51만 6,817명으로 기록, 사상 처음으로 50만 명 선을 넘어섰다. 귀농·귀촌인구는 10여 년 전만 해도 연간 3~5만 명에 그쳤으나, 최근 몇 년 사이에 폭발적으로 늘어나고 있다. 귀농·귀촌인구가 많이 이주하는 지역은 경기, 경북, 전남, 충북, 강원, 경남 등이며, 연령대는 40대와 50대가 상대적으로 많은 것으로 나타나고 있다. 최근에는 베이비붐 세대(1955~1963년생)의 귀농이 매우 활발한 것으로 나타나고 있는데, 이는 베이비붐 세대의 일부가 노후생활 장소로 농촌을 선택하는 트렌드를 보여 준다.

베이비붐 세대의 이 같은 농촌이주 트렌드에 맞춰, 지방에 은퇴자 집단주거지를 조성하는 사업이 새로운 비즈니스로 생겨나고 있다. 지금과 같은 저출산·고령화 시대가 계속되면 인구감소 현상으로 많은 수의 지방자치단체가 지도상에서 사라질 것이라는 조사가 나오고 있다. 그래서 요즘 많은 지방자치단체들이 지방으로 이주하려는 중·고령자들에게 지원금을 지급하면서까지 농어촌 인구 유치에 적극 나서고 있다.

예를 들어, 전라남도에서는 장흥군과 중견 건설업체가 민관합동으로 2,000가구 규모의 은퇴마을 조성사업을 진행하고 있다. 장흥군 안양면 사자산 자락 233만㎡(70만 평)의 부지에 조성 중인 '정남진로하스타운' 사업은 도시지역 은퇴자와 귀농·귀촌인의 유치 목적으로 시작됐으며, 최근 시범단지가 조성되어 40세대가 입주하여 거주하고 있다. 전남 장흥군 사례처럼 최근 확산되고 있는 중장년층의 귀농·귀촌 붐은 시니어 주거산업에서 또 다른 사업기회를 제공하고 있다.

3. 시니어 주거산업의 국내외 사례

인구고령화 현상은 국가 차원뿐만 아니라 가족(또는 가구) 단위에서도 큰 변화를 일으킨다. 자녀가 분가한 뒤, 부부만 오래도록 사는 2인 가구가 급증하고, 또 배우자가 사망하여 홀몸으로 살아가는 노인 단독가구 또한 급속히 늘어나고 있다. 여기에다 사람의 평균수명이 80세를 넘어 90세, 100세에 접근하는 장수시대가 가까워 오고 있다. 이러한 사회변화는 예전과 다른 주택 수요를 유발하고 있다(노영훈, 2014). 1~2인 노인가구가 살기에 적합한 소형 임대주택과 고령자의 이동과 가사활동을 지원하는 노인 전용주택, 치매에 걸린 고령자를 돕는 요양시설 등이 그 예이다. 해외에서는 오래전부터 고령자들에게 적절한 주택을 공급하고, 신체가 불편한 노인들을 지원하기 위한 다양한 복지서비스 사업이 발달되어 왔다. 실버타운이 가장 대표적인 고령자 전용주택 개발사업이고, 최근 고령자 코하우징, 에코주택 등 새로운 형태의 노인주택도 많이 개발되고 있다.

1) 한국의 실버타운/주택개조사업

국내에는 현재 30여 개의 실버타운이 개발 완료되어 운영 중이다. 실버타운은 단지 입지와 분양이냐 임대냐의 이용 형태에 따라 크게 세 가지로 구분된다. 단지가 어느 지역에 세워져 있는가 하는 입지상 특징에 따라서 '도시형' '도시근교형' '전원형'으로 구분된다(〈표 3-8〉 참조).

도시형은 대도시에 입지해 있는 시설을 말하며, 주변에 있는 공공시설, 상업시설, 의료시설 등을 쉽게 활용할 수 있다는 것이 장점이다.

도시근교형은 도심으로부터 통근이 가능한 곳에 입지하여 쉽게 대도시로 접근하거나 자녀들이 왕래할 수 있는 입지를 가지고 있는 시설을 말한다.

전원형은 도시에서 다소 떨어진 지방에 위치해 있거나, 경치가 좋은 바닷가 혹은 산속에 세워진 시설을 가리킨다.

우리나라 실버타운은 2000년대 중반까지 도시근교형과 전원형이 주류를 이루었으나, 2000년대 후반부터는 도시형 중심으로 개발이 이루어지고 있다. 고령자들이 자녀와 친지들과의 교류를 생각하여, 도시에서 거리가 먼 실버타운은 입주를 기피하기 때문이다. 실제 국내에서 운영되고 있는 30여 개 실버타운 가운데 도심형을 제외하고는 대부분 입주자 부족으로 경영난을 겪

〈표 3-8〉 실버타운의 세 가지 형태

구분	도시형	도시근교형	전원형
위치	대도시	도시와 가까운 곳	휴양지, 관광명소를 갖춘 곳
장점	• 기존 생활권과의 연장 • 가족, 친구들과의 편리한 교류(대중교통으로 접근 용이) • 도시 내 각종 공공시설과 의료시설 등 편의시설 이용 편리	• 도시와 1~2시간 거리로 고속도로 등과 인접 • 도시형과 비교하여 상대적으로 쾌적한 환경과 넓은 단위면적	• 맑은 공기 등 좋은 자연환경 • 휴양지, 관광명소와 접근성 편리 • 상대적으로 저렴한 거주비용, 생활비
단점	• 높은 거주비용 • 환경조건의 취약	전원형보다 상대적으로 높은 거주비용	생활터전과 멀리 떨어져 있다는 소외감
사례	서울 시니어스타워, 분당 SK 그레이스힐	용인 삼성노블카운티	김제 노인종합복지타운

자료: 송양민(2007).

고 있다.

또 실버타운은 사업주가 주거공간을 입주자에게 임대하느냐 아니면 매각하느냐에 따라 크게 '임대형' '분양형' '회원권형' 등으로 구분된다. 이 가운데 임대형은 5,000만 원~5억 원대의 임대보증금을 받고 주거공간을 빌려주는 것이고, 분양형은 실버타운 내의 주거공간을 일반 아파트처럼 고령자들에게 파는 것을 말한다.

임대형이든 분양형이든 모두 목돈이 필요하지만, 비용이 상대적으로 저렴한 임대형 실버타운이 소비자들에게 더 인기를 모으고 있다. 분양형 실버타운은 수도권의 경우 5~10억 원에 달할 정도로 매우 비싸, 일반 노인들이 이용하기 힘든 것이 사실이다. 최근에는 고소득층을 대상으로 한 15억 원을 호가하는 고가 실버타운도 등장했다.

한때 비교적 활발했던 실버타운 개발사업은 최근 들어 그 열기가 상당히 약해졌다. 실버타운은 노인이 지나치게 많은 거주지역이라는 인식이 퍼지면서, 사람들이 오히려 실버타운을 피하게 되었기 때문이다. 이런 현상은 일본과 유럽 등지에서도 나타나고 있다(무라타 히로유키, 2005). 그 결과, 은퇴자들이 현역 시절에 살던 집을 고쳐서 계속 살거나, 주변 동네(community)에서 새 주택을 구해 가족, 친지들과 왕래하면서 살아가는 AIP 방식이 점차 그 대안으로 논의되기 시작했다.

이런 분위기를 타고 최근 떠오른 시니어 주거시장 분야가 '노인주택 개보수사업'이다. 노인인구가 빠르게 늘어나는 한국의 인구구조를 감안할 때, 주택개보수 시장은 앞으로 큰 성장세가 예상되는 분야이다. 그러나 주택개보수 시장이 성숙되려면 시간이 좀 더 흘러야 할 것으로 보인다.

첫 번째 이유는 고령자들이 주택을 개보수하는 데에 공공자금 지원이 전혀 없다는 점이다. 개인이 비용을 100% 부담해야 한다는 뜻이다. 이 때문에 저소득 고령자는 물론이고 중산층에 속하는 노인들도 주택 개보수를 쉽게 하지 못한다. 주택 개보수시장이 활성화되려면 일본처럼 노인장기요양보험(개호보험)을 통한 자금지원이 이뤄져야 하나, 우리나라의 경우 보험재정이 열악해 당분간 이를 기대하기 힘든 형편이다.

두 번째 이유는 우리나라 주택 형태가 대부분 아파트라는 점이다. 우리나라는 전체 주택에서 아파트가 차지하는 비중은 약 60%에 달한다. 최근에 건축된 민간아파트는 유니버설 디자인 개념이 많이 도입되어 고령친화적(age-friendly)으로 만들어져 있다. 이 때문에 주택 내부시설을 고치는 개보수 시장은 아파트보다는 주로 단독주택에서 생길 것으로 보인다(한국보건산업진흥원, 2011).

따라서 노인 가구가 폭발적으로 증가하기 전까지는 시장 성장세가 제한적일 것이라는 분석이다. 한국보건산업진흥원은 국내의 고령자주택 개보수 시장 규모를 연간 300억 원대로 추정하고 있으나, 관련 자료가 거의 없어 정확한 수치는 확인하기 어렵다.

2) 일본의 고령자주택 제도

일본의 노인인구 비율은 총인구 대비 28.1%(2018년)에 달한다. 세계에서 노인 수가 가장 많은 나라이다. 일본 총무성의 인구추계에 따르면, 고령자로 분류되는 65세 이상자는 3,557만 명에 달하며, 70세 이상 인구는 2,618만 명으로 전체 인구의 20.7%를 차지하고 있다. 일본에서 70세 이상 인구가 20%를 돌파한 것은 우리나라 베이비붐 세대에 해당하는 이른바 '단카이(團塊)세대(1947~1949년)'가 70대에 접어든 데 따른 것으로 분석된다.

노인인구 급증 추세에 맞춰, 일본 정부의 고령자주택정책도 탄력적으로 변화하고 있다. 일본은 노인인구가 7%(고령화사회)를 넘어서던 1980~1990년대에 '실버하우징 프로젝트' '골드플랜' '신골드플랜' 등을 잇따라 발표하고, 실버하우징, 양호노인홈, 그룹홈, 유료노인홈(주택형 및 개호형) 등의 다양한 주택상품을 개발하여 공급했다(이상림 외, 2016).

미국의 실버타운과 비슷한 개념의 '유료노인홈'이 이때 일본 전역에 걸쳐 많이 만들어졌다. 이후 2000년대 들어 노인인구가 14%를 넘어서는 고령사회에 접어들면서, 고령자를 대상으로 한 임대주택 사업이 크게 활성화되었다. 2005년에는 '시설도 재택도 아닌 새로운 주거'를 실현하는 제도로서 '고령자전용 임대주택' 등록제도가 도입되었다. 독거노인과 노인부부 등 1~2인 고령자 세대를 대상으로 소형주택을 민간회사가 건설해 임대해 주는 것으로 생활지원 및 돌봄 서비스가 함께 제공된다.

또 2011년부터는 '서비스 제공 고령자용 주택(약칭 사코주)' 제도가 도입되었다. 이 제도는 고령자가 그간 살아오던 주택을 젊은 세대에게 매각하고 소규모 주택으로 이전할 경우 주택 신축 및 개보수 자금, 임대료 등을 지원해 주는 것이다(이상림 외, 2016). 이를 배경으로 최근 일본에서는 서비스 제공 고령자용 주택의 건축과 노인주택 무장애화를 위한 개보수 서비스를 제공하는 기업들이 많이 생겨나고 있다. 현재 일본에서 운영 중인 고령자주택 제도는 〈표 3-9〉와 같다.

〈표 3-9〉 **일본의 고령자주택 개요와 설립 근거**

구분		특별양호노인홈	실비노인홈	유료노인홈	서비스 제공 고령자용 주택
근거법		노인복지법	• 사회복지법 • 노인복지법	노인복지법	고령자주거법
기본성격		요개호 고령자를 위한 생활시설	저소득 고령자 주거	고령자주거	고령자주거
정의		입소자를 보호하는 것을 목적으로 함.	무료 또는 실비로 식사제공 및 일상생활편의 제공	① 입욕, 배설, 식사 보조, ② 식사 제공, ③ 세탁, 청소 등의 가사 지원, ④ 건강 관리 등을 사업으로 하는 시설	상황파악서비스, 생활상담서비스 등의 복지서비스를 제공하는 주택
이용가능 개보험		개호복지시설 서비스	• 특정시설 입주자 생활 개호 • 방문개호, 통소개호 등의 재가 서비스		
주요설치주체		• 지방공공단체 • 사회복지법인	• 지방공공단체 • 사회복지법인 • 지사허가법인	• 제한 없음 (영리법인 중심)	• 제한 없음 (영리법인 중심)
대상자		신체 및 정신상의 장애로 상시적 케어가 필요하나, 재가에서 보호를 받을 수 없는 65세 이상 노인	신체기능 저하 때문에 자립생활이 어려운 자로 가족의 원조를 받기 곤란한 60세 이상 노인	노인	다음에 해당하는 독거, 부부세대 • 60세 이상 • 요개호/요지원 인정 60세 미만
1인당 면적		10.65㎡	21.6㎡(단신) 31.9㎡(부부)	13㎡(참고치)	25㎡ 등
직원 배치	간호/요양	요양/간호 3:1 이상 (입주자 100명의 경우, 간호 3명)	없음	요양/간호 3:1 이상 (입주자 100명의 경우, 간호 3명)	없음
	의사	필요한 수	없음	없음	없음

자료: 저자가 일본의 고령자주택자료를 재정리함.

최근 일본 노인복지정책에서 나타나고 있는 두드러진 변화는 주택과 복지 정책의 연계 강화이다. 신체활동이 어려운 후기노인의 증가추세에 맞춰, 초고령노인의 지역친화형 거주 및 돌봄(care) 제도를 연계한 '지역포괄케어제도'가 대표적이다. 일본의 지역포괄케어는 우리나라 정부가 현재 추진하고 있는 커뮤니티케어(community care)와 유사한 개념으로, 지역사회를 기반으로 의료와 개호(요양), 개호예방 서비스를 함께 제공하는 것이다(연세대학교 의료복지연구소, 2018).

몸이 불편하거나 질병이 있는 노인들을 요양병원 · 시설에 맡기는 것이 아니라 현재 사는 집이나 동네에서 편안하게 돌봄 서비스를 받게 하는 것이 지역포괄케어이다. 후기 노인들이 필요로 하는 돌봄 수요의 증가를 시설 입소와 병원 입원으로는 감당하기 어렵다는 판단 아래 만들어진 제도이다.

주택과 복지정책의 연계 강화는 1987년 도입된 '실버하우징 프로젝트'에서도 잘 나타나고 있다. 실버하우징은 고령자의 주거안정과 사회복지 증진 차원에서 독립적인 생활이 가능한 중 · 저소득층 노인들을 대상으로 공급하는 공공임대주택이다. 실버하우징에는 지방자치단체들이 'LSA(Life Support Advisor, 생활보조원)'를 배치하여 고령자의 일상생활을 지도하고, 안부 확인과 긴급연락 등의 복지서비스를 함께 제공한다(이상림 외, 2016).

일본 정부는 요즘 고령자시설 공급에 따르는 재원부족과 토지확보 문제를 타개하기 위해 주거와 돌봄, 의료 서비스를 복합화하는 '고령자시설 간의 복합화'를 추진하고 있다(니끼 류, 2006). 지역사회에 있는 노인복지시설, 노인보건시설, 학교시설, 사회체육시설, 일반병원, 구청과 주민센터 등이 여기에 모두 참여한다. 재택 고령자에게 여러 가지 복지서비스를 통합적으로 제공하기 때문에 노인들의 다양한 욕구를 충족시키기 쉽다. 또 고령자시설 복합화는 지역사회 내의 세대 간 교류를 촉진하여 고령자의 고립을 방지하는 효과를 거둘 수 있다는 것이 장점으로 꼽힌다(이상림 외, 2016).

일본 시니어산업에서 또 하나 빼놓을 수 없는 것이 고령자주택 개보수사업이다. 일본 총무성 조사에 따르면, 일본 노인가구의 30%가 은퇴 시점에서 주택개보수를 한 것으로 나타나고 있다. 아파트 중심의 우리나라 주거문화와 달리, 일본은 중심적인 주거형태가 단독주택이고, 지어진 지 40~50년이 지난 노후주택이 많다. 그래서 고령자의 주택개보수 수요가 아주 많이 생기고 있다(한국보건산업진흥원, 2014).

또 일본 정부는 고령자가 살던 집을 고치고자 할 때에 개호보험(우리나라 노인장기요양보험과 같음)을 통해 가구당 20만 엔까지 지원하고 있다. 공공자금으로 노인주택의 개보수를 지원하고 있다는 뜻이다. 일본에서 고령자주택 개보수를 위한 다양한 주택용품과 서비스가 개발된 것은 이러한 배경을 가지고 있다.

3) 미국의 고령자주택사업

미국은 실버타운(Continuing Care and Retirement Community: CCRC)이 가장 발달해 있는 나라이다. 기후가 좋아 휴양과 여가생활을 즐기기에 적합한 플로리다, 버지니아 등 남동부지역, 네바다, 애리조나 등 중서부지역, 캘리포니아 같은 태평양 연안지역에 약 2만 개의 CCRC가 집중적으로 들어서 있다.

미국에서 실버타운의 역사는 2차 세계대전 이전까지 거슬러 올라가나, 집중적으로 만들어지기 시작한 시점은 1970년대부터이다. 대형 건설업체들이 날씨가 좋은 선벨트(sunbelt) 지역에 다양한 편의시설을 갖춘 실버타운을 잇달아 건설해 입주자를 모았고, 이러한 고령자주택 분양사업은 경기활황을 타고 큰 성공을 거두었다(이인수, 2003).

CCRC는 은퇴생활을 하는 시기는 물론 요양(care and nursing)서비스를 받아야 하는 시기까지 연속해서 필요한 서비스를 제공하는 공동체시설이라는 뜻을 가지고 있다. 실버타운은 크게 독립주거시설(independent living facility)과 보호주거시설(care facility)로 구분되며, 각 시설마다 개인 침실과 화장실, 세탁실, 휴식 라운지, 식당 및 주방, 취미활동공간, 수영장, 헬스장, 영화관, 도서관, 재활치료 및 건강검진실 등이 들어서 있다.

CCRC 개발이 잇달아 성공을 거두면서 아예 은퇴자들만 거주하는 '은퇴자도시'를 만든 사례도 있다. 한국에도 잘 알려진 미국의 대표적인 은퇴자도시인 선시티(Sun City)는, 서울 여의도의 4배 면적에 무려 2만 6,000가구가 주거할 수 있는 고령자 집단주거단지이다. 선시티에서는 애리조나 주립대학교가 평생교육을 제공하고, 대형 쇼핑센터와 스포츠시설, 의료기관들이 잘 갖춰져 있어 4만여 명의 고령자가 입주해 다양한 형태의 은퇴생활을 즐기고 있다(이인수, 2003).

미국에서 많이 보급되어 있는 고령자주택 형태는 노인생활보조주택(assisted living residences)과 치매전문요양시설(Alzheimer's/dementia care unit) 등이다. 노인생활보조주택은 신체장애가 있는 노인들은 24시간 돌보며 도움을 주는 주거시설이다. 보통 100세대 미만의 주거단지로서 30~60명 정도의 주민을 수용하며, 외관상 큰 단독주택과 비슷하다. 제공되는 서비스는 일상생활의 보조서비스, 약품관리, 응급처치, 경미한 질병의 의료서비스, 24시간 보호서비스 등이다. 미국 노인들은 자신의 집에서 살다가 건강이 나빠져 혼자 일상생활을 하기 힘들어지면 도우미의 도움을 받을 수 있는 노인생활보조주택으로 이동한다. 그리고 건강이 더 나빠져 중증질환에 걸리게 되면 24시간 요양전문가의 서비스를 받을 수 있는 치매전문요양시설로 옮기는 것이 일반적인 주거 이동 패턴이다.

또 흔한 형태는 아니지만 '고령자 코하우징(eldery cohousing)'과 '액세서리주택(accessory housing)' '에코주택(ECHO housing)'이 새로운 주거대안으로 관심을 모으고 있다(김동환, 2008). 이 가운데 고령자 코하우징은 노인복지가 발달한 북유럽 국가들에서 시작되어 전 세계적으로 확산되고 있는 주거형태이다. 고령자 코하우징은 입주자들이 각자의 방에서 개인생활을 하면서 거실과 부엌, 식당 등의 시설은 함께 사용하며 공동체생활을 하는 주거형태이다. 고령자 코하우징은 1987년 덴마크에서 처음 만들어진 후 주변 유럽으로 확산됐으며, 이어 미국과 일본에도 많이 생기고 있다.

액세서리 주택은 고령자가 자녀세대와 합가하여 사는 주택 형태로 일반 단독주택에 부수적인 주택을 추가한 것이다. 각 주택에 독립된 부엌과 목욕실, 출입구가 설치되어 부모와 자녀세대가 한 집에 살면서도 독립적인 생활을 할 수 있도록 만들어져 있다.

에코주택은 허약한 노인이 자녀의 집 마당에 임시주택을 지은 뒤 자녀세대가 고령이 된 부모들을 돌볼 수 있도록 만든 고령자주택이다. 에코(ECHO)는 Elderly Cottage Housing Opportunity의 첫 글자를 딴 합성어로, 호주에서 만들어진 그래니 플랫(granny flats)의 미국판 노인주택이다. 액세서리 주택과 에코주택은 꼭 자녀가 부모를 돌보는 형태만 의미하는 것이 아니고, 부모가 장애를 가진 자녀세대를 돌보기 위한 목적으로도 활용된다(김동환, 2008).

이와 같은 고령자주택은 은퇴 후에 새로운 주거형태를 찾는 노인들을 위해 만들어진 것들이다. 그러나 이런 주택 형태가 미국 노인들의 주류 주거문화는 아니다. 실버타운과 집합주택, 너싱홈(nursing home) 등 집단주거시설이 많이 발전해 있으나, 이런 시설에 거주하는 노인비율은 10% 선에 그치고 있다는 분석이다. 미국 노인의 대부분은 은퇴 후에도 도시지역의 일반주택(아파트 포함)에 계속 거주하며 생활한다. 살던 집에서 계속 살면서 늙어 가기를 원하는 AIP 주거모델이 미국에서도 강하게 나타나고 있는 것이다.

4. 시니어 주거산업의 전망 및 시사점

고령자들은 청년이나 중장년층에 비해 신체적 · 사회적 · 경제적으로 취약한 상태에 있다. 그래서 노인문제에 대해 특별한 사회적 배려와 국가적인 관심이 필요하다. 특히 의식주(衣食住)는 인간이 세상을 살아가는 데 있어 필수적인 재화(財貨)라는 점에서, 노인들에게 적절한 주거지를 제공하는 것은 국가적으로도 매우 중요한 일이다. 우리나라는 노인주거문제에 있어서 그동안 별다른 발전이 없었다. 여기에는 크게 두 가지 이유가 지적되고 있다.

첫째, 우리나라는 땅값이 비싸, 고령자들에게 저렴한 가격에 노인주택을 공급하기 어렵다. 다양한 노인주택이 발전한 미국의 경우 토지가 넓고 땅값도 저렴하다. 그래서 플로리다, 네바다, 애리조나처럼 날씨가 따듯한 선벨트지역에 수많은 실버타운이 만들어져 있고, 지금도 노인주택 개발이 활발하다. 이에 비해 우리나라는 국토가 좁아 땅값이 매우 비싸다. 특히 대도시 주변은 더욱 비싸 대규모 노인주택단지가 들어설 수 있는 곳이 별로 없다.

둘째, 우리나라 고령자들의 경제력 수준이 전반적으로 아주 낮다. 노인들의 빈곤율이 49%(2016년) 선으로 세계 최고이다. 경제력이 취약하기 때문에 새 주택을 구매하기 힘들다. 수요가 약하기 때문에 건설업체의 노인주택 공급도 활발하지 못하다. 공공기관이 저소득층 노인에게 공급하는 장기임대주택이 거의 전부이다. 시니어 주거산업이 전반적으로 침체상태에 있는 것은 바로 이 때문이다(송양민, 2010).

그러나 최근 베이비붐 세대의 은퇴가 시작되면서 노인주택 시장에서 큰 변화를 예고하고 있다. 베이비붐 세대는 젊은 시절 해외를 자주 여행하면서 선진국 노인들의 생활 모습을 관찰한 경험을 가지고 있다. 경제력도 지금의 노인세대보다 좋은 편이다. 베이비부머들이 자신들의 편안한 삶을 위해 지갑을 열기 시작하면 주거산업 분야에서도 상당한 발전이 이루어질 것으로 기대된다.

또 하나 주목해야 하는 현상은 고령자 은퇴모델과 노인돌봄 시스템에서 패러다임 변화가 나타나고 있다는 것이다. 우리나라보다 먼저 인구고령화를 겪은 유럽 선진국들은 처음에는 양로시설이나 실버타운 같은 대규모 주거시설을 많이 지어 노인들을 이곳에 모시는 정책을 폈었다. 그러나 대규모 단지를 건설하는 데 비용이 많이 들고 고령자들의 생활만족도도 별로 높아지지 않음에 따라 AIP 주거모델로 전환했다.

사실 노인끼리 모여 사는 것보다는 젊은이와 노인들이 함께 어울려 사는 것이 고령자의 정신건강에도 좋다. 유럽 국가들의 경우, 도시에 노인주택과 젊은 세대의 주택을 혼합하여 짓거나, 3~5층의 주거건물에서 1층에는 노인들이 살고, 2~5층에는 젊은 세대가 사는 주택단지들이 많이 생겨나고 있다.

이에 따라 한때 붐을 이루었던 대규모 노인주거단지 개발사업은 예전처럼 활발하지 못하다.

이런 트렌드를 볼 때, 우리나라도 선진국처럼 AIP 주거모델이 향후 주도적인 노인주거모델로 자리 잡을 것으로 보인다. 또 집단주거단지 개발보다는 홀몸노인이나 노인부부들이 비교적 저렴한 비용으로 입주할 수 있는 소규모 주택사업(분양 또는 임대)이 활발해질 것으로 판단된다(노영훈, 2014). AIP 모델을 지원하는 주택 개보수사업도 활기를 띨 가능성이 높다.

시니어산업이 활발해지려면 기본적으로 고령자 수가 많아야 한다. 우리나라는 현재 65세 이상 노령자가 725만 명(2017년)으로 이웃 일본(3,500만 명), 미국(4,900만 명)에 비해 적은 편이다. 지금으로서는 우리나라 시니어산업이 전반적으로 열악한 상태에 있을 수밖에 없고, 시니어 주거산업도 예외가 될 수 없을 것이다(송양민, 2010). 그러나 한국은 세계에서 가장 빠른 속도로 고령화되고 있는 나라이다. 지금은 시니어 주거산업이 고전하고 있지만, 인구 고령화가 계속 진전되면 시니어 주거산업도 활성화될 것임은 분명하다.

참고문헌

교보생명, 시니어파트너즈(2011). 대한민국 시니어 리포트. 서울: 시니어파트너즈.

권오정, 김동숙, 이용민(2016). 노인을 위한 주택개조 관련 산업 동향에 대한 고찰. 대한건축학회논문집, 32(5), 39-50.

권오정, 김진영, 이옥경(2016). 노인의 주택 내 이동장애 수준과 행위수행 어려움에 따른 주택개조 요구도. 대한건축학회논문집, 32(12), 109-117.

김동환(2008). 실버산업론. 서울: 나눔의집.

노영훈(2014). 고령화에 따른 주택시장 변화와 조세정책적 시사점. 서울: 한국조세재정연구원.

니끼 류(2006). 일본의 개호보험과 보건의료 복지복합체. 서울: 청년의사.

무라타 히로유키(2005). 시니어비즈니스. 서울: 넥서스BOOKS.

송양민(2007). 준비된 노후는 아름답다. 서울: 삼성경제연구소.

송양민(2010). 밥돈자유: 베이비붐세대의 어제 오늘 그리고 내일. 경기: 21세기북스.

송양민, 우재룡(2014). 100세시대 은퇴대사전. 경기: 21세기북스.

연세대학교 의료복지연구소(2018). 일본의 지역포괄케어와 한국의 커뮤니티 케어. 제13회 연세대학교-일본복지대 한일정기심포지엄 자료집.

이상림 외(2016). 초고령사회 대응 지역친화적 노인주거모델 개발 연구. 서울: 한국보건사회연구원.

이인수(2003). 실버타운의 개발전략. 경기: 21세기사.

이한세(2014). 실버타운 간 시어머니 양로원 간 친정엄마. 경기: 스파이어리서치앤드컨설팅.

최성재, 장인협(2006). 노인복지학(제2개정판). 서울: 서울대학교출판부.

한국보건산업진흥원(2011). 고령친화산업 실태조사 및 산업분석. 서울: 한국보건산업진흥원.

한국보건산업진흥원(2014). 고령친화산업 실태조사 및 산업분석. 서울: 한국보건산업진흥원.

SENIOR BUSINESS

제4장

시니어 용품산업

◆

김숙응

시니어층을 위한 성공적인 전략을 수립하기 위해 요구되는 가장 기본적인 것은 노년기의 변화를 이해하는 것이다. 노년기에 일어날 수 있는 변화는 노화의 원인인 동시에 노화의 결과이기도 하다. 이러한 변화는 시니어층의 생활방식뿐만 아니라 구체적인 소비자행동에 영향을 끼치기도 하는데, 이러한 불편함에서 벗어나고자 하는 욕구를 충족시켜 주는 것이 시니어용품이다.

이 장에서는 시니어의 욕구를 충족시켜 주는 시니어용품에 대한 기본적인 개념으로서 정의와 현황, 국내외 사례 그리고 전략에 대해 살펴본다.

1. 시니어 용품산업의 개념

시니어용품이란 쉽게 말해 고령자들의 일상생활을 지원하기 위해 만들어진 모든 제조품을 지칭한다. 시니어제품은 일상생활에 필수적인 것이 많기 때문에 노년층들의 수요는 많으며 이들을 대상으로 한 차별화의 필요성이 큰 분야이므로 시장규모는 막대하다고 볼 수 있다.

현재까지 우리나라는 시니어제품에 대한 명확한 정의가 확립되지 않았고, 법적인 개념이 없기 때문에 시니어제품에 대한 통일된 관리체제가 세워져 있지 않다. 예를 들면, 시니어용품 중 건강기기 종류는 의료기기이나 일반전기용품으로 분류되어 의료기기는 「약사법」에, 그 외 대부분의 일상생활용품은 공산품으로 분류, 「품질 경영 및 공산품 안전 관리법」에 의해 관리되었는데, 일반전기용품에 속하는 기기들은 2017년부터 「전기용품 및 생활용품 안전관리법」이 시행되어 관리되었다. 따라서 시니어제품은 관리기준이 없기 때문에 노년층에 적합한 기준 적용이 이루어진다고 볼 수 없다.

일반적으로 시니어층의 욕구가 상대적으로 젊은 소비자들과 같거나 유사하다면 구태여 시니어층을 대상으로 한 제품 생산은 무의미하다.

[그림 4-1] **노화 전후의 알베르트 아인슈타인**

시니어층이 차별화된 세분시장 대상으로서의 조건 중 하나는 시니어소비자들에게 특정 욕구가 존재한다는 것이다. 이러한 욕구발생의 대부분은 시니어소비자들이 노화과정에서 경험하는 다양한 변화에 기인한다. 이러한 변화는 시니어들에게 많은 불편함을 주므로 시니어들은 불편함에서 벗어나길 원하는데, 이 같은 욕구를 충족시켜 주는 것 중 하나가 시니어제품이라고 할 수 있다.

사람들은 각기 다르게 노화를 감지하며, 나이가 들수록 노화에 따른 변화를 인지하게 된다. 이를 신체적 · 심리적 · 사회적 변화에서 살펴보면, 신체적 변화에서의 노화는 우리 몸 전체에서 동일하게 발생하지 않고, 장기나 몸의 기관에 따라 노화의 과정이 다르고 개인마다 편차가 있지만, 나이가 듦에 따라 건강이 악화되고 각종 질병 및 만성질환을 동반하는 등 유기체파괴가 일어나게 된다.

심리적 변화에서의 노화는 인지적요인의 변화과정으로 연구되어 왔다. 인지란 모든 정신적 생활을 책임지는 심리학적 능력을 의미하며, 이에는 지각, 기억, 판단, 사고, 지능 그리고 의사결정이 포함된다. 연령에 따라 인지체계가 어떻게 변화하는가에 대한 견해는 다양하다. 예를 들면, 실버제품이나 서비스에 노인이라는 용어의 사용은 과거의 부정적인 견해가 회상되어서 상품에서 노인을 강조하면 매우 싫어하는 경향이 있다(김숙응, 2007). 또한 시니어층에 있어 인지연령은 실제 나이보다 10~15년이 더 낮게 나타났는데, 연령이 높아질수록 실제연령과 인지연령의 격차를 크게 느끼는 사람이 점점 많아진다고 하였다(LG 경제연구원, 2010.08.20.).

사회적 변화는 한정된 사회구조에서 개인이 차지하는 상대적인 위치를 의미한다. 여기에는 인정된 위치와 인간의 관계에 대한 변화가 포함된다. 따라서 이러한 변화들은 마케팅 시사점으로 연결될 수 있다. 즉, 신체적 변화에 의한 부족함이나 불편함을 해소시켜 줄 수 있는 제품이나 서비스에 대한 수요가 유발될 수 있다. 또한 심리적 변화는 광고주들이 최대한의 효과를 줄 수 있는 광고 메시지를 어떻게 구성할 것인가에 대한 이해를 도울 수 있다. 사회적 변화는 실버층과 다른 사람과의 상호작용과 관련된 수많은 소비자행동 차

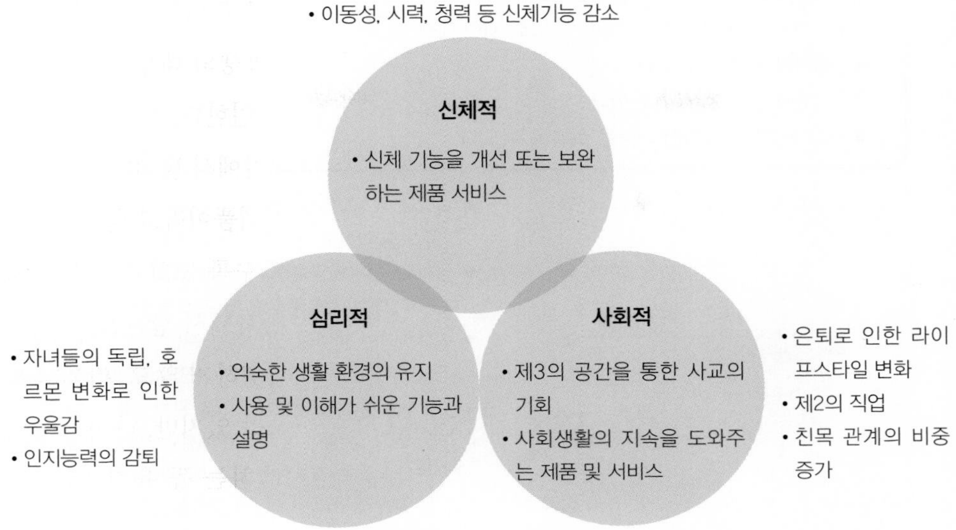

[그림 4-2] **노년기에 나타나는 변화와 고객의 욕구**

자료: 정지혜(2009)에서 발췌 수정.

원에 적용될 수 있다.

한편, 이들을 지칭할 때 어떤 호칭을 사용할 것인가에 대한 이슈도 생각해 볼 수 있다. 다양한 용어에 대한 이미지를 묻는 질문(정지혜, 2010)에서 시니어들은 '실버'라는 단어를 가장 선호했고, 그다음으로 60세 이상, 65세 등 '구체적인 숫자'를 활용해 지칭하는 것에도 긍정적으로 반응했다. '시니어'라는 단어 역시 긍정적으로 인식되는 편이었다. 반면, 은퇴자, 고령자, 노인 등의 단어에는 상대적으로 낮은 선호도를 보였으며, 특히 '노인'이라는 말을 가장 싫어하는 것으로 드러났다. 기타 의견으로 '어르신' '선생님'과 같은 존칭의 표현을 선호한다는 답변도 많았다.

호칭 사이에 이렇게 선호가 갈리는 원인을 생각해 보면 호칭이 내포하는 이미지를 지적할 수 있다. '실버'는 단어 자체가 갖는 중의적 의미와 오랜 기간 마케팅 목적으로 활용돼 오면서 긍정적인 이미지가 굳어진 경우이다. 구체적인 숫자는 연령 자체에 대한 선입관만 없다면 중립적인 표현이다. 시니어, 어르신 등은 존칭의 의미를 내포하고 있다. 그러나 은퇴자, 고령자, 노인 등의 단어는

부위: 기능 변화 및 질환 → 예방 및 노화 지연 대책
●: 노화를 지연할 수 있다.
○: 기능을 쉽게 개선할 수 있다.
■: 조기진단-치료하면 기능을 회복할 수 있다.

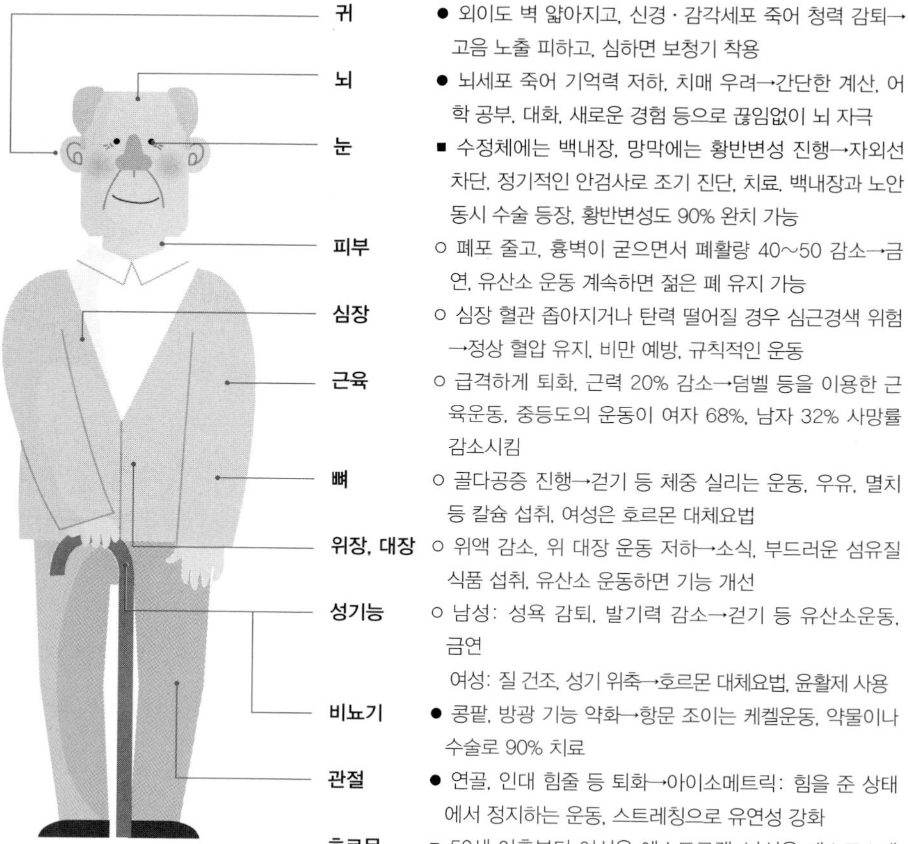

[그림 4-3] **노화에 따른 인체 부위별 변화와 지연대책**

출처: 중앙일보(2007. 02. 09.).

사회적 · 생리적으로 이전의 삶과는 다른 '변화'를 떠올리게 하는 말이다. 따라서 이 장에서는 고령자를 지칭할 때 시니어의 용어를 사용하고자 한다. 또한 이들 시니어들의 욕구를 충족시켜 주는 유형의 재화를 제품이라고 하는데, 용

품이라는 의미는 어떤 일이나 목적과 관련하여 쓰이는 물품이므로 상호 교환적으로 사용하고자 한다. 따라서 시니어제품(용품)은 노화로 인한 불편하고 부족한 것에 대해 주요 소비자인 시니어층의 욕구를 충족시켜 주는 생활편의보조 및 신체활동지원 개념의 유형의 재화를 의미한다고 할 수 있다.

2. 시니어 용품산업의 현황

시니어를 대상으로 용품을 생산하려면 소비자인 시니어가 원하는 것이 무엇인가를 파악하는 것이 핵심이다.

한국보건산업진흥원의 '고령친화산업 실태조사 및 산업분석(2016)'에 의하면 전체 제품 중에서 고령자를 위해 필요한 제품 수요 1순위 응답기준 시 '노인을 위해 먹기 좋고 영양이 풍부한 식품(34.8%)', 노인을 위해 먹기 좋고 먹는 방법 등이 잘 보이는 '노인용 의약품(24.1%)'으로 나타났다([그림 4-4] 참조).

또한 시니어제품이 생산된다면 가장 구매하고 싶은 용품은 혈압계, 혈당계 등 건강측정용품(35.6%), 안마기(32.1%), 돋보기, 보청기 등 시청각용품

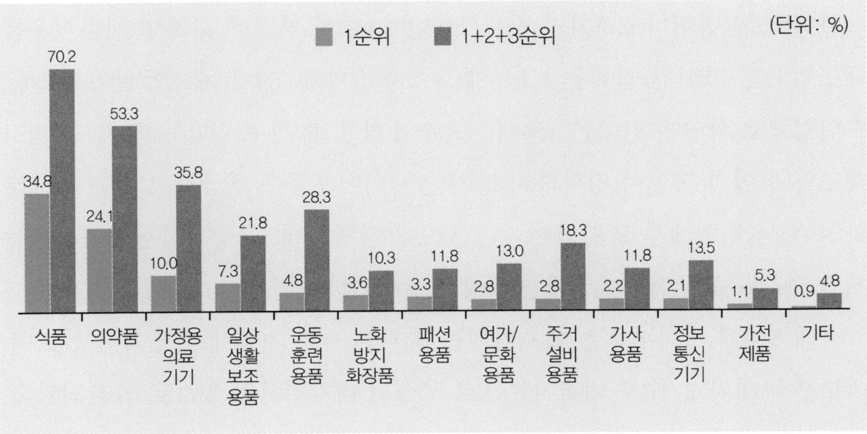

[그림 4-4] **고령자를 위해 필요한 제품(N=1200, 단위: %)**

자료: 한국보건산업진흥원(2016).

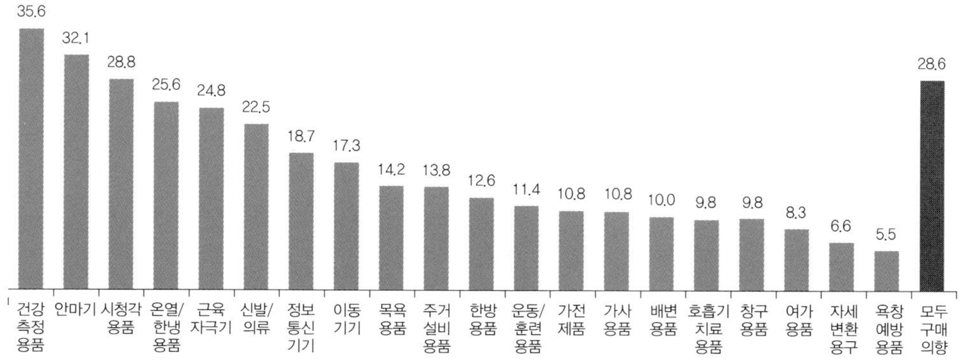

[그림 4-5] **가장 구매하고 싶은 용품**(N=1200, 단위: %, 복수응답)
자료: 한국보건산업연구원(2016).

(28.8%) 등의 순으로 나타났다([그림 4-5] 참조).

그리고 시니어산업 소비자의 수요조사 결과 핵심구매요인(Key Buying Factor: KBF)은 '가격' '품질' '공인(公認)'으로 요약되는데, 즉 시니어제품 선택 시 고려사항 1순위는 '제품의 성능(효과, 36.4%)' '가격(19.3%)' '국가나 단체에서 인증하는 마크 및 표시(16.5%)' 순으로 나타났고, 고령친화서비스 선택 시 고려사항 1순위는 '가격(32.1%)' '국가나 단체에서 인증하는 마크 및 표시(20.1%)' '좋은 시설(17.4%)'로 나타났다.

한편, 닐슨컴퍼니코리아가 발표(2015.09.30.)한 자료에 의하면 시니어용품 제조업체로 확인된 업체는 1,146개(제조수입 병행 209개, 제조업 단독 937개), 수입업체로 확인된 업체는 358개(제조수입 병행 209개, 수입단독 149개) 그리고 제조와 수입의 확인이 명확하지 않지만 시니어용품을 취급하고 있는 것으로 확인된 34개 업체를 포함하여 총 1,329개 업체인데, 고령친화실태조사에는 제조 594개, 수입 198개 업체를 대상으로 하였다.

국내 594개 시니어용품 제조업체는 경기와 서울 지역에 집중되어 있으며, 대부분 국내기업, 순수 내국자본으로 구성된 내자회사인 것으로 파악되었고, 시니어용품 제조업체의 2014년 기준 기업체 전체 종사자 수는 평균 31.5명이며, 고령친화 제조분야 종사자 수는 19.6명가량으로 확인되었다.

〈표 4-1〉 **제조업체 생산용품별 생산 및 매출 현황**

구분	사례 수	총 생산액 (백만 원)	매출		
			총 국내 매출액 (백만 원)	총 국외 매출액 (백만 원)	매출 총액 (백만 원)
전체	869	1,018,801	3,812,421	357,318	4,179,738
개인건강 · 의료용품	519	578,801	483,426	302,596	786,022
일상생활용품	170	174,798	312,606	13,066	325,672
주거설비용품	107	77,633	708,898	33,075	741,973
정보통신기기	61	185,703	2,303,839	18,558	2,322,397
여가용품	14	1,867	3,652	22	2,674

자료: 닐슨컴퍼니코리아(2015. 09. 30.).

그리고 이들 업체는 2014년 한 해 총 869개의 시니어용품을 생산하였고, 개인건강 · 의료용품이 절반 이상을 차지하고 있었다.

시니어용품의 생산 및 매출 현황을 살펴보면 연간 생산액은 총 1조 188억 가량이며, 매출총액의 경우 약 4조 1,797억 원가량으로 그중 국내 매출액이 3조 8,124억 원, 수출을 통한 국외 매출액이 3,673억 원으로 확인되었다. 품목별로는 개인건강의료용품의 생산액이 5,788억 원으로 가장 많았으나, 매출액의 경우 정보통신기기의 매출 총액이 약 2조 3,224억 원으로 전체 매출액의 절반 이상을 차지하였다. 국외 매출액만을 보았을 때, 개인건강의료용품이 3,026억 원으로 가장 많았다.

국내 594개 시니어용품 제조업체의 72.8%가 개인건강 · 의료용품을 제조하고 있었으며, 일상생활용품(22.4%), 주거설비용품(14.7%), 정보통신기기(9.4%), 여가용품(1.7%)의 순으로 파악되었다.

중분류별로는 개인건강 · 의료용품 내 '자극기'를 제조하는 비율이 25.4%로 가장 많았으며, 그다음으로 일상생활용품 내 '이동기기'를 제조하는 비율이 11.7% 순으로 나타났다.

시니어용품 제조업체의 4분의 3(73.7%)가량은 1개의 시니어용품(품목)을 제조하고 있었고, 2개를 제조하는 기업체는 15.5%, 3개 이상을 수입하는 기업체는 10.8%로 파악되었다.

시니어용품 제조업체의 절반가량(47.3%)이 2000년에서 2009년 사이에 설립된 것으로 파악되었으며, 2010년 이후 설립된 기업도 23.1%로 파악되었다.

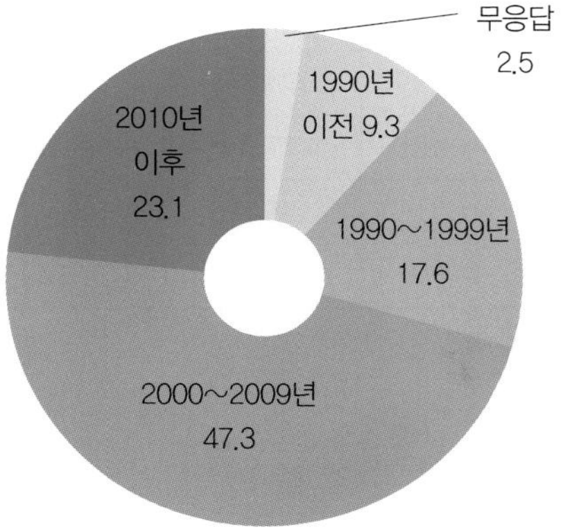

[그림 4-6] **제조업체 설립시기**(N: 594, 단위: %)

자료: 닐슨컴퍼니코리아(2015. 09. 30.).

594개의 시니어용품 제조업체는 대분류 기준으로 총 869개 용품을 취급하고 있으며, 그중 개인건강 · 의료용품이 59.6%로 가장 많았으며, 일상생활용품(19.5%), 주거설비용품(12.3%), 정보통신기기(7.0%) 순으로 파악되었다.

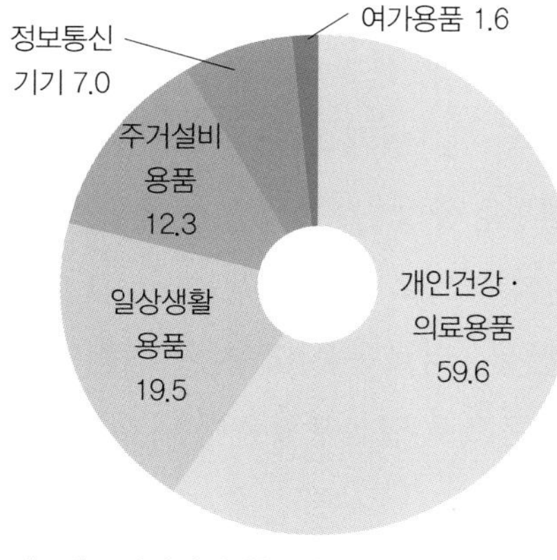

[그림 4-7] **제조업체에서 취급하고 있는 용품**(N: 594, 단위: %)

자료: 닐슨컴퍼니코리아(2015. 09. 30.).

〈표 4-2〉 제조업체 시니어용품 매출액 현황

구분		업체 수		고령친화용품 매출액		
		사례 수 (개)	비중(%)	합계 (백만 원)	비중(%)	평균 (백만 원)
전체		594	100.0	4,179,738	100.0	7,037
고령 친화용품 매출	1억 원 미만	95	16.0	3,805	0.1	40
	1억 원~5억 원 미만	188	31.6	41,479	1.0	221
	5억 원~10억 원 미만	95	16.0	66,767	1.6	705
	10억 원~20억 원 미만	81	13.7	110,281	2.6	1,356
	20억 원~50억 원 미만	67	11.4	201,619	4.8	2,990
	50억 원~100억 원 미만	40	6.7	265,339	6.3	6,688
	100억 원 이상	28	4.8	3,490,448	83.5	123,648

자료: 닐슨컴퍼니코리아(2015. 09. 30.).

제조업체의 시니어용품 매출액별 현황을 보면(〈표 4-2〉 참조), 시니어용품 매출액 '1억~5억 미만'의 188개 업체(31.6%)의 매출액은 415억 원으로 전체 시니어용품 매출액의 1.0%로 확인되었으며, 시니어용품 매출액 '100억 원 이상'인 28개(4.8%) 기업의 매출액은 3조 4,904억 원으로 전체 시니어매출액의 83.5%로 파악되었다.

제조업체의 시니어용품 소분류에 따른 생산액 순위를 살펴보면(〈표 4-3〉 참조), '온열치료기' '귀걸이용 보청기' '혈당측정기' 등이 2014년 한 해 생산액이 1,000억 원 이상의 대표적인 제품으로 확인되었다.

〈표 4-3〉 제조업체의 용품생산액 상위 30개 품목 순위

구분	사례수	생산액		국내 매출액		국외 매출액	
		합계	평균	합계	평균	합계	평균
		백만 원	백만 원	백만 원	백만 원	백만 원	백만 원
전체	869	1,018,801	1,172	3,812,421	4,385	367,318	430
온열치료기	52	148,438	2,850	87,483	1,680	126,042	2,554
귀걸이용 보청기	10	124,999	12,205	2,228,109	217,555	-	-
혈당측정기	18	102,694	5,807	30,179	1,706	29,351	1,816
성인용 기저귀	10	96,228	9,655	185,772	18,638	618	62
기타 자극기	53	65,797	1,238	42,662	803	43,057	810
개인용 저주파자극기	70	63,918	909	56,064	797	35,748	519
개인용 초음파자극기	29	51,334	1,793	22,255	777	28,743	1,004
기타 침구용품	12	39,694	3,199	4,276	345	32,022	2,580
귀속형 보청기	21	38,844	1,894	46,360	2,261	27	1
개인용 적외선조사기	27	28,290	1,054	35,536	1,324	17,964	669
전동스쿠터	8	16,450	2,086	16,083	2,039	2,743	348
의자형 안마기	7	15,036	2,058	23,766	3,263	1,317	180
기타 이동기기	10	14,823	1,560	12,036	1,267	2,533	267
침압봉	7	14,718	2,040	27,212	3,773	41	7
부항기	23	12,149	523	28,754	1,238	158	7
기타 사각용품	4	10,430	2,926	10,801	3,031	16,640	4,669
전동침대	30	10,257	341	343,102	11,390	447	15
기타 신발의류	34	9,466	278	17,820	523	221	6
수동휠체어	13	9,317	700	17,370	1,304	1,589	119
고령자용 신발	11	9,035	846	6,989	655	2,486	264
혈압계	4	8,929	2,225	14,887	3,712	2,600	648
고정침대	4	8,708	2,077	9,877	2,356	363	76
기타 온열한냉용품	20	6,561	324	15,514	765	3,013	149
안전손잡이 및 지지난간	13	6,103	452	11,216	831	71	5
산소공급기	4	5,355	1,330	10,558	2,623	-	-
전동휠체어	12	5,312	429	29,696	2,397	211	19
기타 자세변환용구	12	4,992	409	13,842	1,133	3,114	255
욕조	9	4,654	524	5,026	566	61	7
보행보조차	6	4,631	781	5,409	912	102	17
기타 청각용품	2	4,457	1,817	6,698	2,730	1,455	593

자료: 닐슨컴퍼니코리아(2015. 09. 30.).

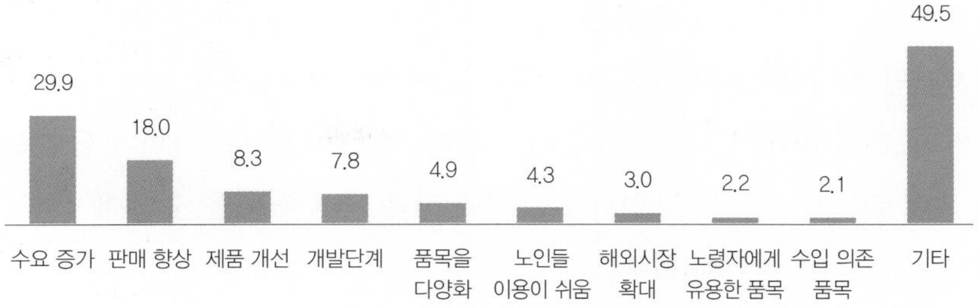

[그림 4-8] 제조업체 투자 강화 이유(복수응답)

자료: 닐슨컴퍼니코리아(2015. 09. 30.).

투자강화 계획이 있는 기업(n=152)의 투자강화 이유로 수요 증가(29.9%)와 판매 향상(18.0%) 등을 드는 경우가 많았다([그림 4-8] 참조).

한편, 한국보건산업진흥원은 실버산업이 연평균 13% 성장할 것으로 예상했다. 요양과 식품, 의약품, 의료기기 등 9개 실버산업의 시장규모가 2010년 33조 2,241억 원에서 2020년 124조 9,825억 원으로 약 4배가량 커질 것으로 내다봤다. 산업별로 보면 의약품산업이 연평균 12.6%의 성장률로 2020년에 9조 7,938억 원 규모로 성장할 것으로 전망된다. 의료기기산업도 해마다 12.8% 성장해 2020년에 3조 2천억 원의 시장이 형성될 것으로 전망됐다. 이외에 식품산업도 유망한데, 건강기능식품과 특수용도식품, 전통발효식품 등이 주목받고 있다. 고령자 신체 특성을 배려한 제품시장 전망도 밝다. 치료용품과 안마기, 온열용품, 배변용품, 이동기기, 건축물용 안전장치 등이 이에 해당한다(매일신문, 2018).

3. 시니어 용품산업의 국내외 사례

미래 기업들이 성공하려면 애플처럼 모든 세대에 자연스럽게 다가갈 수 있는 제품을 만들어 낼 필요가 있다. 이것이 바로 진정한 고령친화적(age-friendly) 접근이다. 애플은 '우리는 1세부터 100세까지 모든 고객을 환영한다'

고 말했다. 연령이나 능력에 관계없이 모든 사람이 사용하기 쉽게 만들어진 디자인인 유니버설 디자인을 추구하고 있는 것이다(매일경제, 2011.11.19.).

반면, 개인의 특성은 항상 똑같이 유지되는 것이 아니다. 나이가 들면 노안이 되어 젊었을 때에는 당연하게 보였던 작은 글씨를 읽을 수 없게 되고, 작은 소리는 잘 안 들리게 된다.

이웃 일본에서는 유니버설 디자인이 실생활에 많이 적용되어 있다. 마츠시타 전기산업은 경사형 드럼세탁기를 내놓았는데 이 제품은 세탁의 드럼통을 30도 정도 경사지게 위를 향하도록 만들었다. 노인이나 주부들이 세탁물을 넣고 꺼낼 때 힘겹게 허리를 굽히지 않아도 된다. 그 밖에 류머티즘성 관절염 환자도 쉽게 이용할 수 있도록 인체공학적으로 설계한 곡선형 볼펜, 콘센트에서 뽑기 쉽도록 머리 부분을 고리형으로 설계한 플러그 등 일상 생활용품까지 반영되어 있다.

삼성전자에서도 3중 접이식 모니터를 내놓았었는데 화면 각도를 자유자재로 조절할 수 있어 어린이나 노인들도 쉽게 눈높이를 맞출 수 있는 제품이다. 그리고 MP3 플레이어의 경우 조작과정을 단순화시켜 노인들도 쉽게 다룰 수 있도록 했고, 메뉴를 선택할 때 선택메뉴의 이미지가 자동으로 확대되어 시력이 나쁜 사람도 이용하기 좋도록 만들었다.

정지혜(2009)에 의하면, 유니버설 디자인은 연령이나 신체적 기능 차이에 관계없이 가능한 한 많은 사람이 사용하기 쉬운 제품이나 서비스, 시설을 개발한다는 것을 기본 가치로 하고 있다.

하지만 간혹 이 개념을 오해해 사용 편의성만을 고려한 나머지 전체적으로 매력 없는 제품을 만들어 내는 실수를 하기도 한다. 우리가 시니어 눈높이의 편리함을 얼마나 이해하지 못하는지 보여 주는 재미있는 예가 있다. 미국의 한 디자인 연구소(정지혜, 2009)는 80세 할머니가 전자레인지를 사용하는 패턴을 연구하던 중 흥미로운 사실을 발견했다. 일반적으로 제조업체들은 사용 편의성을 높인다는 명목으로 계란찜, 피자, 라면 끓이기 등과 같이 다양한 조리 상황에 따른 옵션을 제공해 버튼 하나면 고민할 필요 없이 해결되는 메뉴를 만들기 위해 고심한다. 그런데 이 할머니는 '팝콘' 한 가지 버튼으로 모든 조리를 해결하고 있었다. 커피 물을 데우기 위해서는 팝콘 세 번, 냉동피자를 익히기 위해서는 팝콘 다섯 번과 같이 팝콘의 개수가 할머니의 조리 비법이었던 것이다. 할머니에게는 가장 원초적인 숫자 조작 다이얼이 사실은 가장 편리한 것일 수 있다. 시니어 관련 제품을 일부 기능 보조용품에 국한하는 실수, 편리한 것은 기능 개선에만 있다는 오해, 노인들이 원하는 편리함에 대한 명확한 이해 부족은 시니어들의 구매욕을 높이는 제품 개발을 위해 우선적으로 버려야 할 것들이다.

한편, 판매되고 있는 시니어용품을 살펴보면 핸디캡이 있는 시니어를 대상으로 한 제품이 눈에 띄지만, 그에 못지않게 건강한 시니어를 대상으로 한 제품도 많이 개발되고 있음을 알 수 있다. 우선 핸디캡이 있는 시니어를 위한 제품들을 살펴보면, 식사나 의류착용 시의 불편함을 해소시켜 줄 많은 제품과 악력 등 일상생활에 도움을 제공해 줄 수 있는 제품을 발견할 수 있는데, 많이 알려진 용품은 다음과 같다.

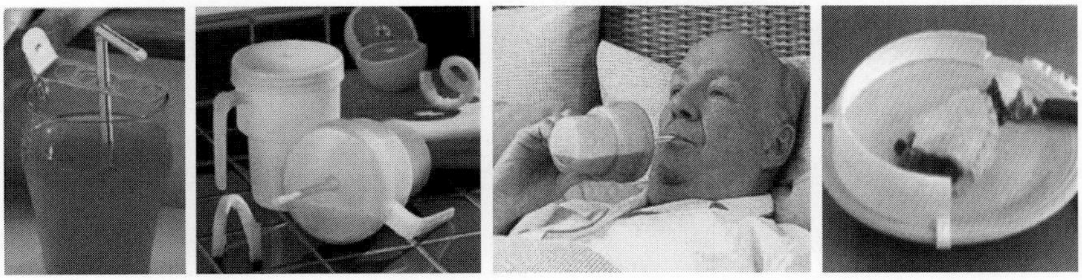

[그림 4-9] **빨대홀더, 케네디컵과 클립방식 음식지킴이**

자료: smmedic.co.kr, www.ablelife.co.kr, www.overcome.kr

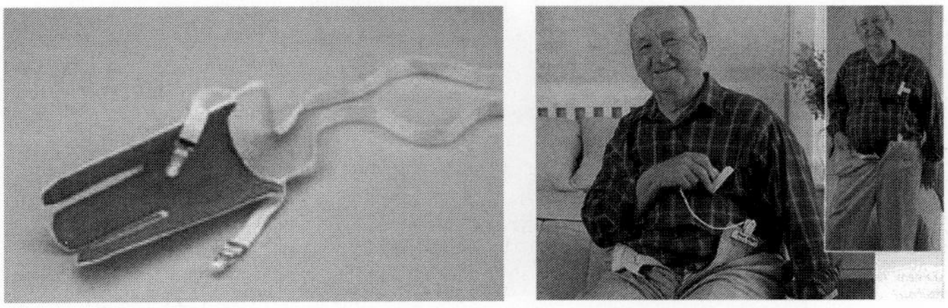

[그림 4-10] **끈 달린 양말 신는 도구, 바지고정 집게**

자료: www.ablelife.co.kr, www.atall.or.kr

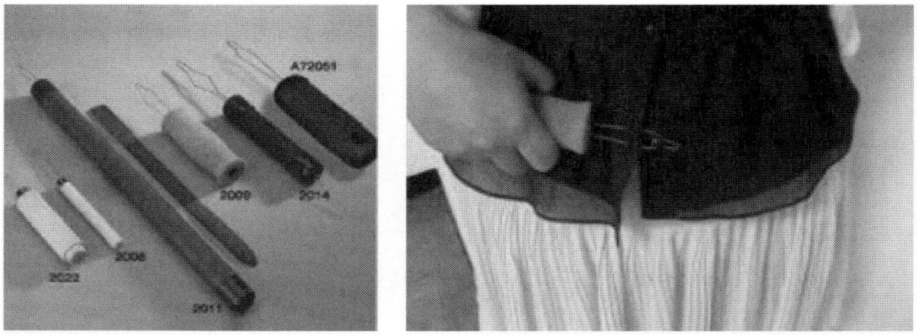

[그림 4-11] **단추 끼우는 도구**

자료: www.ablelife.co.kr, https://blog.naver.com/busan_at/ 20090894929

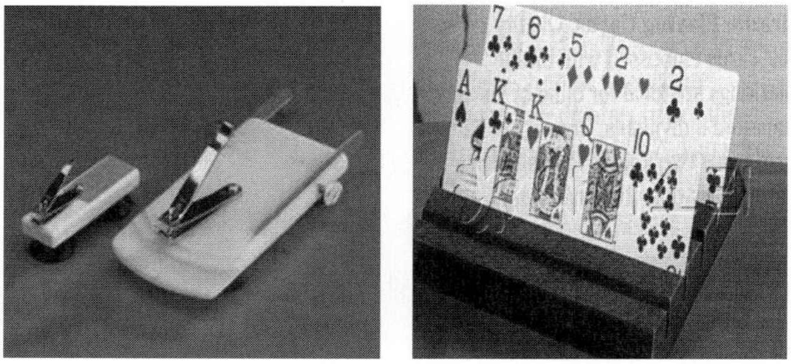

[그림 4-12] **한 손 사용자용 손톱깎이 판, 카드걸이대**

자료: www.ablelife.co.kr, https://isorimall.com

머슬슈트는 무거운 물건을 드는 사람이 이 장치를 몸에 장착하면 커다란 힘을 보충해 줌으로써 힘을 덜 들이고도 일을 할 수 있도록 고안된 지원형 로봇이다(조은호, 2016.09.29.).

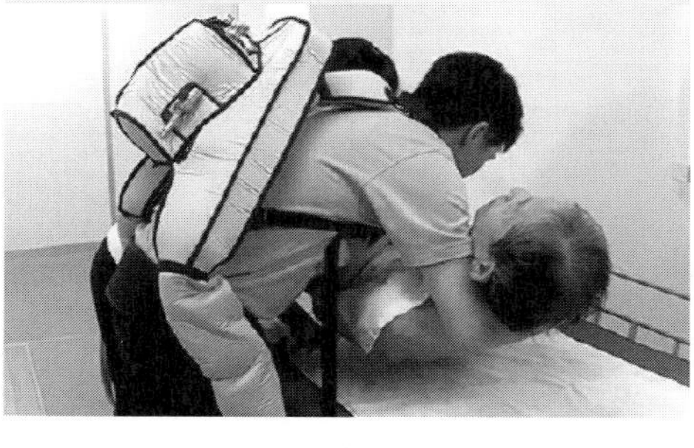

[그림 4-13] **머슬슈트**

자료: 조은호(2016.09.29, 이노휘스 홈페이지).

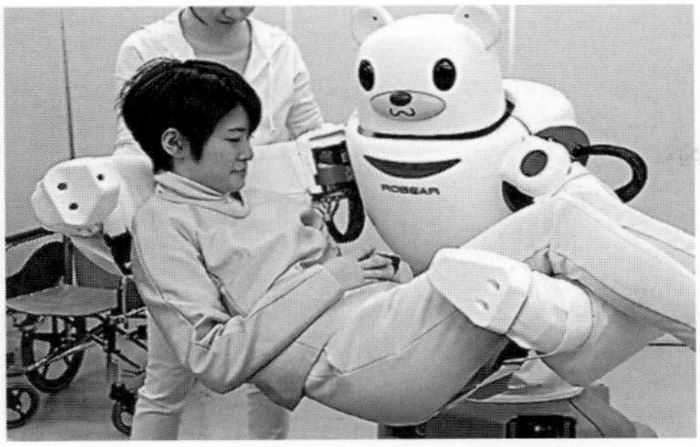

[그림 4-14] **일본의 간병로봇 '리바'**

자료: 로봇신문(2015.12.28.).

이화학연구소가 개발한 간병형 로봇 '리바(RIBA)'는 움직이지 못하고 침대에 누워 있는 노인을 안아서 전동휠체어로 옮겨 주는 로봇이다. 접촉센서가 장착돼 있어 마치 간병인이 노인을 안아서 들어 올리는 것처럼 부드럽게 작동하는 것이 특징이며, 간병인이 부족한 노인복지 시설 등에 보급을 목표로 개발된 것이다(조선일보, 2012.07.31.).

세콤이 발매 중인 식사보조 로봇 '마이스푼'은 팔을 움직일 수 없는 사람을 위한 장치인데, 밥과 반찬을 자동으로 입에 넣어 준다.

노인의 외로움을 덜어주기 위한 '대화형 로봇'도 여러 종류가 판매 중인데,

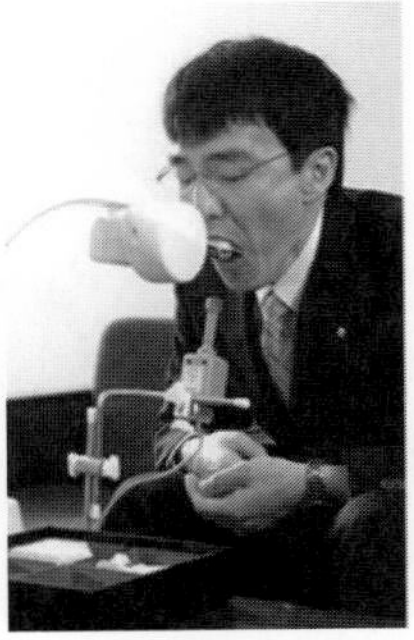

[그림 4-15] **마이스푼**

자료: https://blog.daum.net/no-pain/6641509

[그림 4-16] **심리치료 로봇 파로**

자료: 경향신문(2017.05.22.), newsvision-e(2017.11.13.).

[그림 4-17] **유메루**
자료: talk-doll.com

간병시설 등에 보급된 대화형 로봇 '파로'는 치매예방 등에 효과가 있는 것으로 알려져 있다(조선일보, 2012.07.31.).

2004년 타카라토미아츠의 말하는 놀이인형 '유메루'가 발매되면서 주목받기 시작했는데, 도입 및 유지보수 비용이 높아 완만한 성장을 이루고 있다(조은호, 2016.09.29.).

소모품 시장의 60% 이상을 점하고 있는 성인용 기저귀시장은 약 1,200억엔 규모이다(조은호, 2016.09.02.). '노인의 천국'인 일본에서 최신 제품 소개는 물론 노령화로 야기된 성인용 기저귀의 필요성을 홍보할 목적으로 성인용 기저귀 발표회(중앙일보, 2008.09.29.) 행사가 개최되었으며, 쇼가 끝나면 모델들이 관중들의 호응을 유도한다. 오래되었지만 마케팅 관점에서 시사성이 큰 사례이다([그림 4-18] 참조).

그리고 국외의 건강한 시니어층의 마음을 사로잡은 몇 가지 시니어용품을 살펴보면, 신발이나 냉・난방리모컨, 에코카, 디지털 단말기, 식빵, 청바지, 화장품, 전기자전거 등이 있다. 이들은 노인들이 다른 사람의 도움 없이 좀 더 독립적인 집안생활을 할 수 있도록 도와주는 제품들이 인기를 끌고 있다.

우선, 스웨덴에서 인기 있는 분야별 시니어제품은 〈표 4-4〉와 같다(이수정, 2017.05.19.).

[그림 4-18] **성인용 기저귀시장**
자료: 한국일보(2016.02.22.), www.chinaunicare.com, 한국일보(2018.04.16.).

〈표 4-4〉 **스웨덴의 시니어제품**

구분	품목	용도	제품사진	소비자가격 (SEK)
욕실용품	샤워용 의자	지체 부자유를 위한 샤워용 욕실의자	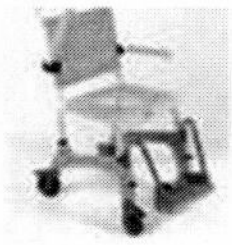	8,390
	욕실화	미끄럼 방지용 욕실화		150
	머리 감겨 주는 도구	머리 감을 때 머릿속에 넣어 문질러 주는 도구로 손을 세워 문지르는 효과		225
보행용품	보행기	보행이 불편한 사람을 위한 보조기로 바퀴가 커서 더욱 안정적	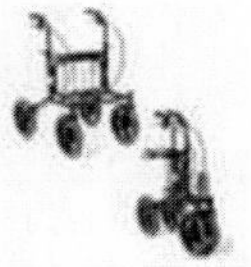	4,200
게임용품	카드	시력이 약한 시니어를 위해 그림 대신 숫자를 크게 쓴 카드		155
	카드홀더	손힘이 약해 여러 장의 카드를 한 손에 쥐기 힘든 사람을 위해 만든 카드홀더로, 카드를 끼워 한 손에 쥘 수 있는 제품	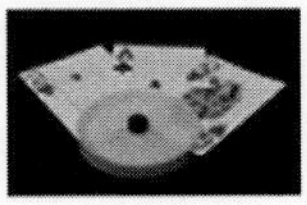	50

의류 관련 용품	대퇴부 보호팬티	골절상 위험이 높은 시니어들을 위해 대퇴부에 보호대를 댄 유니섹스 모델 팬티 팬티로 입거나 팬티 위에 덧입을 수 있는 제품	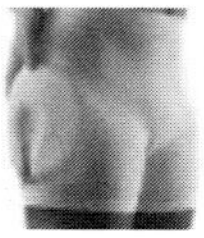	1,210
	단추 끼우개	손이나 팔의 힘이 약해 옷의 단추나 지퍼를 채우기 어려운 사람을 위해 만든 제품으로 단추나 지퍼를 잡고 구멍으로 끌어당겨 손쉽게 끼울 수 있도록 설계		220
식사용구	나이프/ 포크 콤비	양손을 쓸 수 없는 사람을 위해 만든 한손잡이용 나이프 포크 콤비 제품		160
	컵	입술이 닿는 부분이 움푹 패 있어 쉽게 물을 쏟지 않도록 개선된 컵	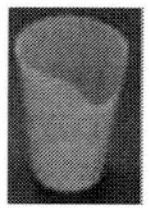	50
주방용품	마늘 가는 카드	마늘을 갈 수 있는 카드형 제품. 구멍이 있는 부분을 약간 구부려 한 손으로 잡고 다른 손으로 마늘을 갈 수 있음		50
	집게막대	쓰레기 줍는 막대를 개량해 멀리 떨어져 있는 물건(안경 등)을 쉽게 집을 수 있는 막대로 개선한 제품		280
	감자 깎는 칼	손힘이 약한 사람을 위해 손가락에 끼워 사용할 수 있는 감자 깎는 칼		95

	칼	손잡이가 하늘을 향하도록 돼 있어 손이 불편한 사람도 톱처럼 음식물을 자를 수 있도록 만든 제품		310
가정용품	알약통	열쇠고리에 부착된 알약통으로 휴대가 간편해 외출 시에도 시간에 맞춰 약을 복용할 수 있도록 만든 제품		160
	타이머 장착 약통	하루 8회까지 알람을 설정할 수 있는 타이머 부착 알약통으로 주머니에 넣어 휴대가 간편한 사이즈		500
	가위	손잡이 중간에 스프링이 달려 있어 항상 사용이 가능한 상태로 복원	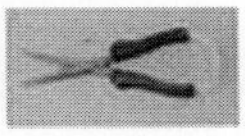	245

자료: 이수정(2017. 05. 19.).

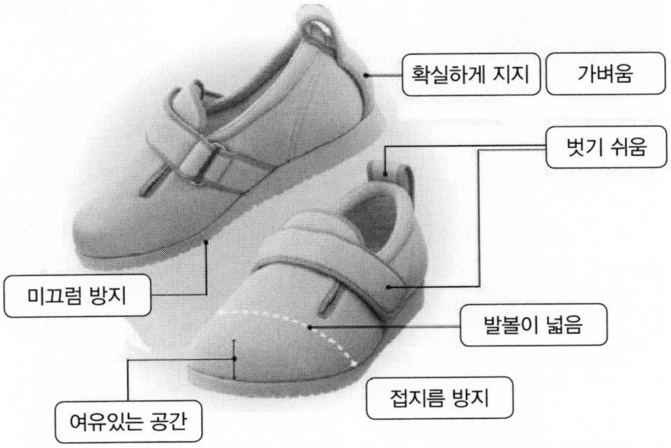

[그림 4-19] **토쿠타케산업 고령자용 케어슈즈 '아유미'**

자료: 조은호(2016.09.29.).

1995년 토쿠타케산업에서 고령자용 케어슈즈 '아유미'를 출시하면서 시장이 가시화되었다([그림 4-19] 참조). 왼쪽, 오른쪽 사이즈를 개별로 주문할 수 있으며, 관련 부품을 주문하는 것도 가능하다. 중증요양이 필요한 노인에서 일반노인까지 고객층이 확대되었다(조은호, 2016.09.29.).

리모컨의 글자크기를 확대하여 고령자들도 쉽게 볼 수 있도록 한 사례도 있다. 작은 글씨를 읽기 어려운 고령자를 위해 글자크기를 크게 하거나 색깔로 간편하게 식별이 가능하도록 배려하였다. 카오의 배스매직클린 리필백은 제품상단에 제품의 이미지색인 노란색으로 매칭하여 어떤 제품인지에 대한 파악을 용이하게 하였다([그림 4-20] 참조).

소니의 전자서적 리더는 책을 읽고 싶지만 문자 크기 때문에 고민하는 고령층을 위해 글자 크기 조절기능을 탑재하였다(글로벌마켓리포트, 2012.04.27.).

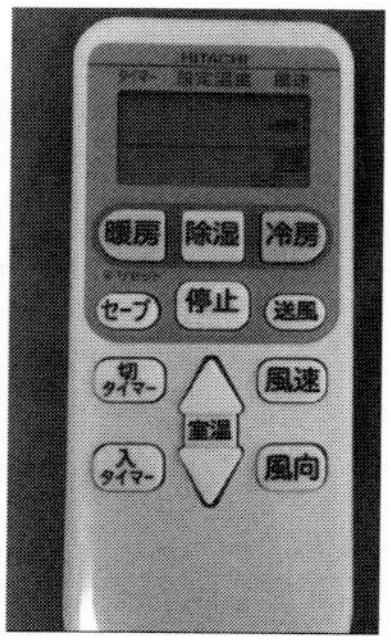

미쓰비시의
기리가미네 룸에어컨

카오의 배스매직클린
리필백

크기가 큰 컴퓨터 자판

[그림 4-20] **고령자를 위한 제품 사례**

자료: 글로벌마켓리포트(2012.04.27.).

소니의 전자서적 리더

[그림 4-21] 고령층을 위한 단말기

자료: http://skyok.co.kr/, 조선일보(2009.12.26.).

일본의 『이키이키(いきいき)』라는 잡지는 50세 이상을 대상으로 중장년층 여성들이 관심을 갖는 문제를 집중적으로 다루는 라이프스타일 잡지이다. 또한 한국의 잡지 『브라보 마이라이프』는 시니어가 대상이다.

빵 제조업체인 안데르센에서는 고령자를 위한 빵을 신규 출시했다. 모양은 일반 빵과 흡사하지만 씹는 기능이 약한 고령자가 쉽게 먹을 수 있도록 부드럽게 만들었으며, 고령자의 미각둔화를 고려해 단맛을 가미하였다.

[그림 4-22] 중장년 및 시니어를 위한 잡지

자료: http://www.dr-kakuko.com/2013/07/post-827, 브라보 마이라이프 vol.47(2018.11.).

[그림 4-23] **씹는 기능이 약한 고령자를 위한 빵**
자료: 글로벌마켓리포트(2012. 04. 27.).

레브론은 50세 이상 뉴시니어층을 겨냥한 화장품을 출시하면서 광고모델로 영화배우 수전 서렌든을 내세웠다(뷰티경제, 2006. 01. 20.).

〈표 4-5〉는 중국의 시니어용품으로, 산아제한정책으로 인해 외동자녀 노인부양시대가 도래해 노인들의 안전과 생활 속 편의성을 위한 다양한 제품이 개발되었다. 노인들이 쉽고 간편하게 조작할 수 있는 제품들로 기존 노인용품에 스마트 기능을 더한 제품과 기존 스마트산업 중 시니어세대를 위한 기능이 추가된 제품이 늘어나는 추세이다(김종현, 2015. 10. 16.).

시니어시장은 따로 있지 않다. 누구나 젊어지고 싶은 게 사람 마음이다. 나날이 늘고 있는 시니어 소비자를 공략하기 위해 수많은 기업이 시니어시장에 진입하였지만 성공한 기업은 많지 않다. 나이 듦은 약자라는 고정관념에 사로잡혀 정작 시니어 소비자들이 무슨 생각을 하는지 간과하기 때문이다. 최

[그림 4-24] **레브론 뉴시니어층 광고**
자료: https://fusion.tv/video/219232/Revol-choose-love-wt51, 동아일보(2006. 08. 01.).

〈표 4-5〉 중국 시니어세대를 위한 스마트기기 동향

제품명	기능	제품 사진
기능성 GPS 신발	1. 스마트폰 애플리케이션 연동을 통해 경로안내 기능으로 올바른 길을 가게 함 2. 가족에게 위치 정보 제공 가능	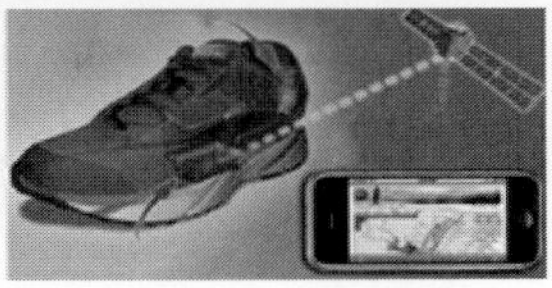
스마트 지팡이	1. 스마트폰 애플리케이션과 연동 후 음성 인식으로 길 찾기, 문자발신 기능 2. 긴급버튼으로 경찰에게 자동 위치 보고 기능 3. 어두운 길을 밝혀 야간 보행에 안전함을 제공	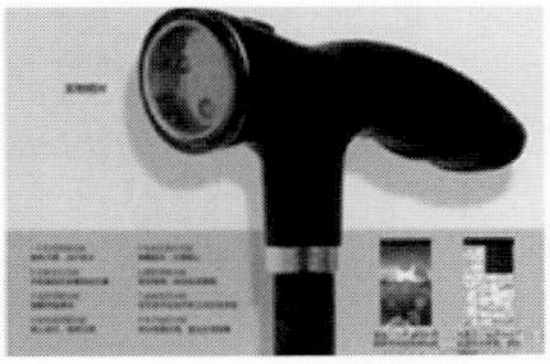
스마트폰 NFC 연동 SOS 알람 스피커	1. NFC(근거리무선통신) 기능 연동으로 SOS 버튼을 누르면 지정해 둔 가족에게 전화, 문자 등 구조요청 발송 기능 2. 스마트폰 조작이 어려운 노인을 위한 전용 애플리케이션을 통해 버튼 클릭만으로 노래재생, 사진촬영 기능	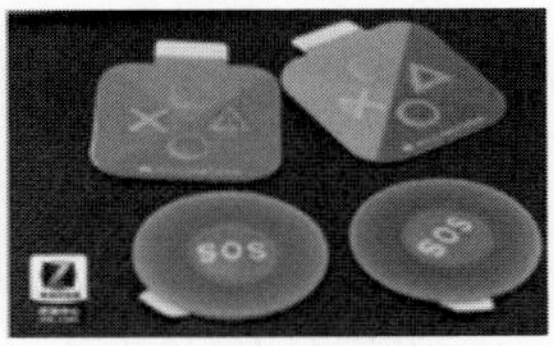
노년층을 위한 스마트 가전	1. 거동이 불편한 노인을 위해 스마트폰을 이용해 집 안 가전을 on/off할 수 있는 기능 2. 집에 도둑이 들었거나 이상 신호가 발생 시 보안업체에 이상 신호 전달 기능	
360智鍵	1. 휴대폰 이어폰 단자에 부착 후 설정을 통해 긴급 상황 시 연락 가능 2. 단자를 누르기만 하면 설정해 놓은 사람에게 쉽게 전화 발신 가능	

자료: 김종현(2015.10.16.).

근 주력 소비 계층으로 등장한 '액티브 시니어'는 이러한 패러다임에 의거한 마케팅 전략이 통할 리 없다. 이들은 젊은 패션, 감성을 추구하는 뉴시니어에 속한다. 따라서 이들의 욕구를 파악한 제품생산은 기본이며, 그들에게 적합한 마케팅전략을 어떻게 수립할 것인가를 심도 있게 고민해야 한다.

글상자 탈실버로 실버 공략하기

1. **실버를 버리라**: 노인전용 제품 · 서비스에 대한 강한 반발심리 존재
2. **최첨단아닌 복잡성을 제거하라**: 첨단 · 최신제품에 대한 과시욕구와 복잡한 제품에 대한 비선호 공존
3. **디자인과 스타일을 포기하지 말라**: 신체적 불편함을 효율적이고 세련된 방식으로 해결하는 스타일상품 선호
4. **똑같은 남자와 여자로 인식하라**: 아름다움에 대한 추구가 보편적인 현상으로 자리잡음
5. **아지트를 제공하라**: 네트워크 공간에 대한 절대적인 수요 존재
6. **무위고에서 해방시키라**: 은퇴 이후에도 주체적으로 성장하고 발전하기 위한 적극적인 투자실행
7. **가족을 만들라**: 여생을 외롭지 않게 함께 보내고자 하는 열망존재
8. **소비방식을 배려하라**: 고령인구 누구나 신체적 변화와 생활방식 변화로 인한 불편함을 겪음.
9. **가까운 곳에서 팔라**: 최소한의 활동반경 내에서 일상적인 소비를 해결
10. **스킨십으로 마음을 움직이라**: 구매과정에서 사람과의 상호작용을 매우 중시

자료: 매일경제(2013.07.16.).

4. 시니어 용품산업의 전망 및 활성화 전략

전 세계적으로 베이비부머가 시니어층으로 편입되기 시작하면서 시니어층을 대상으로 한 비즈니스는 점점 핵심시장으로서 자리를 잡을 전망이다. 이러한 환경에서 이들을 대상으로 활동하고자 하는 기업들은 목표를 달성하기 위한 생존수단이 되는 전략을 수립해야 한다.

우선 시니어층들을 위한 제품개발은 그들의 노화 변화에 따른 측면을 충분히 고려하여 이루어져야 한다(김숙응, 2004). 예를 들면, 시니어층의 미각의 변화는 그들이 맛을 느끼게끔 식품 제조업자나 식당업자들이 맛을 강화하거

나 더 자극적으로 음식을 제공해야 할 뿐만 아니라 향이나 색깔도 변화시켜야 함을 의미한다. 또한 후각 능력의 감소로 인해 연기나 천연가스를 감지하도록 그들에게 경고할 수 있는 제품을 개발할 필요가 있다.

기민함과 근육강도의 상실 등에 의한 물리적 변화는 시니어들에게 환경을 더 용이하게 적응할 수 있도록 제품생산에 변화가 있어야 한다. 예를 들면, 포장과 용기 디자인의 형태를 쉽게 열 수 있게 바꾸고, 소매점에서 자동출입문을 설치하도록 설계하는 것 등이다. 또한 신체변화의 측면에서 제조업체들은 노인들의 수요를 충족시키는 적절한 치수나 아랫부분을 더 여유 있게 만든 형태의 옷과 신발을 디자인해야 한다.

종종 일어나는 질문은 '이런 제품수정이 가치가 있나?' 하는 것이다. 과학적 연구 없이 이러한 변화에 대한 제품들의 성과를 측정하는 것은 쉽지 않다. 대략 다음의 두 가지 가이드라인이 우선 제안될 수 있다. 첫 번째로 그러한 제품들을 만드는 것에 너무 많은 비용이 들지 않아야 한다. 예를 들어, 용기모양을 더 쥐기 쉽게 바꾼다면, 악력이 약한 노인뿐만 아니라 젊은 사람들에게도 유익하다. 두 번째, 변화된 제품이 노인들이 사용하는 것으로 낙인 찍히거나 독립성의 상실을 의미해서는 안 된다. 그것은 젊은 사람과 노인 모두에게 기능적이어야 한다. 아마도 시니어를 위한 제품 수정의 전략은 젊은 사람에게도 이러한 변화에 의한 기능성을 시험해 봄으로써 그 제품을 사용할 사람들에게 제품이 전달할 효과적인 의미를 확인해 보는 것이다. 만약 젊은 사람들이 그것을 좋아하면, 노인들은 그러한 변화를 훨씬 더 좋아할 가능성이 크다.

시니어층에 대한 라이프스타일 연구는 마케터들이 새로운 제품과 서비스를 고안하고 마케팅하는 것에 도움을 제공한다. 각기 다른 라이프스타일 유형의 시니어층들은 제품에 대한 욕구가 다르므로, 라이프스타일 연구는 특정집단에 소구하는 신제품과 신제품에 포함되어야 할 구체적 특징에 대한 아이디어를 제시하는 기초로 사용된다. 예를 들면, 제품전략의 관점에서 볼 때 각각의 서로 다른 시니어집단들은 인생에서 가장 중요하게 생각하는 것이 다르기 때문에 특정혜택을 제공하는 제품에 대한 반응도 모두 다르다. 예를 들면,

허약하지만 외출하기를 좋아하는 시니어집단 유형은 그들의 사회활동을 지속시켜 주고 촉진해 주는 것을 도와주는 제품의 가치를 높이 평가하는 반면, 외출에 대해 부정적이고 집에서만 생활하는 시니어집단 유형은 일상생활을 보다 수월하도록 돕는 제품에 주로 관심을 보인다. 그러므로 전자의 유형들에게는 다양한 서비스를 제공하는 사교클럽이 보다 매력적일 것이며, 후자의 유형들은 홈케어(home-care) 서비스에 관심을 보일 것이다.

시니어층에게 신제품이나 서비스를 판매하려는 기업들은 시니어층의 혁신수용 성향에 관한 정보도 고려해야 한다. 청소년층이나 젊은 층은 제품의 새로운 기능이나 특징을 선호하나 시니어층들은 오히려 기능 위주로 단순한 제품을 선호하는 경향이 있다. 특히 노년층이 특정유형의 제품을 구매하거나 구매하지 않는 이유들을 이해해야 한다. 시니어들의 인지능력에서의 일부 변화가 신제품 이해에 영향을 미칠 수도 있으며 혹은 그들의 혁신수용성향이 낮은 이유를 생애주기와 사회적 상황에 관련된 요인들을 통해서도 실제적으로 찾을 수 있다. 마케터들은 시니어층들의 제품선택을 용이하게 하거나 또는 이를 방해하는 요소들을 이해해야 한다. 아울러 시니어층 시장에 신속히 수용될 수 있는 전략뿐만 아니라 신제품 수용을 가로막는 장벽을 제거할 수 있는 전략도 수립해야 한다.

참고문헌

김숙응(2004). 실버마케팅. 서울: 형설.

김숙응(2007). 실버산업학원론. 서울: 형설.

김종현(2015.10.16.). 2억 명 중국 실버세대를 공략하라, 중국 스마트실버사업. 서울: KOTRA.

닐슨컴퍼니 코리아(2015.09.30.). 고령친화용품 사업체 실태 조사.

브라보마이라이프 VOL. 47(2018.11.)

이수정(2017.05.19.). 고령사회 스웨덴, 실버산업 성장 중. 서울: KOTRA

정지혜(2009.08.12.). 시니어시장의 불편한 진실과 과제. 서울: LG경제연구원.

정지혜(2010.08.18.). 대한민국의 시니어 그들은 어떤 소비자일까. 서울: LG경제연구원.

newsvision-e(2017.11.13.). 다시 부활하는 일본 로봇…… 서비스 로봇 시장 겨냥한 업계 움직임 활발.

경향신문(2017.05.22.). 고령사회 리포트: 1년 앞으로 다가온 '고령사회'.

글로벌마켓리포트(2012.04.27.). 일본의 신 고령세대, 새로운 시장을 연다. -고령화 40년, 스마트 간병에서 해외 진출까지-. 서울: KOTRA.

한국일보(2016.02.22.). 요실금 부끄러워마세요, '40대용 기저귀' 대박 조짐.

동아일보(2006.08.01.). 뉴실버가 뜬다.

로봇신문(2015.12.28.). 일본 "간병로봇 비용 지원한다".

매일경제(2011.11.19.). 고령화시대 경영 전략.

매일경제(2013.07.16.). 내용은 '실버'라도 포장은 '젊음'으로.

매일신문(2018.02.09.). 세대공감 행복 100세, 성장하는 실버산업.

뷰티경제(2016.01.20.). "백발은 아름답다." …… 로레알, '할머니 모델' 잇달아 기용.

조선일보(2009.12.26.). 소니 "전자책 단말기를 제2 워크맨으로".

조선일보(2012.07.31.). 日서 목욕 · 배설 돕는 간병로봇도 개발 중.

조은호(2016.09.29.). 이노휘스 홈페이지. 서울: KOTRA

조은호(2016.09.29.). 일본비즈니스 현황 및 비즈니스 기회. 서울: KOTRA

중앙일보(2007.02.09.). 노후 외로움 치명적…….

중앙일보(2008.09.29.). "성인 기저귀 창피해하지 마세요".

한국보건산업진흥원(2016.01.05.). 고령친화산업실태조사 및 산업분석.

http://skyok.co.kr

http://www.isorimall.com/

http://www.overcome.kr/

http://www.chinaunicare.com/

https://fusion.tv/video/219232/Revol-choose-love-wt51

http://www.ablelife.co.kr/

http://www.dr-kakuko.com/2013/07/post-827

https://blog.daum.net/no-pain/6641509

smmedic.co.kr

https://commons.wikimedia.org/

SENIOR BUSINESS

제5장

시니어 보건의료산업

◆

이원재

인구 고령화에 따라 시니어들은 건강과 삶의 질 관련 산업의 추이와 4차 산업혁명 및 줄기세포 치료기술 등 기술혁신에 따른 미래의 시니어 보건의료산업에 대해 관심이 높다. 시니어 보건의료 시장의 규모는 정확히 파악되고 있지 않지만, 시니어가 사용하는 의료비는 계속 증가하는 추세로 2018년 국민건강보험 진료비의 40.9%가 65세 이상 노인들의 진료비로 지불되었다. 급격한 고령화에 따라 노인진료비는 2014년 10.4%, 2015년 11.4%, 2016년 13.6% 등으로 증가하고 있어 노인진료비는 크게 증가할 것으로 예상되며, 재택의료도 크게 증가할 것으로 예상된다.

이 장에서는 시니어들의 건강증진, 질병 예방, 질병치료, 재활, 인지기능 조기진단 및 강화 등과 관련된 산업을 의료, 제약 및 건강식품, 돌봄, 신체활동, 인지기능 개선, 헬스케어산업, 줄기세포치료 등을 중심으로 살펴본다.

1. 시니어 보건의료산업의 개념

1) 시니어와 건강

한국인의 기대수명(당해 연도 출생아의 예상되는 평균수명)은 2016년에 여자가 85.4년, 남자가 79.3년으로 OECD 국가 평균에 비해 긴 것으로 보고되었다. 2016년에 65세인 남자는 83.4세까지, 여자는 87.6세까지 생존할 것으로 기대되었고, 1970년에 비해 남자의 기대수명 증가가 클 것으로 추정되었다 ([그림 5-1] 참조).

기대수명의 증가와 더불어 질병을 앓는 기간인 유병기간도 증가하고 있다. 2016년에 남자는 14.6년, 여자는 20.2년을 유병기간으로 보내고 있다([그림 5-2] 참조). 이는 한국인들이 특히 노년기 중의 상당 기간을 질병과 함께 보낸다는 것을 시사한다. 특히 사망 직전에 와병이 집중되며 많은 의료비를 지출하게 된다. 건강보험부담금과 본인부담금을 합한 사망관련 의료비는 그 외 일반 의료비에 비해 5~20배에 달하고 있다(국민건강보험공단, 건강복지정책연구원, 2017). 65세 이상 노인이 생애 말기 1년 동안 쓰는 의료비는 1,558만

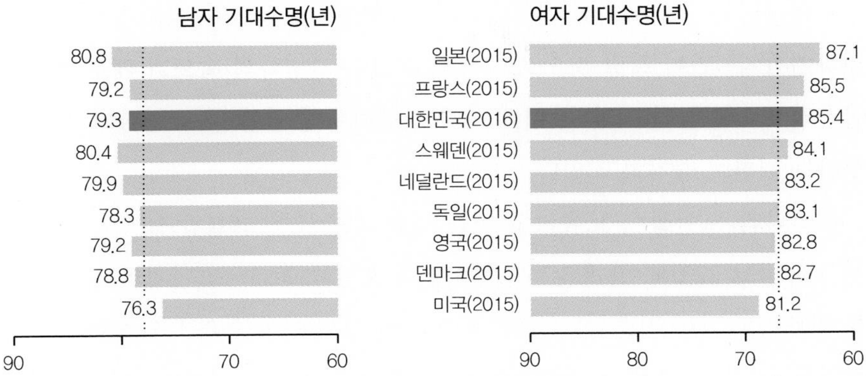

[그림 5-1] OECD 회원국의 기대수명

자료: 통계청(2017).

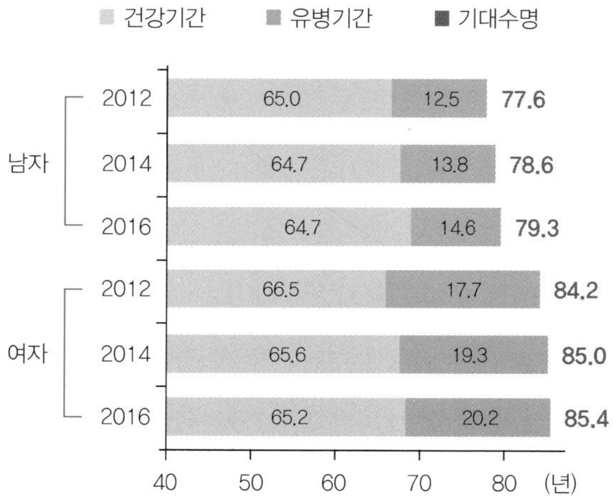

[그림 5-2] **한국인 남녀의 기대수명과 유병기간**

자료: 통계청(2017).

원이며, 일반국민의료비의 12년 지출액, 60세 이상 노인의 5년간 의료비 지출액과 비슷한 규모였다(오승연, 이정택, 2016).

한국인은 기대수명에 비해 건강기간이 비교적 짧은 편이다. 그뿐만 아니라 한국인들이 주관적으로 건강하다고 생각하는 기대수명도 OECD 국가 평균보다 짧았다. 주관적으로 건강하다고 생각하는 기대수명은 68.5년으로 남자 68.8년, 여자 68.4년이었으며, 남자가 여자보다 0.4년 길었다.

우리나라는 고령사회에 진입하기까지 18년이 걸렸으며, 초고령사회로 진입하기까지 9년이 걸릴 것으로 예상되고 있어 고령화의 속도가 매우 빠르고 압축적으로 진행되고 있다. 이에 따라 만성퇴행성 질환 등 노년기에 많이 발생하는 질환이 증가하고 있다.

우리나라 노인들이 보유하고 있는 질환의 종류는 고혈압 56.7%, 관절염 33.4%, 당뇨 22.6%, 치매 8.74% 등이었다(오영희, 2015). 노년기의 질병에 따른 의료비도 많이 지출되고 있다. 2015년에 75세 이상 후기 노인들에게는 정신질환, 고혈압, 관절염, 치주질환, 당뇨 순으로 의료비 지출이 많았다. 따라서 보건의료산업도 고령화와 함께 성장할 것으로 예상되고 있지만, 고령자의 보건의료산업 규모에 대한 통계는 불충분하다.

영국 건강재단(The Health Foundation)의 캠페인 자료에서도 의료에 대한 접근성 이외에 좋은 직장, 환경, 금전·자원, 주택, 교육 및 기술, 음식, 교통, 가족·친구·지역사회 등 건강의 다차원성을 강조하고 있고([그림 5-3] 참조), 미국 카운티 건강순위평가(http://www.countyhealthrankings.org/) 자료에서도 건강(여기서는 기대여명 50%, 삶의 질 50%를 반영하여 건강지표를 산출하였음)의 결정요인으로 흡연, 음주, 영양, 운동, 약물사용, 성 행태 등의 건강행태가 30%, 의료에 대한 접근성, 의료의 질이 20%, 교육, 고용, 소득, 가족의 사회적 지지, 지역사회 안전이 40%, 대기, 수질, 주택, 교통 등의 물리적 환경이 약 10%씩 각각 기여하는 것으로 평가하고 있다([그림 5-3] 참조).

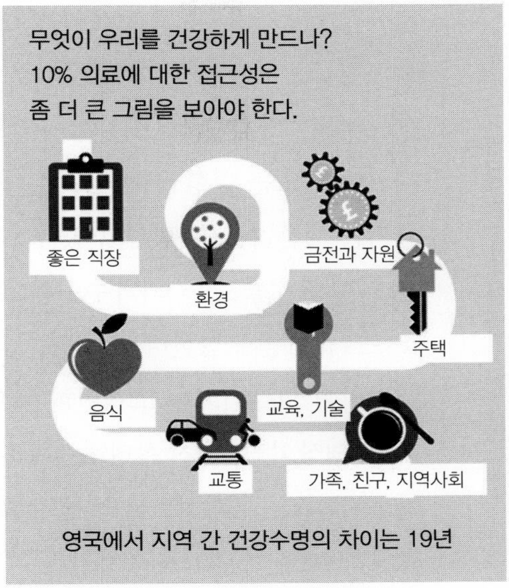

[그림 5-3] 건강에 영향을 미치는 요인
자료: https://www.health.org.uk

2) 시니어 보건의료산업의 개념

시니어 보건의료산업은 의약품산업, 의료기기산업, 건강지원서비스, 인지기능개선서비스, 의료서비스 등이 주요 산업이 된다.

시니어 의약품은 '사람의 질병에 대한 진단, 처치 또는 예방의 목적으로 사용되는 것으로서 기구, 기계가 아닌 것 또는 사람의 구조기능에 약리학적 영향을 주기 위한 목적으로 사용되는 것으로서 기계, 기구가 아닌 것'으로 규정하고 있다(「약사법」 제2조 제4항의4).

의료기기는 '사람 또는 동물에게 단독 또는 조합하여 사용되는 기구·기계 · 장치 · 재료 · 소프트웨어 또는 이와 유사한 제품으로 질병을 진단 · 치료 · 경감 · 처치 또는 예방할 목적으로 사용되는 제품, 상해 또는 장애를 진단 · 치료 · 경감 또는 보정할 목적으로 사용되는 제품, 구조 또는 기능을 검사 · 대체 또는 변형할 목적으로 사용되는 제품, 임신을 조절할 목적으로 사용되는 제품'으로 규정하고 있다(「의료기기법」 제2조). 이에 따르면 의료기기는 외과용 수술도구, 외과수술용 로봇, 자기공명전산화 단층촬영장치(MRI), 소프트웨어를 포함한다.

시니어 의료기기는 고령친화 네트워킹, 재택 의료정보시스템, 센서, 로봇기술, 영상처리 기술, 콘텐츠 등을 결합한 것으로 노인의 신체기능을 증진시키는 것이다. 구체적으로는 생체 대사기능에 관련된 것으로 혈압계, 체지방측정기, 초음파 골밀도측정기 등이 있고, 노인 감각기능에 관한 것들로 청력검사기, 영상 시력측정기, 근전도계, MRI 등이 있다. 노인 인지기능에 관한 것들로는 뇌파계, MRI 등이 있고, 노인 운동기능에 관한 것들로는 폐활량 감시장치, 보행분석계, 부하심전도장치, 경직성분석기 등이 있다(한국산업기술재단, 2007: 김정자, 2009에서 재인용).

건강지원서비스는 주로 재택진료 또는 방문진료(간호)라고 하는 자택에서 건강상의 도움을 받는 서비스를 말한다. 우리나라는 아직 이 분야 시장이 본격적으로 형성되지 않았으며 시장 규모도 정확히 파악되지 않고 있다. 특히 의사의 왕진에 대한 건강보험수가가 책정되어 있지 않은 점, 간호사의 단독 간호서비스가 허용되지 않고 있는 점 등 때문에 본격적으로 시장이 형성되지 않고 있다.

인지기능개선서비스는 치매 예방 및 관리 등을 위한 서비스로 주로 공공분야에서 주도하여 왔으나, 산업 측면에서 관련 제품 및 서비스에 대한 관심이 증가하는 추세이다.

2. 시니어 보건의료산업의 현황과 사례

2012년의 시니어산업 규모는 27조 3,809억 원이었다(한국보건산업진흥원, 2015). 2012년부터 2020년 사이에 시니어산업은 연평균 약 13.0% 성장하였다. 2012년에 의약품산업은 3조 7,791억 원, 의료기기산업은 1조 2,438억 원 규모였다(한국보건산업진흥원, 2015). 2020년에 전체 시니어산업 중 의약품산업의 점유율은 13.5%, 의료기기산업은 4.5%로 추정되었다(한국보건산업진흥원, 2015). 시니어 의료서비스시장에 관한 정확한 통계는 없지만 건강보험 급여 통계치 등으로 추정할 수 있다. 2017년 말의 65세 이상 건강보험 적용 인구는 680만 6천 명에 달한다(국민건강보험, 2018). 65세 이상 인구에 지출한 건강보험급여는 27조 6,533억 원이었다. 건강보험급여 이외에도 비급여, 시니어의 해외이용 의료비 등을 합해야 시니어 의료서비스산업의 규모를 파악할 수 있을 것이다. 시니어의 의료비 지출은 2060년에 최대 390조 원을 초과할 것으로 예측된다(이수연, 이동헌, 조정완, 2015).

1) 시니어 의약품산업 및 건강식품산업

의약품산업은 IT산업 이후의 성장동력산업이 될 것으로 기대되고 있다. 우리나라 시니어 의약품산업의 규모를 추정한 자료에 의하면 2014년의 시장규모는 전체 의약품산업이 13조 5,354억 원, 고령친화 의약품산업이 3조 7,791억 원으로 시니어 의약품산업이 전체 의약품산업의 약 27.92%를 점유하고 있다(한국보건산업진흥원, 2014). 이 자료는 시니어 의약품산업의 규모를 추정하기 위하여 시니어가 주로 이용하는 약효군 범위를 선정한 후, 건강보험통계를 이용, 약효군별 가중치(전체 환자에서 65세 이상 노인인구 이용 비율)를 적용한 것이다(한국보건산업진흥원, 2014). 의약품 중에서도 특히 시니어가 많이 이용하는 품목들은 고혈압용제(강심제, 이뇨제, 혈압강하제, 혈관확장제), 종양치료제, 치매용제, 해열 · 진통 · 소염제, 당뇨병용제, 기타의 중추신경용약 등으로 시장 규모가 1조 2,754억 원에 이른다(한국보건산업진흥원, 2014).

시니어 의약품산업은 2012년부터 2020년 사이에 연평균 12.64% 성장하여 전체 의약품산업의 증가율 5.18%보다 빠르게 증가할 것으로 예측되었다. 2020년에 시니어 의약품산업의 규모는 9조 7,938억 원으로, 비중은 전체 의약품산업의 48.31%가 될 것으로 전망되었다(한국보건산업진흥원, 2014; 한국보건산업진흥원, 2015). 우리나라 의약품산업은 제조업과 전산업에 비해 부가가치율, 총자본투자효율, 설비투자효율, 기계투자효율 등 생산성 지표에서 높고 부가가치가 높아서 국가 성장산업으로서의 중요성이 크다(문혜선, 2011).

2014년에 한국보건산업진흥원에서 만 65세 이상 노인 1,200명을 대상으로 실시한 수요조사의 분석 결과에 의하면 현재 복용하고 있는 의약품의 분포는 '순환계 의약품(고혈압, 뇌졸중, 고지혈증, 협심증/심근경색증 치료제)'이 53.0%로 가장 많았고, '비타민제(마트 등에서 구매하는 건강기능식품 제외, 약국판매용)'가 32.0%, '근골격계 의약품(류머티즘 관절염, 골다공증 등 치료제)'이 28.6%의 순이었다(한국보건산업진흥원, 2014).

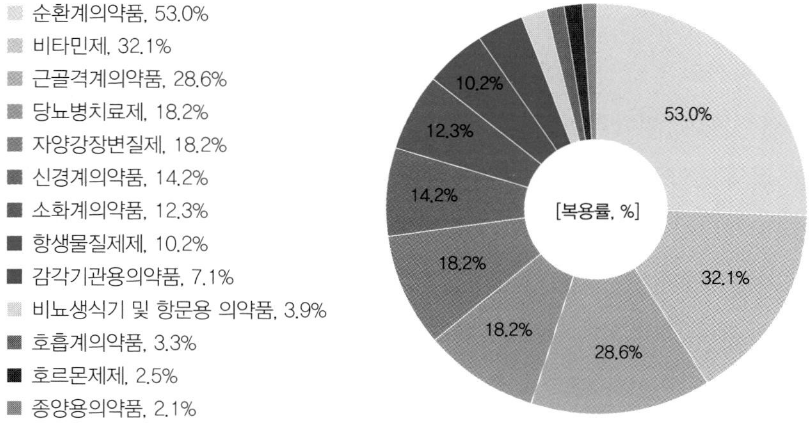

[그림 5-4] **시니어의 복용 의약품**

자료: 한국보건산업진흥원(2015).

시니어들은 의약품 복용 시 가장 불편한 점으로 '약을 시간에 맞춰 챙겨 먹는 것이 어렵다'는 점을 30.3%가 선정하여 가장 많았다. 그다음으로 섭취방법, 주의사항 등에 관한 '글씨가 너무 작아서 읽기 힘들다' 16.1%, '먹는 약의 종류가 많아 약 종류를 구분하기 어렵다' 13.7% 등의 순으로 선정하였다(한국보건산업진흥원, 2014).

시니어 의약품 중에서 시니어들이 가장 구매하고 싶어 하는 의약품은 '복용주기가 긴 약품' 14.3%, '흡수가 빨라 효과가 빠르게 나타나는 의약품' 14.0%, '위나 장에 부담이 적은 의약품' 13.5%의 순이었다. 구매하고 싶은 의약품이 판매되면 약 17.9%의 가격을 더 지불할 의사가 있었다(한국보건산업진흥원, 2014).

최근에 활발히 연구개발이 이루어지고 있는 줄기세포치료도 아직은 규모가 파악되지 않고 있지만 증가하고 있는 것으로 추정된다. 줄기세포 치료방법은 자기 몸에서 조직을 떼어 내서 순수 성체세포만을 추출하여 자기 몸에 주사하는 줄기세포 정맥주사, 줄기세포 성기능 개선치료, 성체줄기세포를 진피층에 주입하는 셀리프팅, 탈모치료 등이 있다(조선일보, 2018.11.13.).

2) 의료기기산업

시니어 의료기기산업 시장규모는 2010년에 3,144억 7,300만 원에서 2011년 3,941억 6,200만 원, 2012년에 5,513억 6,300만 원으로 증가하였다(KOSIS, 2015.5.26.). 2020년에는 1조 6,975억 원으로 성장할 것으로 전망된다(한국보건산업진흥원, 2014).

시니어 의료기기의 기준이 독립적으로 정해져 있지는 않지만, 식품의약품안전처 고시 제2010-91호 의료기기 품목 및 품목별 등급에 관한 규정을 바탕으로 65세 이상 인구의 사용 비중을 예상하여 시니어 의료기기 품목의 산업 규모를 추정해 볼 수 있다. 전체 의료기기시장 규모 3조 8,774억 원의 32.08%가 시니어 의료기기 산업이라고 추정되었으며, 그 규모는 약 1조

2,438억 원에 이른다(한국보건산업진흥원, 2014). 국내 의료기기산업의 시장규모(생산+수입−수출)는 2010~2020년간 연평균 3.9% 성장할 것으로 추정되었고, 시니어 의료기기산업은 연평균 4.5% 성장할 것으로 추정된다(한국보건산업진흥원, 2014).

특히 많이 판매될 수 있는 전략품목은 치과(치과용 임플란트, 치과용 도재, 치과용 주조기, 핸드피스), 재활(인공수정체, 보청기), 진단(혈당용측정기, 디지털 엑스선장치), 치료(의료용 조합자극기, 관절치료기) 등이며, 이 품목들의 시장규모는 약 6,140억 원에 달하는 것으로 추정되고 있다(한국보건산업진흥원, 2014). 시니어 의료기기시장은 2012년부터 2020년 사이에 연평균 약 12.8% 성장하고, 2020년의 시니어 의료기기산업은 전체 의료기기산업 중에서 약 32.1%를 점유할 것으로 추정된다(한국보건산업진흥원, 2014).

로봇을 활발히 개발하고 있는 일본은 의료용 로봇을 질병 치료나 신체의 구조기능에 영향을 주기 위한 로봇으로 정의하고 제조나 판매를 위해서는 약사법에 규정된 인 · 허가를 받도록 하고 있다(황남희, 2016). 우리나라는 로봇수술이 많이 이루어지고 있는 로봇수술 강국으로 꼽히고 있다. 2013년에

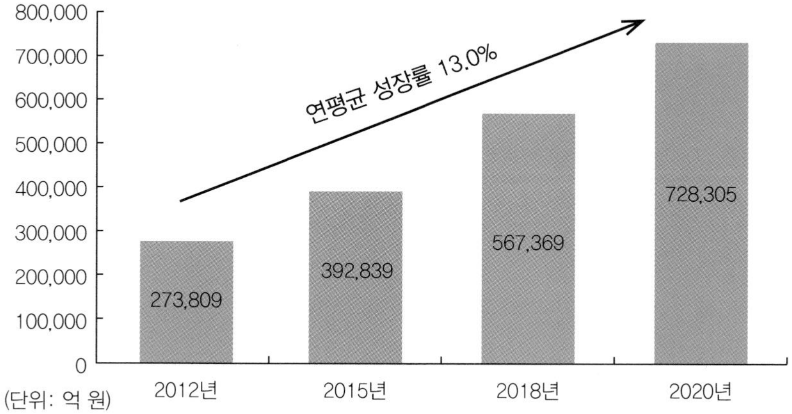

[그림 5-5] **고령친화산업 시장규모 추정**

주: 금융산업 제외

자료: 한국보건산업진흥원(2015).

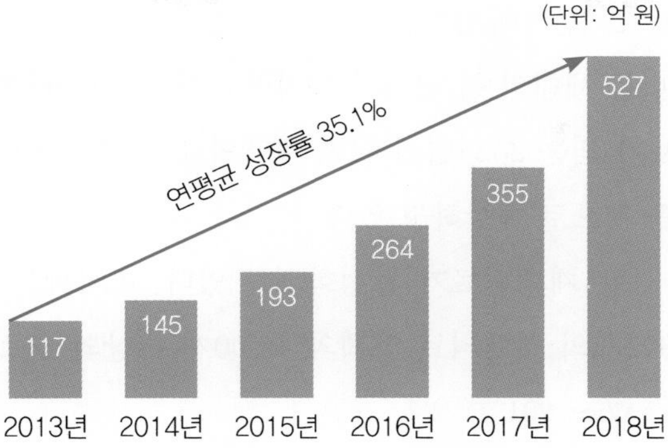

[그림 5-6] **국내 수술로봇 시장 추이**

자료: 한국경제신문(2018.08.22.).

117억 원이었던 로봇수술 규모가 2018년에는 527억 원으로 이 기간 동안 연평균 35.1%씩 성장하였다(한국경제신문, 2018.08.22.; [그림 5-6] 참조). 세브란스병원은 2018년 6월에 세계 최초로 로봇수술 2만 회를 달성하기도 하였다.

국내의 주요한 의료용 로봇 개발 기업은 〈표 5-1〉과 같다.

〈표 5-1〉 **국내 주요 의료용 로봇 개발 기업**

기업명	로봇명
미래컴퍼니	레보아이(복강경 수술로봇)
고영테크놀러지	제노가이드(뇌수술용 의료로봇)
이지엔도서지컬	케이플렉스(원격 내시경 수술로봇)
큐렉소	티솔루션원(인공관절 수술로봇)

자료: 한국경제신문(2018.08.22.).

3) 시니어 건강관리서비스업

시니어 인구의 증가에 따라 재택의료(방문진료) 서비스 수요도 증가하고 있다. 2016년에 우리나라에서 방문진료가 필요한 환자는 요양환자 102만 명 중 약 8~10% 정도인 신체기능저하 환자들과 기타 만성질환자나 초고령환자를 포함하여 약 15~20만 명에 달할 것이라는 추정도 있다(매일경제, 2018.9.16.).

일본은 베이비붐 세대의 첫 세대와 마지막 세대인 1950년생과 1960년생이 각각 75세, 65세가 되는 2025년이 되면 재택의료 서비스를 이용하는 사람이 100만 명을 넘을 것으로 예상하고 있다.

미국과 일본 등은 재택의료가 활성화되고 있다. 미국에는 Medicare의 인증을 받은 11,802개의 재택의료 업체와 4,000개 이상의 호스피스가 운영되고 있다(Business Wire, 2017).

또한 의사들이 왕진 서비스를 제공하는 벤처기업도 설립되고 있다. 대표적인 기업들은 Heal, Pager, Medzed를 포함하여 20~30개에 달한다. 미국은 의사 왕진과 간호사들의 방문간호 서비스를 통해 의료비를 절감할 수 있을 것으로 예상한다. 미국 홈케어의 의료아카데미는 미국에서 현재 한 해 520만 건 정도가 제공되는데, 왕진 건수가 계속 증가할 것으로 예상하고 있다(매일경제, 2018.9.16.).

시니어들의 건강관리서비스 수요를 조사한 자료에 의하면 시니어들의 건강관리서비스 중에서 1순위로 원하는 서비스는 '건강, 검진, 영양, 운동지원 등의 건강지원서비스'가 30.5%, '간병, 목욕, 간호지원, 보장구 대여 등 요양서비스'가 25.8% 등이었다(한국보건산업진흥원, 고령친화산업지원센터, 2014). 서비스를 선택할 때 고려할 요인으로는 32.1%가 '가격', 20.1%가 '국가나 단체에서 인증하는 마크 및 표시', 17.4%가 '좋은 시설', 12.2%가 '서비스업체의 유명도 · 신뢰도'를 꼽았다.

시니어 서비스업 중에서 의료관련 서비스업은 높은 성장을 할 것으로 예상된다. 의료관련 서비스업으로 유료노인시설을 이용하는 인구는 약 6% 정도에 머무르고 있지만, 최근 들어 요양시설, 유료 노인전문요양시설, 노인전문병원 등의 이용자가 증가하고 있다. 몸이 불편한 노인들이 병원에 장기입원하여 지내는 사회적 입원도 증가하고 있다.

시니어들이 건강관리를 위해 실천하고 있는 것들로는 '규칙적인 식사와 수면'이 60.8%, '규칙적인 운동'이 15.8%, '정기적인 건강검진'이 95.6%였다.

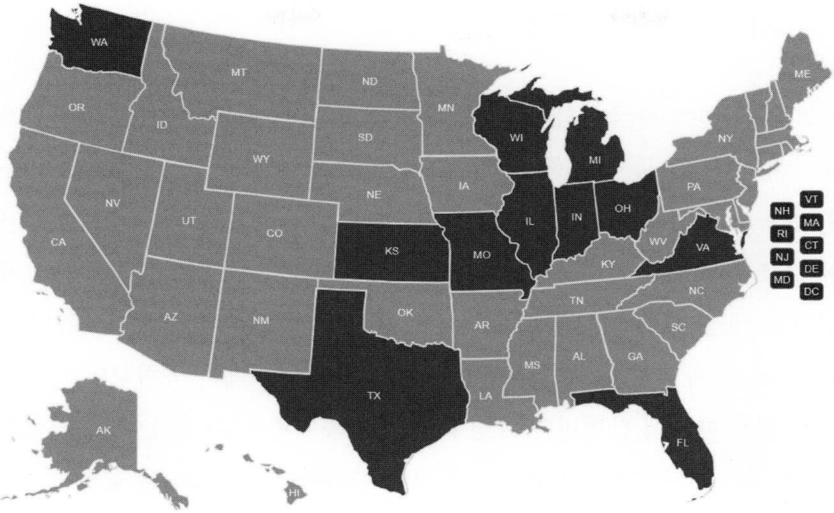

[그림 5-7] Visiting Physicians Association의 서비스 지역(검은색)
자료: https://www.visitingphysicians.com/

1년 동안 건강관리지원서비스 이용자의 서비스 내용을 분류하면 '정기적 건강검진'이 82.4%, '질병 상담 및 관리'가 25.6%, '영양 또는 운동처방'이 12.1% 등이었다(한국보건산업진흥원, 2014). 앞으로 건강을 관리하기 위해 건강관리지원서비스를 이용하고 싶다는 응답자(65.3%)들이 희망하는 서비스는 '정기적 건강검진'이 72.2%, '질병 상담 및 관리'가 14.9%, '영양 또는 운동처방'이 5.9% 등이었다(한국보건산업진흥원, 2014).

ICT를 활용하여 원격으로 건강을 관리해 주는 스마트 헬스케어도 사업화되고 있다. 신체활동, 당뇨, 혈압, 식이 등을 관리해 주는 애플리케이션과 디바이스 등이 개발되고 있다. 인공지능, 챗봇(chatter robot) 기능을 접목하여 건강관리를 지원해 주는 시스템도 개발되고 있다. 고령자의 주택 내에 건강관리를 위한 시스템을 구축하는 AAL(Ambient Assisted Living) 헬스케어 스마트홈에 대한 연구도 추진되고 있다.

4) 시니어 인지기능개선사업

2017년 현재 한국인의 65세 이상 치매노인은 약 70만 명을 초과한 것으로 추정되고 있다. 이들 중 최경도환자는 17.0%, 경도환자는 40.6%, 중등도환자는 26.6%, 중증환자는 15.8%였다. 치매로 인한 사회적 비용은 2013년에 11조 7,000억 원에서 2017년에는 15조 원, 2050년에는 약 78조 원에 이를 것으로 예상되었다. 치매를 관리하는 사람들의 비율인 치매의료 관리율은 47.0%로 전체 치매환자의 절반에 이르지 못한다. 치매는 독립적인 일상생활이 어렵기 때문에 간병비와 간병부담 등 가족에게도 큰 부담이 되는 질환이다. 치매는 조기에 발견하면 치료하거나 관리하여 진행속도를 늦출 수 있다. 따라서 치매의 조기 발견과 조기 치료는 매우 중요하며, 치매에 이르기 전부터 예방을 위한 노력을 기울이는 것이 필요하다.

인지기능 저하 증상을 보이는 사람들의 경우 조기에 치료할 경우 15%만 치매로 이행하며, 조기 치료에 실패할 경우 75%가 치매로 이행하고, 치매 예방을 위한 생활습관을 준수할 경우 치매 발병률을 50% 정도 감소시키는 것이 가능하다고 한다.

정부에서는 치매예방 관리방법으로 3권, 3금, 3행의 실천을 권고하고 있다. 3권 중 첫째 권장 사항인 '1주일에 3번 이상 걷기'의 실천을 촉진하기 위해서 일상에서 걷기 운동 실천, 계단 이용하기, 버스 한 정거장 걷기를 권유하고 있다. 걷기를 활성화하기 위해서는 스마트폰 걷기 애플리케이션의 활용을 장려하고, 웨어러블 디바이스의 활용을 권장할 필요가 있다. 또한 가상현실(VR)을 활용할 수도 있다. 블록체인 기술을 활용하여 여러 사람의 걷기 실적을 공유하면서 비교할 수 있다. 두 번째 권장 사항은 '생선과 채소 골고루 먹기'이다. 생선과 채소의 섭취를 모니터링하고 상담을 제공하면 건강한 뇌를 유지하는 데 도움이 될 것이다. 세 번째 권장 사항은 부지런히 읽고 쓰기이다. 스마트폰의 읽기 · 쓰기 애플리케이션을 활용할 수도 있으며, 학습지를 통해 독서와 글쓰기를 실천하도록 하는 것도 사업화할 수 있을 것이다.

3금(禁)은 세 가지를 피하라는 것이다. 첫 번째 금(禁)은 '술 적게 마시기'이다. 술을 적게 마시도록 하기 위해서는 절주 캠페인의 전개, 스마트폰 애플리케이션을 활용한 음주 모니터링 및 컨설팅, 술 생각을 줄여 줄 수 있는 기술 개발, 평생의 음주량을 누적해서 보여 주며 경고하기 등의 방안을 모색할 필요가 있다. 두 번째 금(禁)은 '담배 피우지 않기'이다. 담배를 적게 피우도록 하기 위해서는 금연 캠페인, 애플리케이션을 활용한 흡연 모니터링 및 컨설팅, 흡연 생각을 줄여 줄 수 있는 기술 개발, 평생의 흡연량을 누적해서 보여 주며 경고하는 프로그램 등을 도입할 수 있다. 세 번째 금(禁)은 '머리 다치지 않게 조심하기'이다. 머리를 다칠 위험이 있는 운동이나 작업을 할 때는 보호 장구를 착용하도록 알림을 보내 주고, 체크하는 것도 필요하다. 머리를 부딪쳤을 때에는 강도를 모니터링하며 즉시 검사를 받아 이상 여부를 확인하도록 도와주는 소프트웨어도 개발할 필요가 있다.

3행(行)은 실천해야 할 세 가지를 말한다. 3행은 '정기적으로 건강검진 받기' '가족, 친구들과 자주 소통하기' '매년 치매 조기검진 받기'이다. 정기적 검진 및 고혈압, 비만, 당뇨병 등의 예방, 관리와 아울러 가족이나 친구들과 소통 등 사회관계를 촉진하기 위한 시스템 등이 개발되고 있다. 치매 조기검진을 잊지 않고 받도록 권장하는 것이 필요하다.

인지기능 개선을 위한 사업은 지금까지 우리나라에서는 주로 공공 분야에서 추진하고 있지만 비즈니스도 대두되고 있다. 앞에서 설명한 치매 예방과 관리를 위한 일들을 사업화할 수도 있을 것이다. 구글에서는 스트리트뷰를 이용해 시니어의 고향, 모교, 의미 있는 장소 등을 VR로 구현하여 인지기능 향상을 돕는 VR고글을 판매하고 있다(https://www.youtube.com/watch?v=h4AnJhAYWdQ). 이 고글은 치매 환자들의 고통을 경감시켜 주고, 기억력 회복과 우울증 해소에 도움을 주는 것으로 평가되고 있다. 인지기능이 저하되는 사람들의 인지기능을 도와주기 위한 웨어러블 자동기록 카메라 Looxcie라는 제품이 있다.

글상자 **인지저하자 돌봄을 위한 제품과 서비스**

치매 환자가 행동반경을 벗어나 위험한 장소로 이탈할 경우 경보음 발신 및 119와 보호자에게 통보하는 스마트 밴드도 있다. 또한 자신의 주택을 쉽게 찾을 수 있도록 돕는 시스템도 있다. 분 단위로 독거노인의 활동정보를 수집하고 관리해 주는 Liveon, 독거노인의 안전을 위해 모니터링해 주는 Lora Network를 오산시에서 운영하고 있다.

[그림 5-8] **웨어러블 자동기록 카메라 Looxcie**

자료: https://www.trendhunter.com/trends/wearable-video-cam

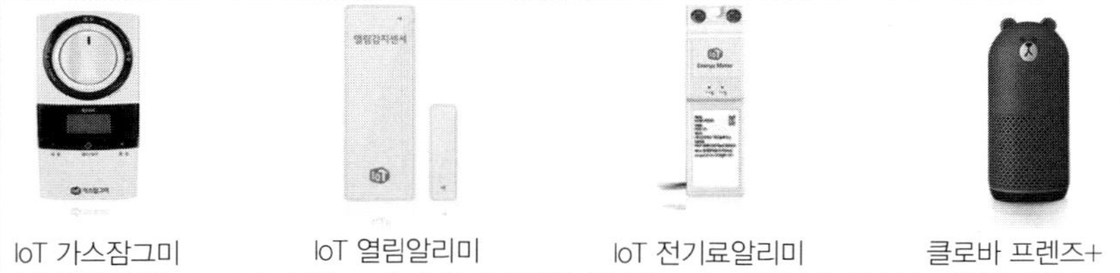

[그림 5-9] **시니어용 IoT 제품들**

출처: https://www.uplus.co.kr

네덜란드에서는 치매 환자들을 위한 마을을 조성하였다. 호그벡(Hogeweyk) 마을이다. 호그벡 마을은 4,500평의 부지에 식당, 커피숍, 미용실, 슈퍼마켓, 공원 등을 설치하였다. 이 마을에 약 200여 명의 치매 노인들이 입주해 있으며, 주택도 치매 노인들이 과거에 살아왔던 삶의 방식에 따라 다양한 생활양식을 반영하고 있다. 치매 환자들은 한 집에 6~7명씩 거주하며 일상생활을 영위할 수 있다. 농장에서 농작물을 재배할 수 있고, 취미생활을 즐길 수 있으며, 마을의 교회에서 신앙생활을 할 수도 있다.

마을의 상점에 근무하는 직원들은 간병인, 요양 간호사, 노인병전문 의사들이다. 이들은 치매환자를 관찰하면서 필요한 도움을 제공한다. 호그벡 마을을 모델 삼아 영국은 도시치매카페를, 프랑스는 랑드(Landes) 지역에 치매마을을 건립하고 있다. 서울시 용산구도 양주시에 있는 구민 휴양소 부지에 2020년에 치매안심마을을 착공할 계획을 발표하였다(연합뉴스, 2018.12.13.).

가축사육과 작물재배 등의 농업활동을 하면서 치매, 파킨슨병 등의 치유를 경험하도록 하는 치유농장도 있다. 치유농장은 농장, 화훼농장, 과수원, 목장 등을 운영하면서 우울증, 치매 등을 적은 비용으로 치유하기 위한 시설이다. 치유농장은 요양원이나 의료기관보다 환자를 치료하는 데 비용이 적게 든다는 것이 네덜란드 등지에서의 경험이다.

5) 시니어 줄기세포치료 및 바이오의약품

줄기세포치료법 등도 개발되고 있어 의학적으로 한계를 넓힐 것으로 예상되고 있다. 줄기세포란 하나의 세포가 다양한 세포로 분화될 수 있는 특이한 능력(다중분화능)과 자가재생산능력을 가진 세포를 말한다(김주원, 김수민, 2018). 기존의 약물이나 이식 등 의학적 수단을 사용할 수 없는 퇴행성질환이나 외상치료의 대안으로 기대되고 있다. 줄기세포치료법은 환자의 손상된 세포나 조직 기능을 줄기세포를 분화, 증식시켜 주입하여 치료하는 방법이다. 치료법을 사용하기 위해서는 세포 분리, 원하는 세포로의 분화 유도, 분리된 세포의 분리, 세포 대량 증식, 암 발생, 면역거부 반응, 이식된 세포의 장기간 생존 등의 과제를 해결해야 한다.

2016년까지 전 세계에서 수행된 314건의 줄기세포 임상실험 중 한국에서 46건이 진행되어 미국에 이어 두 번째로 많은 임상실험이 진행되었다(김주원, 김수민, 2018). 전 세계 줄기세포 시장은 2017년 628억 달러에서 2025년 3,944억 달러로 증가할 것으로 예상되고 있다(김주원, 김수민, 2018). 줄기세포치료는 인간 배아줄기세포와 관련된 윤리적 · 법적 · 제도적 문제와 부작

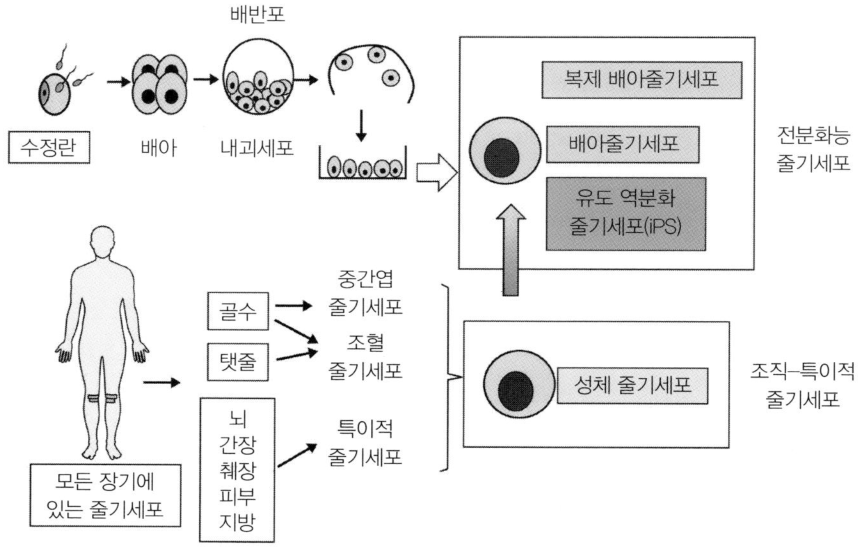

[그림 5-10] **줄기세포의 종류**

자료: 김주원, 김수민(2018).

용 및 낮은 효능 등으로 아직 상업적 이용이 제한되고 있다. 그러나 연구가 진행됨에 따라 앞으로 상업화될 가능성이 큰 치료약과 치료법이 개발될 수 있을 것으로 기대된다. 성체줄기세포, 재생의약 분야는 성장성이 중간 정도이며 수익이 높은 분야로 북미지역에서 강점을 가진 분야이고, 신약 탐색 및 개발은 성장성이 높고 수익성이 중간 분야로 아시아-태평양 지역에서 강점을 가진 것으로 분석되고 있다([그림 5-11] 참조).

우리나라에서는 제대혈 유래 줄기세포를 관절연골 치료에 활용하는 등 제한적으로 시도하고 있다. 또한 우리나라에서는 생명윤리 문제로 동결 난자, 미성숙 난자만을 사용하여 연구할 수 있도록 하는 데 비해, 일본은 2014년에 「재행의료법」을 제정하여 면역세포와 줄기세포 등에서 임상1상이나 임상2상 연구에서 안전성이 확인된 치료제에 대해서는 사용승인 허가를 먼저 해주고, 치료 과정에서 부작용 여부를 관리한다.

일본 TCC 등에서는 암 예방과 치료, 만성피로, 항노화 등을 위한 면역세포

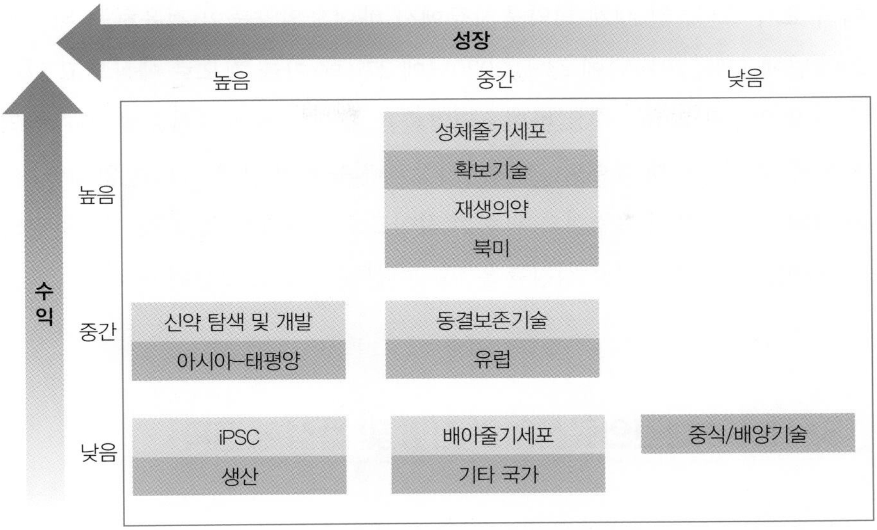

[그림 5-11] **줄기세포 분야의 성장과 수익 기회**

자료: Inkwood Research, Global Stemcell Market Forecast 2017–2025: 김주원, 김수민(2018)에서 재인용.

요법, 면역항암요법 등을 제공하고 있어 한국인도 많이 이용하고 있는 것으로 알려지고 있다. 또한 무릎연골 재생치료 등을 위한 환자들이 중국 하이난의 의료기관을 방문하는 것으로 알려져 있다. 줄기세포치료법의 연구와 상용화를 활성화하기 위해서는 규제를 완화하고 이의 부작용을 최소화하는 범위에서 산업화 방안을 모색해야 할 것이다.

인구의 고령화에 따라 만성 퇴행성질환 유병인구가 증가되면서 제약회사들은 바이오의약품 생산을 위해 노력하고 있다. 특히 생물체의 유전자 재조합 또는 세포배양 등을 통해 치료용 단백질이나 호르몬 등을 생산하는 바이오의약품의 특허 기간이 만료되는 제품들을 복제하는 바이오시밀러(biosimilar) 제품이 관심을 끌고 있다. 바이오의약품(바이오시밀러 포함)은 인체에 미치는 독성이 적고, 만성질환과 난치성질환 치료에 효과가 좋아 관심을 끌고 있다. 특히 항암제, 류머티스관절염 치료제의 수요가 증가하고 있다.

바이오시밀러는 오리지널 바이오의약품에 비해 약값이 20~70% 저렴하여 수요가 크다. 전 세계 의약품시장에서 바이오의약품이 점유하는 비중은 2008년에 17%, 2014년에 23%, 2020년에 27%에 이를 것으로 예상되고 있다(조경진, 임두빈, 2016). 주요 바이오의약품은 항암제, 당뇨병치료제, 자가면역치료제, 면역억제제 등이다. 시니어시장의 점유율에 관한 자료는 없지만, 이들 질환의 대부분이 고령화와 관련된 것이므로 점유율이 높을 것으로 추정되며, 바이오시밀러 연평균 성장률은 40% 이상일 것으로 예상된다.

3. 시니어 보건의료산업의 전망 및 활성화 전략

의약품산업은 연구개발에 많은 자금과 기간이 소요되는 R&D 및 지식집약적 산업이다. 신약을 개발할 경우 특허권을 보장받아 독점적 생산과 판매가 가능한 특성을 가지고 있다. 시니어 의약품산업은 인구의 고령화에 따라 성장할 산업이며 부가가치가 높아 국가 성장동력 산업으로 주목되고 있다. 우리나라 의약품산업의 위상은 낮은 편이지만 최근 많은 제약사가 약품 개발에 투자를 하고 있어 전망이 밝은 편이다.

비아그라를 시작으로 시니어 약품이 각광을 받기 시작한 이후, 전 세계 시니어 의약품시장은 2011년 1,692억 달러에서 2018년 2,272억 달러로 연평

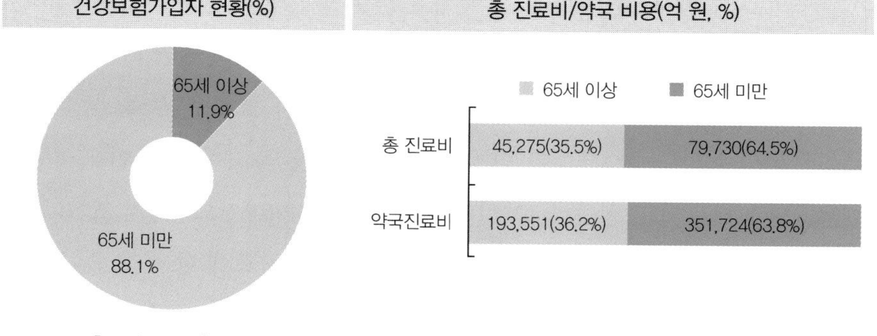

[그림 5-12] **65세 이상의 건강보험 가입자 점유율 및 약국진료비 점유율**
자료: 건강보험심사평가원(2014): 한국보건산업진흥원(2015)에서 재인용.

균 4.3% 증가할 것으로 예상되었다. 우리나라의 시니어 의약품시장은 2012년 전체 의약품의 27.9%(3조 7,791억 원)에서 2020년 전체 의약품의 48.3%(9조 7,937억 원)로 절반에 가까운 비중으로 성장할 것으로 예상되고 있다(한국생명공학연구원: Newsis, 2017.03.24.에서 재인용). 주요 의약품으로 퇴행성관절염 및 골다공증 치료제, 골관절 의약품, 황반변성 치료제, 근감소증 치료제 등의 개발이 활발히 이루어지고 있다. 2014년에 우리나라 노인의 건강보험 가입자 비중은 11.9%인 데 비해 약국비용 점유율은 36.2%를 점유하여 시니어의 약품 이용이 많음을 추정할 수 있다(한국보건산업진흥원, 2015).

시니어가 증가하고 있고 그들의 의약품 소비가 증가함에 따라 시니어들의 신체 및 정신 기능의 필요에 맞춘 의약품, 즉 '복용주기가 긴 약품' '흡수가 빨라 효과가 빠르게 나타나는 의약품' '위나 장에 부담이 적은 의약품' 등 시니어의 요구에 맞춘 의약품의 개발이 필요하다(한국보건산업진흥원, 2015).

시니어가 증가함에 따라 재택진료 수요도 증가할 것으로 예상된다. 정부는 노인들이 사는 곳에서 돌봄을 받을 수 있도록 2025년까지 커뮤니티케어 기반을 구축하기로 하였다. 이 방안에는 방문의료를 본격화하는 내용도 포함되어 있다. 「의료법」에 진료를 의사만 할 수 있도록 규정하고 있어서 재택간호 등이 활성화되지 않고 있다.

줄기세포치료도 성장할 것으로 추정되고 있으며, 관절연골재생, 항노화, 암치료를 위한 면역요법 등으로 확대될 것으로 예상된다. 바이오의약품시장도 2020년에는 전 세계 의약품시장의 27%를 점유할 것으로 예상되고 있어 시니어산업에서 중요한 산업이 될 것이다.

고령친화 보건의료산업의 활성화는 시니어의 증가, 시니어의 가처분소득, 고령친화 보건의료기술의 발전 및 상품화, 공급자에 대한 세제지원 및 규제개혁 등의 영향을 받을 것이다. 수요의 증대와 아울러 공급의 증가도 필요하며, 고령친화산업을 육성하기 위한 정부의 정책과 제도 정비 등이 필요하다.

참고문헌

국민건강보험공단(2018). 2017 건강보험 주요통계.

국민건강보험공단, 건강복지정책연구원(2017).

김정자(2009). 고령친화 의료기기의 현황과 미래. 한국노년학연구, 18, 37-49.

김주원, 김수민(2018). 줄기세포. 서울: 한국과학기술기획평가원.

문혜선(2011). 의약품산업의 기초분석.

보건복지부, 중앙치매센터(2018). 2017 중앙치매센터 연차보고서.

보건복지부, 중앙치매센터. 치매예방수칙 3.3.3.

오승연, 이정택(2016). 기대수명증가와 의료비: 생애 말기 의료비를 중심으로. 고령화리뷰, 2.

오영희(2015). 노인의 건강실태와 정책과제. 보건복지포럼 2015. 5. 한국보건사회연구원.

이수연, 이동헌, 조정완(2015). 65세 이상 노인진료비 지출 중장기 추계 연구. 국민건강보험공단 건강보험정책연구원.

임두빈(2016). 바이오의약품 시장의 기회와 글로벌 경쟁력 확산방안. Issue Monitor, 59.

조경진(2010.12.09.). 바이오시밀러 산업의 기회와 위험 및 대응전략 이슈분석. KDB 미래전략연구소.

한국보건산업진흥원(2014). 고령친화산업 실태조사 및 산업분석.

한국보건산업진흥원(2015). 고령친화 의약품 시장 및 수요 현황 분석.

한국보건산업진흥원(2015). 고령친화산업 시장동향.

한국보건산업진흥원(2017). 2016 병원경영분석.

한국보건산업진흥원, 고령친화산업지원센터(2014). 고령친화산업 서비스산업 개발 및 활성화 방안.

현대경제연구원(2016). 시니어시프트 도래에 따른 경제환경 변화와 기업대응 트렌드.

황남희(2016). 한 · 중 · 일 고령친화산업의 정책현황과 시사점. 보건복지포럼, 제233호, 101-113.

조은진, 유예진, 고충성, 이세경, 김지혜(2017). 일본 시니어 시장 현황 및 우리기업 진출 방안. 서울: KOTRA.

KOSIS(2015.5.26.) 검색

Newsis(2017.3.24.). ‘인구 고령화’ 가속, 국내 고령친화 의약품 2020년 10조 육박.

매일경제(2018.9.16.). 美 · 日 ‘왕진’시장 키우는데… 韓은 방치.

신한생각(2017.4.26.). 고령 사회, 먹는 것도 다르다.

연합뉴스(2018.12.13.). 서울 용산구 치매전담형 노인요양시설 ‘치매안심마을’ 짓는다.

조선일보(2018.11.13.). 1년에 한두 번 줄기세포 정맥주사…… “나도 액티브 시니어”.

통계청(2017). 2016년 생명표.

한국경제신문(2018.08.22.). 의료용 로봇 ‘격전지’로 떠오르는 한국.

KOTRA 해외시장뉴스(2018.8.31.). 건강하고 활기찬 프랑스 실버경제 시장.

Business Wire(2017). Home Care Market Report.

https://www.trendhunter.com

https://www.health.org.uk

https://www.youtube.com/watch?v=h4AnJhAYWdQ

https://www.visitingphysicians.com/

SENIOR
BUSINESS

제6장

시니어 요양산업

김정근

요양산업이란 '질병이나 특정 이유로 일상생활을 혼자서 수행하기 어려운 대상자에게 신체적 · 정서적 · 발달적 지원 등의 다양한 돌봄 관련 재화와 서비스를 제공하기 위한 산업활동에 종사하는 생산단위'를 총칭하며, 이와 연계된 '연구개발, 제조, 제공, 유통 또는 판매하는' 영리적 또는 비영리적 활동을 포함한다.

하지만 최근 요양산업에 대한 패러다임이 변화하고 있다. 고령화를 위기로 바라보는 관점이 아닌 기회로 활용해 다양한 제품과 서비스를 개발하는 기업들이 증가하고 있는 것이다.

이 장에서는 복지제도와 치료 위주의 기존 요양산업 분야뿐만 아니라 건강한 고령층이 자신의 건강을 유지하고 일상생활의 어려움을 미리 극복하고 예방할 수 있도록 돕는 혁신적인 요양산업의 사례를 살펴본다.

1. 시니어 요양산업의 개념

1) 요양산업의 정의

기본적으로 요양(caregiving)이란 질병이나 특정 이유로 일상생활을 혼자서 수행하기 어려운 대상자들에게 제공하는 신체적 · 정서적 지원 또는 발달적 지원 등의 다양한 돌봄 관련 재화와 서비스를 제공하는 것을 의미한다. 따라서 요양을 필요로 하는 대상자는 질병이나 질환으로 인해 장기간의 돌봄을 필요로 하는 대상으로 65세 이상 고령층뿐만 아니라 65세 미만의 연령층도 해당된다. 예를 들면, 40~50대 중장년층과 30대 청년층에서도 최근에 치매, 뇌혈관질환, 파킨슨병 등의 노인성질환으로 진료받는 사람들이 증가하고 있는 추세이다(이승철, 2012).

40~50대 근로자가 업무상 부상으로 치료를 받는 경우나 그 치료비용을 사용자가 지급하는 경우를 우리나라 「근로기준법」에서는 요양보상이라고 언급하고 있다.[1] 하지만 최근 고령인구가 빠르게 증가하면서 노인성질환으로 일상생활의 어려움을 경험하는 고령층이 증가하면서 요양의 대상으로 고령층을 우선적으로 인식하고 있다.

산업으로서의 요양산업을 정의하기 위해서는 먼저 산업에 대한 정의가 필요하다. 한국표준사업분류에 의하면 산업이란 "유사한 성질을 갖는 산업활동에 주로 종사하는 생산단위(사업체단위, 기업체단위 등)의 집합"(p. 13)으로 정의하고 있다(통계청, 2017). 여기서 사업체란 공장, 상점, 사무소 등과 같은 물리적 장소를 의미한다. 산업활동이란 "각 생산단위가 노동, 자본, 원료 등 자원을 투입하여, 재화 또는 서비스를 생산 또는 제공하는 일련의 활동과정"

1) 「근로기준법」 제78조 제1항은 "근로자가 업무상 부상 또는 질병에 걸리면 사용자는 그 비용으로 필요한 요양을 행하거나 또는 필요한 요양비를 부담하여야 한다"고 규정

〈표 6-1〉 요양산업의 개념적 의미

요양산업의 정의	질병이나 특정 이유로 일상생활을 혼자서 수행하기 어려운 대상자를 대상으로 신체적 · 정서적 지원 또는 발달적 지원 등의 다양한 돌봄관련 재화와 서비스를 제공하기 위한 산업활동에 종사하는 생산단위의 집합
요양산업활동	요양산업관련 연구개발 · 제조 · 건축 · 제공 · 유통 또는 판매하는 영리적 또는 비영리적 활동을 포함
요양산업의 대상	연령에 상관없이 질병이나 특정 이유로 일상생활을 혼자서 수행하기 어려운 대상이나, 최근 고령화로 인해 65세 이상 노인인구가 다수 포함

(p. 13)을 의미한다. 산업활동은 기술개발, 생산뿐만 아니라 회계, 창고, 운송, 구매, 판매 촉진, 수리 서비스 등이 포함되며 영리적 활동뿐만 아니라 비영리적 활동까지도 포함하는 개념이다(통계청, 2017). 또한 「고령친화산업 진흥법」에서 고령친화산업은 '고령친화제품 등을 연구개발 · 제조 · 건축 · 제공 · 유통 또는 판매하는 업'으로 정의하고 있어(제2조 제2항), 요양산업도 요양서비스를 연구개발 · 제조 · 건축 · 제공 · 유통 또는 판매하는 업으로 정의할 수 있다.

따라서 이를 종합하면 요양산업이란 '질병이나 특정 이유로 일상생활을 혼자서 수행하기 어려운 대상자를 대상으로 신체적 · 정서적 지원 또는 발달적 지원 등의 다양한 돌봄관련 재화와 서비스를 제공하기 위한 산업활동에 종사하는 생산단위'를 총칭하며, 이와 연계된 '연구개발 · 제조 · 건축 · 제공 · 유통 또는 판매하는' 영리적 또는 비영리적 활동을 포함한다고 볼 수 있다. 요양산업활동이 비영리적 활동뿐만 아니라 영리적 활동을 포함하게 된 것은 '요양에 책임을 누가 지는가?'에 대한 사회적 합의가 변화하였기 때문이다.

2) 요양산업의 범위

(1) 공급자 측면

과거 국내에서의 요양은 전적으로 가족구성원, 특히 여성의 책임으로 이루어졌다. 국가차원의 서비스를 받을 수 있는 대상자는 저소득층으로 제한되어 산업측면보다는 복지측면으로 인식되어 비영리적 성격이 강하게 나타났다. 하지만 급속한 고령화와 가족구조의 변화 및 여성의 경제활동참여 증가로 인해 노인요양에 대한 사회적 역할의 확대 및 영리적 측면의 도입이 요구되었고, 2008년 7월 노인장기요양보험제도의 도입으로 이어졌다. 노인장기요양보험의 도입은 요양산업의 대상자를 전 국민으로 확대하는 계기가 되었다. 노인장기요양보험 가입대상자는 국민건강보험료를 납부하는 직장 및 지역가입자로 전 국민의 97%로 거의 모든 국민을 포함하고 있기 때문이다. 이 제도의 도입으로 돌봄의 탈가족화 및 사회화가 이루어졌고, 기존 비영리적 중심의 활동을 영리적 활동으로 확대시켰다. 즉, 노인장기요양보험은 소비자의 선택권 확보와 양질의 서비스 제공을 위해 사회보험화방식에 의한 국가주도 재정방식과 시장원리에 의한 민간주도 공급방식을 채택하였다(이진숙, 박진화, 2011)

따라서 2008년 이후 노인장기요양보험 급여가 지급되는 분야가 요양산업의 핵심적인 대상으로 자리를 잡았는데, 크게 2개 범위로 시설요양서비스기관과 재가요양서비스기관으로 구분된다. 시설요양서비스기관은 노인요양시설과 노인요양공동생활가정으로 구성된다. 노인요양시설은 “치매, 중풍 등 노인성질환 등으로 심신에 상당한 장애가 발생하여 도움을 필요로 하는 노인을 입소시켜 급식 · 요양과 그 밖에 일상생활에 필요한 편의를 제공함을 목적으로 하는 시설”이며, 노인요양공동생활가정은 “치매, 중풍 등 노인성질환 등으로 심신에 상당한 장애가 발생하여 도움을 필요로 하는 노인에게 가정과 같은 주거여건과 급식 · 요양, 그 밖에 일상생활에 필요한 편의를 제공함을 목적으로 하는 시설”로 정의된다(「노인복지법」 제34조 제1항). 노인요양시설과 노인요양공동생활가정의 가장 큰 차이는 입소자들의 규모이다.

재가요양서비스기관은 방문요양, 방문목욕, 방문간호, 주야간보호, 단기보호, 복지용구 등을 제공한다. 방문요양은 고령자의 집으로 요양보호사가 방문하여 신체활동 및 가사활동 등을 지원한다. 이에 반해, 주야간보호는 주야간보호센터에 고령층이 방문 시 혹은 야간에 일상생활지원 프로그램을 제공한다. 단기보호의 경우에는 노인장기요양등급을 받은 고령자를 가정 내 보호자가 부득이한 사유로 돌볼 수 없는 경우 월 15일 이내 장기요양기관에서 보호하여 신체활동 지원 및 심신기능의 유지 향상을 위한 교육 및 훈련 등을 제공하는 서비스를 말한다. 복지용구 제공 및 지원서비스는 노인장기요양 등급자 중 시설급여를 제공하는 장기요양기관에 입소하지 않은 자, 즉 재가서비스를 받는 자에게 연간 160만 원 한도 내에서 일상생활과 신체활동 지원에 필요한 용품(18개 품목)을 제공한다.[2] 이를 제공하는 기관인 복지용구사업소는 용품에 대한 공급을 위한 상담, 수리, 설치, 소독 등을 병행하고 있다.

앞에서 언급된 노인장기요양보험 기반 시설요양서비스와 재가요양서비스 외에도 요양산업의 범위에 포함되는 영역이 존재한다. 약간의 일상생활 수

〈표 6-2〉 요양산업의 범위

구분		종류
노인장기 요양보험	시설요양 서비스기관	노인요양시설
		노인요양공동생활가정
	재가요양 서비스기관	방문요양서비스
		방문목욕서비스
		방문간호서비스
		주야간보호서비스
		단기보호서비스
		복지용구 제공 및 지원 서비스
비(非) 노인 장기요양보험	예방 및 생활 지원 서비스	건강검진서비스, 질병상담관리, 영양개선관련 서비스 제공 및 지원서비스(예: 요양식품, 요양관련 기기, 송영서비스 등)

2) 구입(10개 품목): 이동변기, 목욕의자, 성인용 보행기, 안전손잡이, 미끄럼방지용품, 간이변기, 지팡이, 욕창예방방석, 자세변환용구, 요실금팬티 / 대여(7개 품목): 수동휠체어, 전동침대, 수동침대, 이동욕조, 목욕리프트, 경사로, 배회감지기[구입 또는 대여 품목(1종): 욕창 예방 매트리스]

행 시 어려움을 경험하지만 노인장기요양보험 등급을 받을 정도는 아닌 고령층을 위한 예방서비스와 생활지원서비스를 제공하는 분야이다. 고령층의 건강상태가 과거에 비해 상대적으로 좋아지고, 고령층의 규모도 확대되면서 '예방 및 생활지원 서비스'에 대한 고령층의 욕구도 증가하고 있다. 노인장기요양보험의 급여(benefits)를 받지 못해 자기부담금 100%을 지불해야 하지만, 건강검진서비스, 질병상담관리, 영양개선관련 서비스 및 건강식품 등을 제공하는 산업도 확대되는 추세이다(한국보건산업진흥원, 2011).

(2) 수요자 측면

노인장기요양보험에서 제공하는 시설요양서비스와 재가요양서비스를 받기 위해서는 장기요양등급(1~5등급, 인지지원등급)을 받은 대상자만을 포함한다. 노인장기요양보험의 대상자는 6개월 이상 일상생활 수행이 어려운 65세 이상 노인 및 노인성질환(치매, 중풍, 파킨슨병 등)을 가진 64세 이하 국민으로 등급판정위원회에서 판정을 받은 자로 한정하고 있다. 2008년 노인장기요양보험 도입 당시에는 3등급으로 시작하였으나, 대상자의 세분화 및 확대를 거쳐 2014~2017년까지 1~5등급으로 확대되었다. 즉, 3등급 최저 인정점수 기준을 3등급과 4등급으로 세분화하였고, 일상생활 수행에 어려움을 경험하는 치매환자를 위한 '치매특별등급(5등급)'을 신설하였다. 2018년부터는 치매가 확인된 고령층의 경우에는 신체기능과 상관없이 '인지지원등급'을 부여하고, 재가요양서비스기관의 주 · 야간보호서비스를 통해 치매증상악화 지연프로그램을 제공한다.

노인장기요양보험 1등급은 일상생활에서 전적으로 다른 사람의 도움이 필요한 자로서 장기요양인정점수가 95점 이상인 자로 정의한다. 장기요양인정점수가 높을수록 일상생활에 대한 의존도가 높은 것을 의미하며, 1등급이 가장 의존도가 높은 등급이다. 노인장기요양보험 2등급은 장기요양인정점수가 75점 이상 95점 미만인 자, 3등급은 60점 이상 75점 미만인 자, 4등급은 51점 이상 60점 미만인 자, 5등급은 치매환자로서 장기요양인정점수가 45점 이

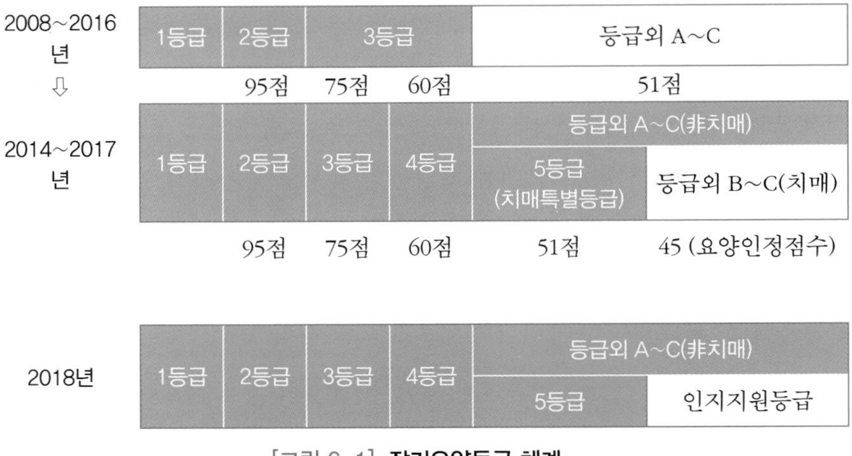

[그림 6-1] **장기요양등급 체계**

자료: 보건복지부(2017.11.7.).

상 51점 미만인 자로 정의하고 있다. 일반적으로 시설요양서비스기관 입소자기준은 노인장기요양보험 등급판정위원회의 심의를 거쳐 1~2등급을 받은 고령층으로 한정하고 있다. 하지만 3~5등급을 받은 고령층 중 가정 내 돌봄이 곤란한 경우에 해당되는 자들도 입소가 가능하다. 재가요양서비스기관은 장기요양등급 3~5등급을 받은 대상자들이 사용할 수 있다.

노인장기요양보험은 사회보험으로 고령이나 노인성질환 등의 이유로 혼자서 생활하기 어려운 시기를 대비하여 젊은 시기에 보험료를 통해 대비하는 것이다. 따라서 노인장기요양보험 혜택을 받기 위해서는 건강보험가입자여야 하는데, 이들은 자신이 지불하는 건강보험료액의 7.38%(2018년 기준)를 지불한다. 노인장기요양보험의 재원은 노인장기요양보험료 징수를 통한 수입액 이외에도 수입액의 100분의 20에 해당되는 국고지원금으로 이루어진다. 국가와 지방자치단체는 의료급여수급권자에 대한 노인장기요양급여비용, 의사소견서 발급비용, 방문간호지시서 발급비용 중 공단이 부담해야 할 비용 및 관리운영비의 전액을 부담하도록 되어 있다.

일반적으로 노인장기요양보험 등급판정을 받은 고령층의 본인부담금은 시설요양서비스의 경우 20%, 재가요양서비스의 경우 15%에 불과하다. 나머

〈표 6-3〉 연도별 노인장기요양보험료율변화(단위: %)

구분	'08	'09	'10	'11	'12	'13	'14	'15	'16	'17	'18
보험료율	4.05	4.78	6.55	6.55	6.55	6.55	6.55	6.55	6.55	6.55	7.38

자료: 보건복지부(2017.11.07.)

지 비용인 80%, 85%는 건강보험공단이 지급한다. 저소득층인 경우에는 본인부담금이 전혀 없다. 특히 2018년부터 노인장기요양보험의 중위소득을 기준으로 본인부담금 경감대상이 확대되었다. 2017년까지 중위소득 50% 이하('17년 4인가구 기준 월 소득 223만 원) 수급자에게 본인부담금을 50% 경감해 주던 것을 2018년부터 중위소득 100%까지('17년 4인가구 기준 월 소득 447만원) 대폭 확대하였다. 이를 구체적으로 보면 중위소득 50% 이하인 경우에는 본인부담금이 60%까지 경감되었으며, 중위소득 51~100%에 해당되는 경우에는 40% 경감된 것이다.

주야간보호, 방문요양, 방문간호 등의 재가서비스 이용자도 등급별 이용한도액이 정해져 있는데, 장기요양등급 1등급의 경우 2018년 기준 매월 1,387,500원, 5등급의 경우 926,600원으로 복지용구의 경우에는 2018년 기준 매년 160만 원으로 한정되어 있다. 하지만 요양산업의 범위에 해당되는 서비스나 재화는 장기요양등급 인정을 받은 대상자만 사용하는 것이 아니며, 등급외 또는 등급을 받지 않은 경우에도 관련 서비스를 필요로 하는 대상자들에게 제공될 수 있다. 단지 사용자의 자기부담금의 차이만이 존재한다.

2. 시니어 요양산업의 현황

1) 시설 및 재가요양 현황

앞에서 제시한 노인장기요양보험의 도입은 요양산업의 대상자를 급속하게 확대시키는 데 기여하였다. 요양서비스 사용에 대한 본인부담을 경감시키는 역할을 했기 때문이다. 시설요양서비스를 받는 경우 1~5등급의 판정을 받은 경우에는 총 비용의 20%만을, 재가요양서비스를 받는 경우에는 총 비용의 15%만을 본인이 부담하면 된다. 이와 같은 이유로 비용부담으로 요양서비스 사용을 꺼리던 고령층과 가족들의 이용이 확대되었다.

2008년 노인장기요양보험제도의 시행으로 시설요양(노인요양시설과 노인요양공동생활가정)은 2008년 1,754개소에서 2010년 3,775개소, 2017년은 5,242개소로 2008년 대비 3,488개소가 증가하였다. 특히 2010년과 2011년의 시설요양 중 노인요양공동생활가정의 급속한 증가는 재가서비스의 단기보호가 노인요양시설이나 노인요양공동생활가정으로 전환하였기 때문이다(통계청, 2018). 다음 〈표 6-4〉에서 보면 재가요양서비스 중 단기보호서비스 제공기관이 시설전환으로 인해 2008년 217개소에서 2010년 67개소로 150개소가 감소하였고, 같은 기간 동안 노인요양시설과 노인요양공동생활가정은 각각 1,332개소, 422개소에서 2,429개소, 1,346개소로 확대되었다.

〈표 6-4〉 시설 및 재가요양서비스 현황(2006~2017) (단위: 개소)

구분		2006	2007	2008	2009	2010	2011	2012	2013	2014	2015	2016	2017
시설 요양 서비스	소계	815	1,114	1,754	2,651	3,775	4,079	4,352	4,585	4,841	5,063	5,163	5,242
	노인요양시설	815	1,114	1,332	1,642	2,429	2,489	2,610	2,497	2,707	2,933	3,136	3,261
	노인요양공동 생활가정	0	0	422	1,009	1,346	1,590	1,742	2,088	2,134	2,130	2,027	1,981
재가 요양 서비스	소계	1,045	1,408	2,298	2,696	2,496	2,750	3,003	2,832	2,797	3,089	3,168	3,216
	방문요양서비스	523	767	1,111	1,228	1,118	1,180	1,113	1,042	992	1,021	1,009	1,001
	주야간보호서비스	409	504	621	714	786	842	840	848	913	1,007	1,086	1,174
	단기보호서비스	113	137	217	288	67	95	94	110	96	112	95	80
	방문목욕서비스	0	0	349	466	525	633	633	603	588	617	588	609
	방문간호서비스	0	0	0	0	0	0	0	0	0	0	0	10
	재가지원서비스	0	0	0	0	0	0	323	229	208	332	390	342

주: 1) 시설요양서비스를 제공하는 기관은 「노인복지법」의 '노인의료복지시설'에 해당되며, 재가요양서비스를 제공하는 기관은 '재가노인복지시설'에 해당

자료: 보건복지부(2018).

노인장기요양보험에 의해 급여를 받는 장기요양기관[3]만을 포함한 현황을 보면(〈표 6-5〉 참조), 2010년 14,979개소에서 2016년 19,398개소로 29.5% 증가율을 보였다. 기관운영주체를 기준으로 보면 지방자치단체의 기관수는 215개소(2010년)에서 213개소(2016년)로 오히려 0.9%감소하였으나, 개인이 운영하는 기관 수는 같은 기간 동안 11,113개소에서 15,401개소로 38.6%로 가장 높은 증가율을 보였다.

설립운영주체별 장기요양기관 중 정원을 기준으로 살펴보고자 한다(〈표 6-5〉 참조). 2010년 전체 정원의 가장 많은 비중을 차지하고 있는 설립운영주체는 법인으로 전체 정원의 56%를 차지하고 있었다. 두 번째는 개인으로 38%, 세 번째는 지방단체로 6% 순으로 나타났다. 하지만 2016년에는 개인이 운영하는 장기요양기관의 정원수가 법인을 제치고 가장 많은 비중을 차지하여 전체 정원수의 52%를 차지하였다. 그다음으로 법인은 44%, 지방단체는 4% 순이었다. 장기요양기관 설립운영주체별 규모를 살펴보면 기관수 1개당 정원수를 보면 2016년의 경우 지방단체는 46.8명으로 가장 높았고, 법인이 41.8명, 개인이 21.9명 순으로 조사되었다. 즉, 지방단체가 운영하는 장기요양기관이 다른 설립운영주체에 비해 상대적으로 가장 큰 규모임을 알 수 있다.[4]

3) 장기요양급여를 받는 기관은 시설요양의 경우 노인요양시설, 노인요양공동생활가정을 포함하고, 재가요양서비스의 경우 방문요양, 방문목욕, 방문간호, 주야간보호, 단기보호, 복지용구를 포함

4) 기관당 정원은 재가요양서비스의 경우 주야간보호, 단기보호, 시설요양서비스의 경우 노인요양시설과 노인요양공동생활가정만을 포함하여 계산한 수치임

〈표 6-5〉 설립운영주체별 요양급여를 받는 장기요양기관 현황(2010~2016)

구분		계	지방단체[1]	법인	개인	기타
2010	기관 수(개)[2]	14,979	215	3,585	11,113	66
	정원(명)[3]	139,397	8,619	78,158	52,357	263
2011	기관 수(개)	14,918	225	3,668	10,946	79
	정원(명)	147,082	9,390	80,620	56,544	528
2012	기관 수(개)	15,056	203	3,695	11,080	78
	정원(명)	155,611	8,438	84,829	61,811	533
2013	기관 수(개)	15,704	230	3,664	11,730	80
	정원(명)	167,915	10,238	86,620	70,330	727
2014	기관 수(개)	16,543	228	3,667	12,569	79
	정원(명)	184,050	10,065	90,541	82,788	656
2015	기관 수(개)	18,002	220	3,705	13,995	82
	정원(명)	201,443	9,832	92,931	97,996	684
2016	기관 수(개)	19,398	213	3,704	15,401	80
	정원(명)	223,573	9,496	96,891	116,491	695

주: 1) 지방단체는 지방자치단체를 의미
2) 기관 수는 재가요양서비스의 경우 방문요양, 방문목욕, 방문간호, 주야간보호, 단기보호, 복지용구를 포함하고, 시설요양서비스의 경우 노인요양시설, 노인요양공동생활가정을 포함
3) 정원은 재가요양서비스의 경우 주야간보호, 단기보호, 시설요양서비스의 경우 노인요양시설과 노인요양공동생활가정을 포함

자료: 국민건강보험공단(2017).

2) 노인장기요양보험 이용자 현황

2008년 7월 노인장기요양보험의 등급인정자는 14만 명(노인인구의 2.9%)에 불과하였으나, 2016년에는 52만 명으로 전체 노인인구의 7.5%로 증가하였다. 더욱이 우리나라보다 고령화가 먼저 진행된 선진국의 경우, 일본은 전체 노인의 18.4%, 독일은 15.2%가 노인장기요양보험 이용하고 있어 고령화와 함께 우리나라 노인장기요양보험 이용률과 이용자 규모도 지속적으로 증가할 전망이다.

〈표 6-6〉 노인장기요양보험 인정자 및 이용자 변화

구분		2008. 7월	2009년	2012년	2013년	2014년	2015년	2016년
대상	인정자	14만 명 (노인인구 2.9%)	26만 명 (5.2%)	34만 명 (5.8%)	38만 명 (6.1%)	42.5만 명 (6.6%)	46.7만 명 (7.0%)	52만 명 (7.5%)
	이용자	7만 명	18만 명	30만 명	34만 명	36.5만 명	40만 명	44만 명

자료: 보건복지부(2017.11.07.).

노인장기요양등급 인정자기준(2010~2013년까지는 1~3등급, 2014년 이후에는 1~5등급)으로는 재가요양서비스 인정자가 시설요양서비스 인정자에 비해 매우 빠른 속도로 확대되었다. 전체 등급인정자는 2010년에서 2016년간 92.3% 증가하였고, 이를 등급별로 보면 2014년 이후 재가요양서비스 등급의 세분화로 인해 인정자 확대의 계기를 마련하였다. 기존 3등급에 해당되던 재가요양서비스등급이 2014년 7월 이후 3, 4, 5등급으로 확대되었기 때문이다.

노인장기요양보험 신청자 및 인정자 현황을 보면 2012년의 경우 총 신청자 643,409명 중에 341,788명만 인증을 받아 53.12%의 인증비율을 보였다. 총 신청자 중 65세 이상 고령층의 비중은 93.89%를 차지하였으며, 이들의 인정자 비율은 92.88%로, 65세 미만의 7.12%보다 13배 많은 수치이다. 최근

〈표 6-7〉 65세 연령구분별 노인장기요양보험 신청자 및 인정자 현황 변화 (단위: 명, %)

구분	2012			2016		
	신청자	인정자	비율	신청자	인정자	비율
65세 미만	39,320 (6.11)	24,324 (7.12)	61.86	45,389 (5.35)	27,147 (5.22)	59.81
65세 이상	604,089 (93.89)	317,464 (92.88)	52.55	803,440 (94.65)	492,703 (94.78)	61.32
합계	643,409 (100.00)	341,788 (100.00)	53.12	848,829 (100.00)	519,850 (100.00)	61.24

자료: 국민건강보험공단(2012, 2016).

2016년 노인장기요양보험통계를 보면 전체 신청자 및 인정자 중 65세 이상 비율은 증가하여 각각 94.65%, 94.78%를 보였다. 신청자 중 인정자 비율은 65세 이상 연령층의 경우 2016년 61.32%로, 65세 미만 연령층(59.81%)보다 높은 수준을 보였다.

3) 국제비교를 통한 국내 요양산업 현황

(1) 요양시설과 요양병원의 규모

노인요양시설과 노인요양공동생활가정을 포함하는 요양시설은 요양병원과 구별된다. 따라서 노인장기요양보험이 시작될 당시 노인전문병원이라는 분류가 노인복지시설 중 요양시설분류에 속해 있었지만, 2011년 「노인복지법」이 개정되면서 노인전문병원이 요양시설에서 제외되고 「의료법」에 따라 노인전문병원은 요양병원으로 일원화되었다(2011.12.08.「노인복지법」 제34조 제1항제3호 및 제36조 제1항제4호 삭제, 안 부칙 제2조 등). 따라서 법적으로 요양시설(노인요양시설과 노인요양공동생활가정)은 「노인장기요양보험법」과 「노인복지법」에 근거하여 운영된다. 이에 따라 요양시설은 일반적으로 노인장기요양등급 1~2급 인정 시 시설입소가 가능하다. 하지만 요양병원은 「의료법」 제3조(「의료법 시행규칙」 제36조)에 근거하여 노인성질환, 만성질환자, 외과적 수술 또는 상해 후 회복기간에 있는 자들을 대상으로 의료서비스를 제공한다. 따라서 요양산업은 「의료법」에 근거한 요양병원은 포함하지 않으며, 앞에서도 언급한 것처럼 일상생활지원을 위한 돌봄에 중점을 두는 산업으로 규정한다.

일반적으로 요양병원은 환자 40명당 1인의 의사와 환자 6명당 간호사 1명이 상주해야 설립할 수 있는데 이는 입소자 2.5명당 요양보호사 1명, 입소자 25명당 간호(조무)사 1명을 설립요건(의사는 상주하지 않고 2주 1회 이상 촉탁의가 방문)으로 하는 노인요양시설과는 구분된다. 노인요양시설 규모만을 보면 2008~2016년 1,332개소에서 3,136개소로 약 2.4배 증가하였고 요양병원

(단위: 개소)

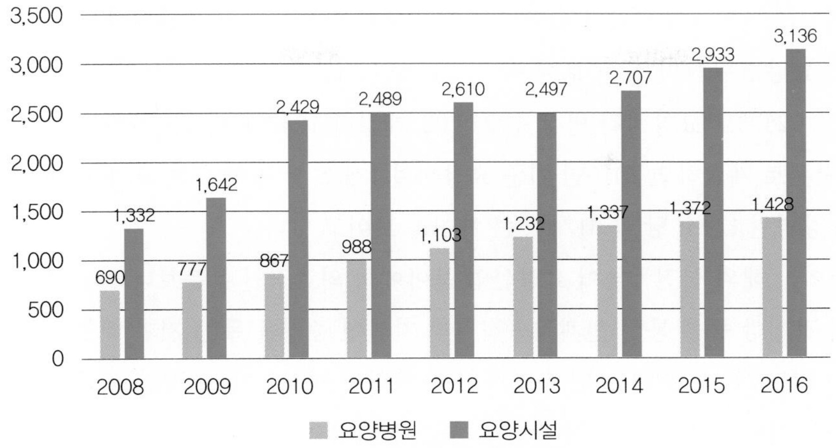

[그림 6-2] **요양병원 및 요양시설 수**

자료: 이정택(2017).

(단위: 개)

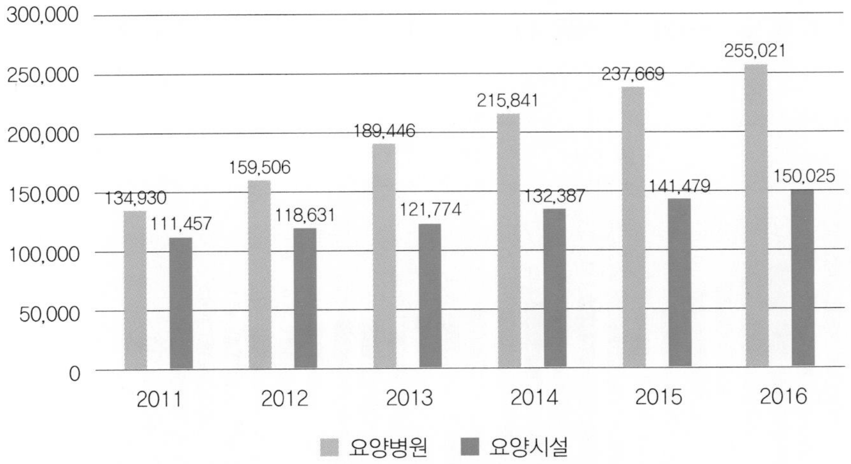

[그림 6-3] **요양병원 병상 수 및 요양시설 침상 수**

자료: 이정택(2017).

은 같은 기간 690개소에서 1,428개소로 2배가량 증가하였다. 하지만 규모면에서는 노인요양시설이 요양병원보다 작기 때문에 노인요양시설의 침상 수는 요양병원의 병상 수보다 적다. 2016년 기준 노인요양시설의 침 상 수는 150,025개로 요양병원 병상 수 255,021개보다 104,996개 적다. 이를 각 시설 1단위로 계산하면 2016년 기준 요양시설 1개소 당 침상 수는 48개인 데 비해 요양병원 1개소 당 약 81개로 큰 차이를 보이고 있다.

이는 해외 선진국들이 요양산업 분야에서 의료적인 부분보다 돌봄과 사회적 관계망 등을 통한 신체적 · 정서적 지원에 중점을 두는 것과 대조적이다. OECD 자료를 통해 보면 우리나라 요양병원 병상 수는 OECD 평균을 상회하고 있는 반면, 요양시설의 침상 수는 상대적으로 적은 수준을 보이고 있기 때문이다. 65세 이상 인구 1,000명당 요양병원 병상 수의 경우 우리나라는 33.5개로 OECD 평균 대비 7.6배나 높은 것으로 조사되었다. 반면, 노인요양시설 수는 23.7개로 OECD 평균의 절반 수준이다(OECD, 2017; 이정택 2017).

다음 [그림 6-4]에서 보면 65세 이상 고령층 1,000명당 시설과 병원을 합친 총 병상수는 OECD 평균 49.7개로 시설이 46.2개, 병원이 3.5개로 이루어

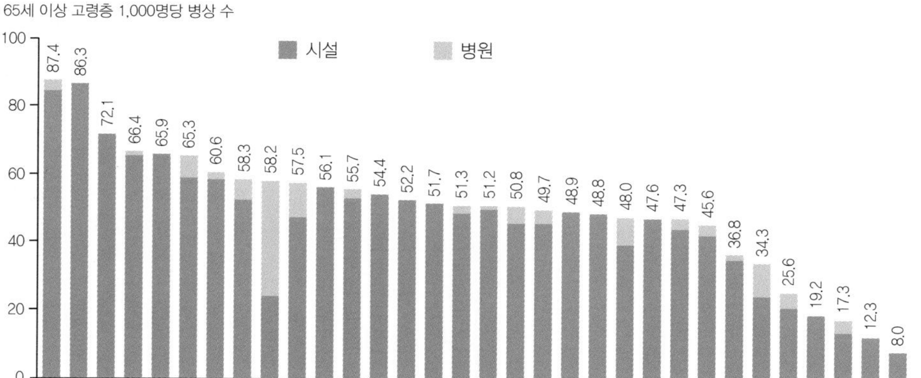

[그림 6-4] **OECD 국가 고령층 1,000명당 병원과 시설의 침상 수**

주: 오스트리아, 스위스, 터키, 영국의 요양병원 침상 수는 자료가 없음.

자료: OECD (2017).

졌다. 한국의 병상 수는 OECD 평균보다 높았으며, 한국을 제외한 대부분의 국가에서 시설 병상 수가 차지하는 비중이 병원보다 높았다. 룩셈부르크의 경우 65세 이상 고령층 1,000명당 총 병상 수는 87.4개로 시설이 84.7개, 병원이 2.7개로 나타났으나, 한국은 총 58.2개의 병상 중 시설이 24.1개, 병원이 34.1개로 조사되었다.

노인요양산업 분야에 요양병원 규모의 증가는 진료비를 증가시켜 고령화로 인한 사회적 부담을 증가시키는 요인으로 작용할 수 있다. 실제로 요양병원 진료는 2008년 9,900억 원에서 2016년 4조 7,000억 원으로 4.7배 증가한 것으로 나타났다. 따라서 선진국의 사례처럼 우리나라도 노후 삶의 질(quality of later life) 향상을 위해 요양산업을 의료적 측면에서만 바라보기보다는 다양한 돌봄서비스로 개발・확충할 필요가 있다.

(2) GDP 대비 노인장기요양 지출규모

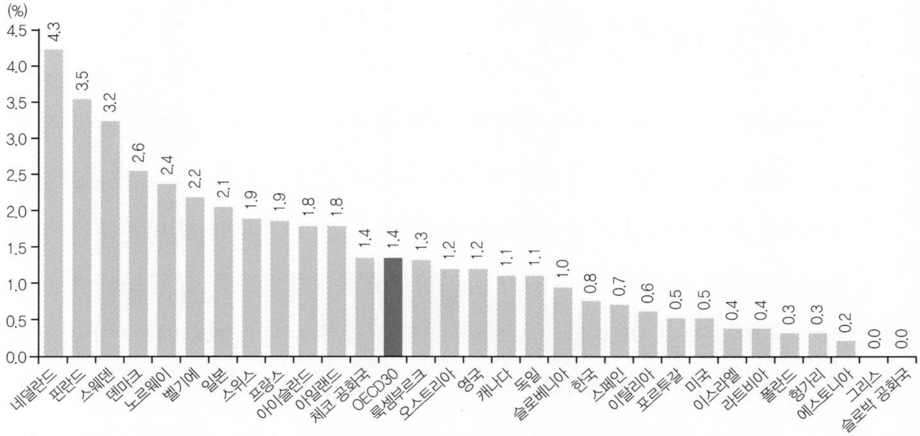

[그림 6-5] **OECD 국가별 GDP 대비 노인장기요양 공공지출 비중**

자료: OECD (2018).

우리나라를 비롯한 OECD 국가들에서는 식사, 옷 입기와 같은 일상생활의 도움이 필요하거나 청소, 요리와 같은 가정생활에 대한 도움이 요구되며, 이러한 도움을 장기요양보험(long-term care)을 통해 제공하고 있다. 장기요양보험 서비스 수요는 일반적으로 고령인구의 증가와 치매인구의 증가로 인해 장기간의 보호가 필요한 고령층이 증가하면서 확대될 것으로 예상한다. 하지만 어느 정도의 장기요양보험 서비스를 해당 국민들에게 제공하는 OECD 국가 간에 극단적으로 상이함을 보이고 있다. 2018년 OECD 자료에 의하면 장기요양보험에 대한 공공지출규모는 네덜란드가 GDP의 4.3%로 가장 높은 비율을 보이고 있으며, 이스라엘, 라트비아 및 폴란드와 같은 국가들은 GDP의 0.4% 미만으로 매우 낮은 수준이다. 우리나라의 경우에는 GDP 대비 장기요양 지출규모가 0.8%로 OECD 국가의 평균인 1.4%보다는 0.6%p 낮았으며, 가장 높은 네덜란드보다는 3.5%p 낮게 조사되었다.

3. 시니어 요양산업의 최근 이슈

1) 민간 대 공공성 확대

2008년 노인장기요양 서비스가 실행되면서 초기 장기요양시설의 공급확보를 위해 민간부문의 적극적 참여를 유도하였다. 정부는 국민건강보험공단을 통해 재정적 측면을 담당하고, 공급인프라는 민간부문에 의존하는 정책형태를 취하였다. 이와 같이 초기 노인장기요양보험제도는 공급주체와 생산주체가 구분되면서, 공공성은 서비스 전달주체가 누구인가보다는 그 전달과정에서 어떻게 공공의 이익을 담보하는가에 중점을 두었다. 고령화로 인해 급격히 증가하게 될 노인돌봄을 사회화하는 것이 사회적 목표였기 때문이다. 특히 제도 도입 10년 동안 민간부문(비영리 또는 영리조직)이 요양서비스의 주요공급자로 자리를 잡으면서 공공의 이익실현을 위한 민간의 역할에 대한 논의도 활발하게 진행되고 있다.

(1) 요양산업 내부적 공공성

노인장기요양보험은 사회적 보험으로 모든 국민을 대상으로 소득에 따라 본인부담금을 경감시키는 제도를 통해 서비스 이용에 대한 대상 확대를 추구하고 있다. 하지만 경제적 비용부담으로 인해 서비스를 이용하지 않는 문제가 발생하고 있다. 2016년의 경우 노인장기요양보험 인정자는 52만 명이었으나, 실제이용자는 44만 명으로 약 8만 명은 서비스를 이용하지 않았다. 이 수치는 등급인정자만을 대상으로 한 것이기 때문에 경제적인 요인으로 등급신청 자체를 아예 하지 않은 저소득층까지 포함한다면 그 수치는 더 확대될 수 있다(이미진, 2014). 2018년부터 노인장기요양보험의 저소득층 본인부담 경감부분이 확대되었으나, 여전히 시설급여인 경우 35~40만 원, 재가급여인 경우 7만 원을 부담해야 하는 상황이다. 또한 장기요양시설의 지역간 불균형 공급은 서비스 이용에 대한 접근성 문제를 발생시키고 있다(이미진, 2014). 예를 들어, 방문요양서비스기관의 경우 도시는 노인인구 872.2명당 1개소인 반면, 농촌지역은 1,156.1명당 1개소로 나타나 재가서비스기관은 농촌지역에 비해 도시지역에 집중됨으로써 농촌지역 노인들의 서비스 접근성이 떨어질 수밖에 없다(선우덕, 이윤경 외 2015).

이와는 대조적으로 노인요양시설은 농촌지역이 대도시보다 많아 대도시에 살고 있던 노인들이 요양시설거주를 위해서는 상대적으로 거리가 멀고 낯선 곳으로 이주하여야만 하는 일이 발생한다(이미진, 2014).

〈표 6-8〉 재가장기요양서비스기관 1개소당 노인인구 수 (단위: 명)

구분	방문요양	방문간호	주야간보호	단기보호
도시지역(시, 구)	872.2	14,985.6	5,365.8	25,079.7
농촌지역(군)	1,156.1	13,447.8	6,387.1	15,364.7

자료: 선우덕, 이윤경(2015).

(2) 요양산업 구조적 공공성

구조적 공공성은 요양서비스의 공급주체에 대한 관점이다. 이 논의는 기본적으로 공공성에 대한 개념을 구조적인 측면에서 살펴본 것으로 정부(중앙 및 지방정부)만이 공공성을 확보할 수 있다는 전제를 가정하고 있다. 2008년 노인장기요양보험 도입 시 정부는 공급인프라의 절대 부족만을 크게 우려하여, 공공부문의 인프라 구축은 도외시한 채 공급인프라를 민간부문에 과도하게 의존하는 정책을 추진하였다. 따라서 국민건강보험공단 2016년 통계에 의하면 우리나라 장기요양시설에서 공공부문이 차지하는 비율은 노인요양시설은 3.0%(1,200개소), 방문요양기관은 0.3%(33개소), 방문간호기관은 0.7%(4개소), 방문목욕기관은 0.2%(19개소) 수준에 그치고 있다. 구조적 공공성 측면에서 공공성 확보를 위해서는 민간기관보다는 공공기관의 장기요양서비스를 확대하는 것이 필요하며, 이를 위해 공공기관의 신설 및 규모 확대 등이 논의되고 있다. 하지만 공공성의 구조적 측면에서 국가만이 공공성을 담보

〈표 6-9〉 2016년 장기요양 서비스별 운영주체 (단위: 개소)

구분	급여종류별	2016				
		계 ·	지방단체	법인	개인	기타
계	총계	19,398	213	3,704	15,401	80
재가	소계	14,211	108	2,297	11,741	65
	방문요양	11,072	33	1,510	9,477	52
	방문목욕	8,957	19	1,095	7,805	38
	방문간호	598	4	96	492	6
	주야간보호	2,410	93	851	1,456	10
	단기보호	267	5	56	205	1
	복지용구	1,823	1	248	1,568	6
시설	소계	5,187	105	1,407	3,660	15
	노인요양시설	3,137	94	1,200	1,835	8
	노인요양공동생활가정	2,050	11	207	1,825	7

자료: 국민건강보험공단(2017).

할 수 있다는 주장에 대한 반동이 확대되고 있어, 정부 중심의 요양산업 공공성 확보 방안도 이제는 달라져야 할 것으로 보인다(하승우, 2014).

2) 커뮤니티케어

2018년 6월 보건복지부는 병원과 시설중심의 노인돌봄은 사회구조 변화에 따른 욕구대응에 한계가 있어 지역사회기반 재가서비스의 확대추진을 발표하였다(보건복지부, 2018.6.7.). 현재의 열악한 주거환경과 재가돌봄서비스의 부족이 의료적 필요성이 낮은 사회적 입원을 증가시키고 있음을 지적하였다. 커뮤니티케어는 단순히 돌봄을 시설에서 지역사회 또는 주거환경으로 바꾸는 것만을 의미하는 것이 아니라 지방으로서의 권한 이양과 돌봄주체로서 지역사회의 역할이 강조되는 것을 의미한다(〈표 6-10〉 참조).

이는 고령화가 우리보다 먼저 진행되고 있는 서구사회에서도 발생하고 있는 상황이다. 미국에서는 1999년 대법원 판결 이후 시설입소 대신 지역사회기반 서비스를 우선적으로 제공하도록 제도를 시행하였고, 일본 역시 2005년에 개호보험을 개혁하면서 예방 중심의 시스템을 강화하고, 시설급여를 축소하고, 재가급여를 확대하였다. 따라서 우리나라 노인요양산업의 큰 흐름도 앞으로는 시설보호에서 지역사회 중심의 재가요양서비스로 재편될 것으로 보인다.

〈표 6-10〉 커뮤니티케어의 의미

구분	공간으로서의 지역사회 (In the community)	지방으로 권한 이양 (decentralization)	주체로서의 지역사회 (by the community)
돌봄, 수발	지역사회 돌봄	돌봄의 분권화	지역사회의 돌봄참여
치료, 간호	지역사회 치료	의료의 분권화	치료적인 지역사회
관심, 지원	지역사회 복지서비스	복지서비스의 분권화	지지적인 지역사회

자료: 김용득(2018).

4. 시니어 요양산업의 국내외 사례

1) 주요 국가별 장기요양제도 비교[5)]

노인장기요양제도는 이미 고령화를 경험한 선진국가들에서 우선적으로 시작된 제도이다. 독일과 일본, 영국, 미국은 각각 자신의 나라에 적합한 제도를 발전시켜 나갔다.

미국은 단일의 노인장기요양보험이 존재하지 않는다. 사회보장의 원리에 따른 메디케어(Medicare)는 만 65세 이상을 위한 미국의 건강보험프로그램으로, 만 65세 미만이라도 특정 장애, 만성신부전, 또는 근위축성 측시경화증(루게릭 병)을 앓고 있으면 사용할 수 있다. 하지만 메디케어는 장기요양비의 경우 방문간호와 호스피스간호 일부만을 보조해 준다. 저소득층의 경우 메디케이드(Medicaid) 대상자로 정해지면 일부 지원을 받는다.

영국은 오랜 기간동안 국가보건서비스(National Health Services)를 통한 조세기반 의료 및 요양 서비스를 제공하다가 고령층의 급격한 증가로 1993년 「커뮤니티케어법(Community Care Act)」을 제공하여 노인에 대한 서비스를 별도로 운영하고 있다. 요양서비스는 조세로 마련되며 시설요양의 경우 비용의 70%를 공공재원으로 운영한다. 저소득층의 경우에는 공공시설은 무료이고, 민간시설은 입소수당을 정부가 지원해 준다. 2001년 노인서비스 제공 평가를 위한 단일사정과정(single assessment process)을 통해 장기요양자격판정을 실시한다.

독일은 장기요양보험제도와 「사회부조법」이 함께 운영한다. 사회보험방식의 요양서비스제도를 사용하고, 사회부조에 근거한 조세는 보충적으로 사용된다. 요양서비스에는 돌봄제공자를 위한 휴식서비스가 있는 것이 특징이

5) 강민희(2008). OECD 국가들의 장기요양보장제도. 국제사회보장동향, 2008년 겨울호, 32-41.

며, 일정 부분은 현금을 지급하기도 한다.

일본은 2000년 4월에 개호보험을 통해 사회보험시스템으로서 노인장기요양보험을 실시하였다. 40세 이상의 모든 일본 거주자는 가입대상이다. 판정 기준은 요개호 5등급과 예방지원 2등급으로 구성되어 있다. 일본의 개호보험은 자금부담금이 10%로 되어 있으나 2015년 개정에서는 일정소득 이상인 경우 20%까지 부담을 확대하였으며, 2017년 8월「개호보험법」개정에서는 일부 서비스 이용자의 본인부담률을 기존의 20%에서 30%로 인상하기도 하였다. 일본개호보험에서는 '개호 필요' 판정을 받은 고령자에 대해 무장애 주택 개조 비용으로 최고 20만 엔을 지원(10%는 본인 부담)하는 제도가 있어 주택개조가 활발하게 진행되고 있다.

〈표 6-11〉 **주요국별 노인장기요양보험제도**

국가명 / 기준	독일	일본	영국	미국
사회보장 원리(법)	노인장기요양보험 (1995) (Pflegeversicherung) + 사회부조법	개호보험(2000)	• Social Security Contribution & Benefit Act(1992) • NHS(의료) • Community Care Act(social service)	• Medicare(단기병상+의료+가정간호) • Medicaid(시설요양+일부재가요양) • Older American Act(재가복지)
재원	사회보험+조세 (사회부조)	사회보험	조세	조세+노인건강보험 (Medicare)
대상	신체적 · 정신적 장애로 인해 일상활동상에 제한을 받는 자	• 40~64세: 15개 노인성 질환에 의한 장애상태 • 65세이상: 욕구판정에서 인정된 자	노인+장애인 특별최중증자	• Medicare: 전체노인 • Medicaid: 저소득층+장애인
선정 기준 및 방식	• 보편적 • 연령기준 없음 • MDK에 의한 판정	• 등급판정 요개호 5등급+예방지원 2등급	• 노인(65세 이상) • 장애인(16세 이상) • SAP(단일사정-지역별로 다름)	• 시설입소자격: PAS(Personal Assistance Service)

급여방식	현물	• 재가요양 • 주/야간보호 • 시설보호 • 단기요양(가족) • 치매특별케어	• 재가요양 • 가정간호 • 주/야간보호 • 시설보호	• 재가요양 • 가정간호 • 주/야간보호 • 시설보호	• 재가요양 • 가정간호 • 주/야간보호 • 시설보호
	현금	• 있음(단, 시설보다 한도액 낮음)	없음	• 있음: 상태별 차등지급	• 있음: 일부 주(州)의 수발수당
본인부담		• 재가–없음 (단, 평균 130유로 이상의 경우 일부) • 시설–식비, 일부 주거	10%	• 있음(능력이 없으면 지방정부가 원조) • 시설의 RN에 의한 행위는 NHS에서 지불	• 시설의 경우: 본인부담 후 소득 감소 → Medicaid 대상
전달체계상 특징		• 지방자치단체의 MDK(공단) • 재가요양: Sozialstation(사회돌봄센터), 노인지원연대	• 지방자치단체 • 케어매니저 중심 '거택보호지원 센터'	Care management 의료+사회복지	단편적인 전달체계

자료: 강민희(2008)를 근거로 저자가 일부 재구성.

2) 요양서비스의 혁신

(1) 새로운 요양원의 개발 및 확대

① 치매어르신을 위한 자연치유 요양원, 케어팜

우리나라가 노인장기요양보험 구조하에서 요양산업의 기틀이 마련되고 있으나, 고령층의 욕구변화와 새로운 해결방안을 노인장기요양보험제도 내로 도입하는 데 어려움이 존재한다. 하지만 선진국들에서는 민간의 다양한 방법과 해결방안이 제도권 내에서 시행되고 있다.

먼저, 요양원의 경우 우리나라에는 없는 새로운 형태의 요양원들이 요양산업에 도입되고 있다. 예를 들면, 네덜란드의 케어팜(Care Farm)이다. 네덜란

[그림 6-6] **드포트 요양원**

자료: http://deport.nl

드의 케어팜은 1995년 50개의 민간농장에서 출발해, 2015년 현재는 국가차원의 지원을 받으며 1,100개로 확대되었다. 이 중 15%는 치매노인을 위한 프로그램을 제공하고 있어 눈길을 끌고 있는데 이 중 치매노인을 위한 케어팜 중 가장 유명한 곳이 드포트(De Port)이다. 기존 요양원의 대안으로도 주목받고 있는 드포트는 2005년 노인들을 위한 주간보호로 시작해 2013년부터 본격적으로 24시간 치매환자 돌봄서비스를 제공하고 있다. 눈에 띄는 점은 가족과 같은 분위기를 유지하면서 개인적 삶을 보장하기 위해 6~7명이 한 가구를 구성한다는 점이다. 때문에 드포트는 총 20명 이내의 적은 인원을 대상으로만 운영되고 있다. 이곳은 치매가 있는 시니어 중 활동이 가능한 자들을 대상으로 이루어진다. 네덜란드는 의료보험제도권 내에서 장기요양서비스를 제공하고 있기 때문에 치매환자의 경우 의료보험에서 비용을 전액 부담하고 있다.

그럼 드포트가 치매노인을 위해 운영하고 있는 프로그램은 무엇일까? 활동이 가능한 치매노인의 경우, 자존감을 높이고 사회와의 지속적인 관계를 맺는 것이 중요하다. 이 때문에 드포트에서는 일반적으로 농장에 나가 걷거나, 동물에게 먹이를 주거나, 농장 활동에 참여해 자연과 최대한 교감할 수 있도록 하고 있다. 이를 통해 육체적 건강상태가 향상되는 것은 물론 심리적 안정감까지 향상된다고 한다. 네덜란드 케어팜 드포트는 농장의 소득원이 다양해짐과 동시에 치매노인 확대라는 사회문제를 해결하는 요양서비스 모델로 자리를 확고히 하고 있다.

② **활력이 넘치는 요양원, 미국의 '에덴 얼터너티브' 프로그램**

1991년 미국 뉴욕주의 소도시 뉴베를린에 위치한 체이스 메모리얼 요양원(Chase Memorial Nursing Home)에 새로 부임한 젊은 의사 빌 토머스(Bill Thomas)는 새로운 실험을 했다. 그는 무료함(boredom), 외로움(loneliness), 무력함(helplessness)을 '요양원의 세 가지 역병'으로 정의하고, 이를 없애고자 요양원에 생명 자체인 동물, 식물, 어린이들을 들여놓기 시작하였다. 당시 뉴욕주 규정상 요양원에 개 1마리와 고양이 1마리만 허용되었지만, 빌은 주 의회를 설득시켜 작은 개 2마리, 고양이 4마리, 잉꼬 100마리를 요양원에 들여놓는 실험적 허가를 받았고, 각 방에 식물도 놓았다. 잔디밭을 없애고 채소밭

[그림 6-7] **에덴 얼터너티브 요양원**

자료: http://www.metropolismag.com/architecture/healthcare-architecture/bill-thomas-nursing-home-abolitionist/

과 정원을 만들었고, 직원들의 아이들은 학교가 끝난 이후 요양원에 와서 시간을 보낼 수 있도록 방과 후 교실을 만들었다. 후에는 요양원 안에 탁아시설도 만들고, 지역주민들의 가족과 친구들이 요양원 정원에서 뛰어 놀도록 개방하였다. 생명이 있는 반려동물들이 들어오면서 요양원에 거주하는 고령층들에게 변화가 일어났다. 고령층 스스로 식물에 물을 주고, 새소리에 귀를 기울이고, 강아지와 산책을 나가거나 새에게 먹이를 주기 시작하였다. 이와 같은 활력이 체이스 메모리얼 요양원에 나타나기 시작하면서 고령층들의 복용처방약이 지역내 다른 요양원에 비해 절반으로 줄었고, 약 구입비용이 30% 줄고, 사망률도 15% 감소하는 변화가 나타났다.

빌 토머스는 1994년 이 요양원에 적용한 프로그램 이름인 '에덴 얼터너티브(Eden Alternative)'를 비영리단체로 만들어 미국을 비롯한 15개국에 요양원의 새로운 변화를 확대시키고 있다.

③ 세대가 함께 어울리는 요양원, 일본의 아오이케어

일본은 우리나라보다 먼저 저출산과 고령화를 경험하고 있는 나라이다. 일본은 2016년에 이미 65세 이상 고령층이 전체 인구의 26.7%를 차지했으며, 출생률은 1.44명에 이르렀다. 고령층 규모에 비해 아이들의 숫자가 감소하면서 일본 노인들도 자녀와 손자녀와 접촉하는 것이 어렵게 되었다. 이와 같은 이유로 일본에는 세대통합형 요양원을 만들었는데, 일본과 전 세계의 주목을 받는 혁신적 요양원모델로 꼽힌다. 바로 도쿄에서 남쪽으로 50km 떨어진 후지사와에 위치한 아오이케어(AOI Care)이다.

아오이케어 창업자 타다스케 카토는 원래 중환자 노인시설에서 일하고 있었다. 하지만 그는 외부와 접촉하지 않고 요양원에 갇혀 있는 노인들을 보고 요양원 현실에 충격을 받아 퇴사하고, 2001년 25세의 나이에 자신이 구상한 새로운 요양원 아오이케어를 설립하였다. 아오이케어는 두 가지 섹션으로 이루어져 있다. 첫 번째 섹션은 치매로 인해서 개호를 필요로 하는 분이 거주하는 치매 고령자 그룹 홈(치매 대응형 공동생활 개호 서비스)이다.

[그림 6-8] **일본 아오이케어 전경**

자료: http://www.aoicare.com/

다른 섹션은 거주하는 고령층들이 방문하거나 원하는 경우 짧은 기간 거주할 수 있는 '개방공간'이다. 아오이케어는 물리적으로 모든 연령대의 이웃들이 집에서 도시, 학교 및 직장까지 이동하는 공유지 거리에 접해 있는데, 이 개방 공간은 아이들이 학교에서 집으로 돌아가면서 아오이케어의 노인들과 접촉할 수 있는 '거리'를 포함하고 있다. 지역주민이 아이들과 함께 아오이케어의 개방 공간에 와서 차를 마시거나 아이와 함께 놀 수도 있다. 고령자와 어린이이 함께 무엇인가를 해야 하는 프로그램을 만드는 기존 세대 간 프로그램과는 달리 아오이케어의 노인들은 개방공간에서 자신이 쉽게 만날 수 있는 다른 세대와 자신의 일상 활동을 자유롭게 계획할 수 있다. 실제로 아오이케어 개방공간을 지나는 아이들과 노인들은 차를 마시거나 캐치볼을 하곤 한다. 아이들은 또한 아오이케어에서 노인들과 함께 만든 차 및 다른 제품을 함께 판매하기도 한다. 이런 세대 간 협업을 통해 어린이들은 새로운 기술을 개발하고 노인과 상호 작용하는 법을 배우게 되며, 노인들은 시설노인이 아닌 지역주민으로 당당히 살아간다. 또한 아오이케어의 여성 직원들은 기관 내 유치원에 자녀를 데리고 오기 때문에 고령층들은 어린아이들과의 쉽게 접촉도 할 수 있다.

이와 같이 아오이케어는 기존 요양원과 거주민들이 지역사회와 고립되었던 단점을 극복하고, 물리적으로도 지역사회와 접촉하고 함께 생활할 수 있도록 유도함으로써 '제2의 가정'으로 변화하는 데 성공한 사례가 되었다.

(2) ICT기반 요양제품의 개발

① VR을 활용한 렌데버

요즘 많은 사람에게 인기 있는 VR(Virtual Reality)을 활용한 노인요양제품도 있다. 미국의 Reed Hayes와 Dennis Lally 두 청년은 2015년 MIT 경영대학에 재학 중에 렌데버(Rendever)라는 스타트업을 시작하였다. 사업 아이템은 요양원과 노인용 주택에 거주하는 시니어를 위한 VR프로그램이다. 신체능력 저하로 거동에 어려움을 겪는 시니어를 위해 특별히 제작된 VR프로그램들을 제공하는 것인데, 그랜드 캐년이나 베니스와 같은 관광지, 태양계 여행과 같은 교육 프로그램, 반 고흐 작품전시 등과 같은 예술 분야와 게임 등이 모두 포함되어 있다.

이 콘텐츠의 핵심은 가고 싶은 곳은 많지만 신체적인 여건이 따라 주지 못

[그림 6-9] **요양원에서 VR을 사용하는 고령층**

자료: https://rendever.com/

해 고민하는 시니어를 위한 특별제작되었다는 것이다. 2015년부터는 구글의 스트리트뷰를 활용해 시니어가 유년시절에 살던 동네, 초등학교 또는 삶에서 의미 있다고 여기는 곳을 VR로 구현해 주고 있다. 덕분에 요양원에 앉아서도 VR로 추억의 장소, 가고 싶었던 여행지 등을 경험할 수 있게 되었다. 2016년 6월부터 렌데버의 베타버전은 미국 메사추세츠주 3개 요양원과 메사추세츠주 종합병원에서 시험 사용되고 있으며, 약 500명의 요양원 거주 시니어들에게 테스트한 결과 VR을 통해 자신이 가고 싶은 곳을 갈 수 있다는 사실에 시니어들의 우울증 감소 및 삶의 만족도가 상승하는 결과를 보였다고 한다.

② 요실금 스마트센서패치 센서슈어

센서슈어(Sensassure)는 6명의 20대 청년이 2013년 캐나다에 설립한 요실금 스마트센서패치 업체이다. 이들은 사업을 시작하기 전 12개월간 400마일에 걸친 9곳 요양원에 실제 거주하면서 시니어들의 어려움을 해결할 방안을 찾아 사업화한 업체이다. 6명의 젊은이들이 요양원에 직접 거주하면서 발견한 것은

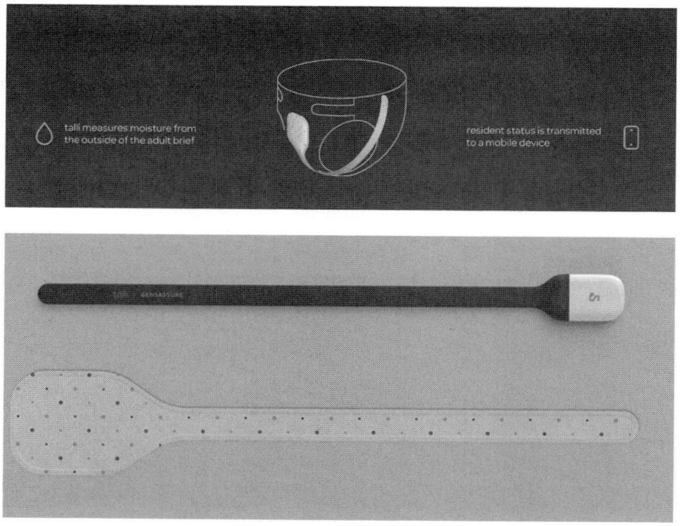

[그림 6-10] **센서슈어 스마트센서패치**

자료: http://www.sensassure.com/

시니어들의 요실금문제였다. 요실금의 정도와는 상관없이 매 2시간마다 모든 시니어들의 패드를 정기적으로 교환해야 하는 상황 속에서 패드의 낭비, 취침 시간의 방해 등이 있음을 발견하였다. 이들은 이 문제를 해결하기 위해 패드에 부착하는 스마트센서패치 '탤리(Talli)'를 개발하였다. 이 패치는 기존 스마트패치와 달리 재사용이 가능하고, 패드의 습도를 요양보호사의 스마트폰으로 알려 주어 시니어 개인별로 패드교환 시기를 조절할 수 있다는 장점이 있다. 3곳의 요양원 거주자를 대상으로 실험한 결과, 스마트센서패치 사용으로 요실금 패드를 교환하는 시간의 73%를 절약하였고, 취침방해를 81% 감소할 수 있었다고 한다. 이 제품은 현재 파일럿 실험을 마쳤고, 곧 시판될 예정이다.

5. 시니어 요양산업의 전망 및 활성화 전략

1) 요양산업의 전망

우리나라의 고령화속도는 OECD 국가 중에서도 가장 빠른 것으로 알려졌다. 2017년 이미 전체인구의 14%가 65세 이상 고령층에 진입하였고, 2025년에는 20%, 2050년에는 35.3%에 이를 전망이다(OECD, 2017). 하지만 최근 고령층의 건강상태가 향상되고 평균수명이 증가하면서 장기요양서비스를 이용하게 될 연령층은 '65세 이상'보다는 '80세 이상' 고령층이 될 가능성이 높다. OECD(2017)에 의하면 우리나라의 80세 이상 고령층의 비중 변화는 매우 급속하게 증가하고 있다. 2000년 1.1%에 불과하였으나, 2020년 3.6%, 2030년 5.6%, 2050년 14.3%로 일본의 2050년 15.0%에 거의 가까워질 전망이다. 이와 같은 인구학적 분포의 변화로 인해 우리나라 요양산업의 규모는 앞으로 확대될 가능성이 크다고 볼 수 있다.

2015년 65세 이상 고령층 비중이 12.8%인 우리나라의 경우 장기요양서비스를 이용하는 고령층 비중은 7.4%에 불과하지만, 같은 해 다른 OECD 국

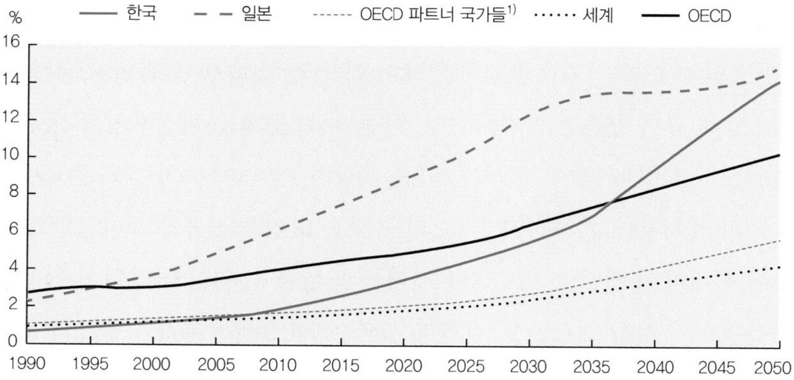

[그림 6-11] **전체인구에서 차지하는 80세 이상 고령층의 비중변화(1990~2050)**

주: 1) 브라질, 중국, 콜롬비아, 코스타리카, 인도, 인도네시아, 리투아니아, 러시아, 남아프리카공화국
자료: OECD (2017).

가들의 장기요양서비스 이용자 비중은 훨씬 높은 상황이다. OECD 평균은 13.0%, 이스라엘 20.7%, 독일 13.4%이며, 스위스는 21.65%로 가장 높아 노인 인구 5명 중 약 1명이 서비스를 받는 것으로 나타났다. 우리나라는 아직 고령인구의 비중이 OECD 평균(17%)보다 낮고 2008년 노인장기요양보험제도가 시행되었기에 이용자비율이 상대적으로 낮은 상황이다. 앞으로 고령인구의 증가와 노인장기요양보험제도의 성숙으로 이용자비율이 지속적으로 확대될 전망이다. 특히 앞에서도 언급한 80세 이상 고령인구 비중 증가는 인구학적인 측면에서 요양산업의 수요자확대에 영향을 줄 것으로 보인다.

특히 요양서비스 중 시설보다는 재가서비스의 비중이 확대될 전망이다. 이는 OECD 대다수 국가에서도 총 장기요양 이용자 중 가정에서 서비스를 받는 비중이 높게 나타나고 있다. 우리나라의 경우 2015년 기준 장기요양이용자 중 65.6%가 재가서비스를 이용하였고, 이스라엘은 가장 높은 91%, 스웨덴은 74%, 독일 69%, OECD평균은 67%를 보이고 있다. 10년(2005~2015)간 프랑스 등 11개 OECD 국가의 재가서비스 확대(평균 약 4%p 증가) 추세와 더불어, 최근 국내 커뮤니티케어에 대한 관심 확대로 우리나라의 요양서비스도 재가서비스를 중심으로 확대될 전망이다.

2) 요양산업의 활성화 전략

향후 고령화로 인한 노인인구의 급속한 증가가 예상되면서, 시설의 규모나 양보다는 서비스 내용 등 시설운영의 질적인 요소가 요양산업 활성화의 중요한 요소로 자리 잡을 것이다. 이를 위해서는, 첫째, 고령층의 욕구와 필요를 반영한 혁신적 시설과 혁신적 서비스의 개발이 요구된다. 현재의 고령층보다는 신고령층으로 대표되는 베이비붐 세대의 욕구를 파악한 요양서비스 개발노력이 필요하다. 또한 도시와 농촌 간 지역적 불균형 분포를 해소하여 지역적으로 균형 있게 장기요양산업이 확충될 수 있는 정책적인 대안이 마련되어야 한다.

둘째, 재가서비스의 활성화를 위한 지역기반 인프라 구축방향이 필요하다. 세계적으로도 시설 위주보다는 지역기반의 요양서비스와 제품의 개발로 인한 요양산업의 변화가 예상되고 있다. 지역기반이라 함은 중앙집중적 · 획일적 설계가 아닌 지역맞춤형, 지역주민참여형으로 다양화된 서비스 개발을 의미한다. 지역의 특징과 욕구를 반영한 요양서비스의 개발은 고령층의 삶의 질 향상에도 도움이 될 수 있을 것이다.

셋째, 요양보호사를 비롯한 전문인력의 처우개선이 요구된다. 현재 낮은 급여와 열악한 근무환경을 개선하기 위해서는 우선적으로 이들의 급여를 현실화시키고, 오랜 경험을 가진 전문인력에게는 새로운 전문직을 신설하는 것도 고려할 수 있다.

넷째, 건강한 고령층이나 등급외 고령층이 몸이 불편하여 일상생활의 어려움을 받지 않도록 예방차원의 지원서비스가 필요하다. 현재 우리나라 요양산업은 노인장기요양보험의 범위 내에서 성장하고 있는 한계가 있다. 하지만 장기요양보험은 6개월 동안 혼자서 일상생활이 어려운 대상자만을 포함하기 때문에 단기적으로 어려움을 겪거나 일부 도움을 받으면 혼자서 일상생활이 가능한 대상자들을 위한 요양서비스와 제품개발은 소홀한 실정이다.

마지막으로, 요양산업에 대한 패러다임의 변화가 필요하다. 요양산업은 고령화를 위기로 바라보는 관점이 아닌 고령화를 기회로 활용해 다양한 제품과 서비스를 개발할 수 있는 기회로 인식해야 한다. 이를 위해서는 고령층을 단순소비자가 아닌 요양산업의 생산자로서도 참여시켜 이들의 욕구가 생산과 개발에 적극적으로 반영될 수 있도록 해야 할 것이다. 또한 기존 요양산업이 복지제도와 치료서비스 위주로 이루어졌다면, 앞으로는 건강한 고령층들이 계속해서 건강을 유지하고 일상생활의 어려움을 미리 극복하고 예방할 수 있도록 돕는 방법으로 적용될 수 있을 것이다. 여가와 문화생활 등도 네덜란드의 케어팜과 미국의 VR 활용제품과 같이 요양산업에 적용시킬 수도 있을 것이다. 이를 위해서는 우리나라의 요양산업이 노인장기요양보험에서 제공하는 제품과 서비스에 국한될 것이 아니라 사회변화와 수요자 욕구변화에 대응하는 새로운 제품과 서비스로 확대되어야 한다. 또한 민간부문의 다양한 참여를 통해 중산층 이상 고령자들과 건강한 고령층이 스스로 관심을 가지고 자신의 미래에 다가올 다양한 건강상의 어려움을 미리 대비할 수 있도록 해야 할 것이다.

참고문헌

강민희(2008). OECD 국가들의 장기요양보장제도. **국제사회보장동향**, 32-41.

국민건강보험공단(2012). 2012년 노인장기요양보험통계연보.

국민건강보험공단(2016). 2016년 노인장기요양보험통계연보.

국민건강보험공단(2017). **노인장기요양보험통계**. 강원: 국민건강보험.

김용득(2018). 커뮤니티 케어, 무엇을 어떻게 해야 할까?. **월간 복지동향**, 238, 5-10.

보건복지부(2018). 2018 노인복지시설 현황.

선우덕, 이윤경, 강은나, 김지미, 최인덕, 양찬미(2015). **노인돌봄(케어)서비스의 제공주체 간 역할정립과 연계체계 구축**. 세종: 한국보건사회연구원.

이미진(2014). 노인장기요양보험제도의 실태와 공공성 증진을 위한 정책과제. **월간 복지동향**, 189, 4-11.

이승철(2012). 노인성질환 동향과 시사점. **SERI경제포커스**, 391.

이정택(2017). 요양병원 현황 및 개선과제. KIRI고령화리뷰 Monthly, 14.

이진숙, 박진화(2011). 시장원리 확대를 통한 노인장기요양서비스의 효과성 평가. 보건사회연구, 31(4), 5-33.

통계청(2017). 한국표준사업분류.

하승우(2014). 공공성. 서울: 책세상.

한국보건산업진흥원(2011). 고령친화산업실태조사 및 산업분석. 보건복지부, 한국보건산업진흥원.

보건복지부 보도자료(2017.11.07.). 본인부담 경감대상 확대, 경증치매 대상 인정지원 등급 신설 등 장기요양보험 보장성 강화된다.

보건복지부 보도자료(2017.12.12.). 노인장기요양보험 저소득층 본인부담 경감 확대.

보건복지부 보도자료(2018.06.07.). 지역사회 중심 복지구현을 위한 커뮤니티케어 추진방향.

OECD(2017). OECD Health at a Glance 2017.

OECD(2018). OECD Health at a Glance 2018.

http://www.aoicare.com/

http://deport.nl

http://www.sensassure.com/

https://rendever.com/

https://www.youtube.com/watch?v=4a19uYQ1cDI

SENIOR BUSINESS

제7장

시니어 식품산업

김정선 엄애선

고령자의 생리적 기능장애는 노화의 증상이지만 충분한 영양섭취와 식사제공을 통해 사전에 억제할 수 있으므로 영양섭취 부족자가 발생하지 않도록 고령자 맞춤형 영양관리가 시급하다.
고령자용 식품산업은 가공식품산업, 급식서비스, 배달서비스로 세분화할 수 있는데, 이를 활용 대상별로 크게 개인 구매, 재택요양서비스와 요양시설서비스로 나누어서 아프고 병든 고령자 또는 건강하고 경제력 있는 고령자 등 대상의 특징별 맞춤형 식품과 급식서비스를 제공하는 것이 효과적이다.
이 장에서는 시니어 식품산업을 「식품위생법」과 「고령친화산업 진흥법」에 근거하여 식품산업과 급식서비스로 나누어 국내외 현황을 살펴보고, 정부의 제도적 개선 방안과 정책 과제, 그리고 식품과 급식서비스 산업체와 학계의 전문가들이 연구하고 개발해 나아가야 할 방향을 살펴본다.

시니어 식품산업에서는 급식서비스를 별도 주제로 다루고 있다. 그 이유는 고령자의 균형 잡힌 영양섭취를 담보하기 위해 신체기능별, 질환별로 급식이 체계적이며 지속적으로 제공되어야 하기 때문이다. 이에 따라 이 장에서는 식품산업과 급식서비스로 나누어 설명한다.

1. 시니어 식품산업의 개념

1) 식품산업

시니어 식품산업은 고령자들이 먹기에 편리한 식품을 생산하는 산업을 말한다. 시니어 식품산업은 현재 「식품위생법」에 근거한 고령친화식품, 환자용 특수의료용도식품과 「고령친화산업 진흥법」에 근거한 건강기능식품 및 급식서비스를 포함할 수 있다.

'고령친화식품(시니어식품)'이라는 용어는 2007년 「고령친화산업 진흥법 시행령」 제2조에서 '노인을 위한 건강기능식품 및 급식서비스'로 처음 정의되었고, 「고령친화산업 진흥법」을 근거하여 2011년 한국보건산업진흥원은 고령친화식품의 범위를 건강기능식품과 「식품위생법」에 근거한 특수용도식품(영유아 및 임신 · 수유부용 식품, 체중조절용 조제식품 제외), 두부류 및 묵류, 전통 · 발효식품(장류, 김치류, 젓갈류, 절임식품), 인삼과 홍삼제품으로 제시하였다. 2003년에 제정된 「건강기능식품에 관한 법률」에서는 건강기능식품이 시니어의 영양수준 개선보다는 건강기능성에 비중을 두고 있기 때문에 균형 잡힌 영양 섭취를 담보할 수 없고 보조역할 정도를 기대할 수 있다. 또한 특수의료용도식품 중에 연하용이식이 포함되어 있기는 하나 시니어용으로 물성, 영양, 안전 등에 구체적인 표준이 적용된 식품에 대한 검토가 미흡한 실정이었다. 이러한 미흡한 부분을 보완하기 위해 2017년 제안된 권장규

〈표 7-1〉 한국산업표준의 고령친화식품 권장규격

단계		경도(N/㎡)	점도(mPa.s)	구분마크
1단계	치아 섭취	500,000~55,000	–	
2단계	잇몸 섭취	50,000~22,000	–	
3단계	혀로 섭취	20,000 이하	1,500 이하	

자료: 농림축산식품부(2017).

격인 한국산업표준에는 '치아부실, 소화기능 저하 등을 겪는 고령자의 신체적인 특징을 감안하고 기호에 적합한 맛과 영양을 고려하여 먹기 편하게 가공한 식품'으로 고령친화식품을 규정하고, 경도와 점도에 따라 3단계로 구분 표시하도록 하였다(〈표 7-1〉 참조).

최근 들어, 식품의약품안전처는 사회 고령화에 따라서 고령자에게 적합한 식품이 제조되어 유통될 수 있도록 고령친화식품의 기준 및 규격 신설을 행정예고하였다. 식품의약품안전처 공고 제2018-316호(2018.7.25.) 식품의 기준 및 규격 일부개정고시(안)에 따르면, 제2조 식품일반에 대한 공통기준 및 규격 중 2. 제조 · 가공기준 중 25) 고령친화식품은 다음 사항에 적합하게 제조 · 가공되어야 한다.

(1) 고령자의 섭취, 소화, 흡수, 대사, 배설 등의 능력을 고려하여 제조 · 가공하여야 한다.

(2) 미생물로 인한 위해가 발생하지 아니하도록 과일류 및 채소류는 100ppm 차아염소산나트륨을 함유한 물에 10분 침지 또는 이와 동등이상의 방법으로 소독 후 깨끗한 물로 충분히 세척하여 사용하여야 하고, 육류, 식용란 또는 동물성수산물을 원료로 사용하는 경우 충분히 익도록 가열하여야 한다.

(3) 제품 100g당 단백질, 비타민 A, C, D, 리보플라빈, 나이아신, 칼슘, 칼륨, 식이섬유 중 3개 이상의 영양성분을 제8. 일반시험법 12. 부표 12.10 한국인 영양 섭취기준(권장섭취량 또는 충분섭취량)의 10% 이상이 되도록 원료식품을 조합하거나 영양성분을 첨가하여야 한다.

(4) 고령자가 섭취하기 용이하도록 경도 500,000 N/m^2 이하로 제조하여야 한다.

자료: 식품의약품안전처(2018).

또한 제2조 식품일반에 대한 공통기준 및 규격 중 3. 식품일반의 기준 및 규격 중 4) 위생지표균 및 식중독균 중 (1) 위생지표균 중 라. 고령친화식품 ① 대장균군: n=5, c=0, m=0(살균제품에 한함), ② 대장균: n=5, c=0, m=0(비살균제품에 한함)로 규정하고 있다.

앞의 행정예고사항은 전문가와 소비자의 의견을 반영하여 수정·보완된 후 식약처 고시 제2018-98호(2018.11.29.)에서 고령친화식품의 정의가 신설되었다. 이에 따라 고령친화식품은 고령자의 식품 섭취나 소화 등을 돕기 위해 식품의 물성을 조절하거나, 소화에 용이한 성분이나 형태가 되도록 처리하거나, 영양성분을 조정하여 제조·가공한 식품으로 앞으로 시니어 식품산업의 활성화와 소비자의 선택기회를 보장할 수 있는 법적 근거로 작용할 것이다.

시니어 식품산업의 기존 범위는 건강기능식품, 연하곤란환자용 식품과 일부 일반식품으로 국한되어 왔으나, 앞으로는 식품의약품안전처의 고령친화식품 제조·가공기준과 위생지표에 적합한 모든 식품이 해당될 수 있다. 즉, 시니어 식품산업의 범위는 시니어의 섭취와 대사 기능에 적합하고 부족한 영양성분을 충분히 섭취할 수 있는 모든 식품과 이를 생산·가공·유통·판매하는 일련의 과정을 모두 포함한 산업으로 이해할 수 있겠다([그림 7-1] 참조).

식품위생법		건강기능식품에 관한 법률
일반식품	**특수의료용도등식품**	**건강기능식품**
• 두부류 및 묵류 • 전통 · 발효식품 • 인삼 · 홍삼제품 고령친화식품 (식약처 행정예고)	• 열량 및 영양 공급용 의료용도식품 • 환자용식품 –환자용 균형영양식 –당뇨환자용 식품 –신경질환자용 식품 –장질환자용 가수분해식품 –연하곤란환자용 점도증진식품	• 영양소: 칼슘, 비타민 등 • 기능성 원료: –(눈건강) 루테인, 지아잔틴 –(혈관 건강) 폴리코사놀 –(관절과 연골 건강) 글루코사민 –(면역력 증진) 홍삼 –(기억력 개선) 은행잎추출물
시니어 식품		

[그림 7–1] **시니어 식품의 범위**

2) 급식서비스

노년기는 노화로 인해 신체기능이 저하되어 만성질환과 같은 신체적 문제가 발생하기 쉽다. 또한 은퇴로 경제생활을 하지 않는 인구가 많아 경제적 어려움을 겪고 있으며, 특히 우리나라는 OECD 국가 중 65세 이상 인구 소득 빈곤율이 45.7%로 OECD 평균인 12.5%를 훨씬 넘고 있다. 이러한 노인문제는 단순히 개인과 가정의 문제가 아닌 사회적 문제이며, 따라서 경제, 의료, 사회복지 등 다각적인 측면에서 제도적 방안이 필요하다.

정부는 2008년 4월에 개정된 「노인복지법」 제31조에서 노인복지시설을 "일상생활에 지장이 없는 노인이 입소하여 일상생활에 필요한 편의를 제공받는 시설"이라고 정의하고 있다. 2017년 3월에 개정된 「노인복지법」 제4장 제31조에 노인복지시설을 노인주거복지시설, 노인의료복지시설, 노인여가복지시설, 재가노인복지시설로 분류하고 있다. 이 중 노인복지주택과 양로시설은 사회통념상 실버타운으로 분류하기도 한다. 우리나라 노인주거복지시설은 2009년 360개소(입소정원 14,363명)에서 2017년 404개소(입소정원 19,652명)로 매년 꾸준하게 증가하고 있음에도 빠른 고령 인구증가로 인해 소수의 노인만이 시설 입주가 가능하다. 이러한 시설도 노후화, 관리부실 등의 문제가 발생하고 있는 실정이나 이에 대한 대책은 매우 미비하다.

시니어 급식서비스는 시설노인복지서비스와 재가노인복지서비스로 분류할 수 있다. 노인주거복지시설 중에는 노인을 입소시켜 급식과 그 밖에 일상생활에 필요한 편의를 제공하는 양로시설, 노인들에게 가정과 같은 주거여건과 급식 및 일상생활에 필요한 편의를 제공하는 노인공동생활가정이 있다. 노인의료시설 중에는 치매 · 중풍 등 노인성 질환 등으로 심신에 상당한 장애가 발생하여 도움을 필요로 하는 노인을 입소시켜 급식 · 요양과 그 밖에 일상생활에 필요한 편의를 제공하는 노인요양시설, 치매 · 중풍 등 노인성질환 등으로 심신에 상당한 장애가 발생하여 도움을 필요로 하는 노인에게 가정과 같은 주거여건과 급식 · 요양, 그 밖에 일상생활에 필요한 편의를 제공하는 노인요양공동생활가정이 있다. 재가노인복지서비스는 급격하게 증가하고 있는 노인의 보호와 가족의 부양부담 완화를 위하여 수용시설이 아닌 가정이나 기타 시설 등에서 불특정 노인들을 대상으로 하며, 각 노인의 경제수준, 신체상황별로 제공되는 서비스이다. 시설노인복지서비스는 노인복지시설에 입주한 노인들에게 제공되는 서비스를 의미한다.

2. 시니어 식품산업의 현황

1) 식품산업

시니어산업 소비자수요조사 결과에 따르면(이중근 외, 2014), 시니어산업 분야(의약품, 의료기기, 일상생활 보조용품, 화장품, 주거, 여가, 요양, 금융) 중 고령자의 요구도가 가장 높은 분야로 식품이 지목되었다. 국민건강영양조사 결과를 분석한 결과, 실제적으로 고령자의 연령 증가와 함께 영양섭취 부족자의 비율이 급격히 증가하였는데, 남성보다는 여성에서 더 많았고, 1인가구에서 더 많았으며, 특히 75세 이상 고령자의 19.4%가 저작불편을 호소하고 있었다(김초일 외, 2016).

시니어는 3대 섭식(씹기, 삼키기, 소화기능)장애로 인해 식욕이 떨어지고, 질환이 있는 경우 투병의지가 낮아지며, 영양불균형이 심각해질 수 있으며, 이로 인해 심리적인 불안감이 고조되는 등 전반적인 삶의 질이 떨어지게 된다. 따라서 섭식장애를 예방하고 심화되지 않도록 하는 것이 중요하며, 섭식장애의 수준에 적절한 식사를 제공할 수 있는 방안을 마련하는 것이 시급한 조치이다. 이에 시니어의 섭식장애 수준과 생활환경에 적합한 시니어 식품의 개발과 활발한 보급이 매우 중요하며, 이를 위한 제도적 지원이 시급하다. 시니어 식품의 정의 부분에서 이미 설명되었지만, 현재 시니어 식품 관련법과 제도는 미흡한 실정이다.

「식품위생법」은 특수의료용도등식품으로 연하곤란환자들을 위한 점도증진식품 등 경구 또는 경관급식용 식품만 관리하고 있어서, 씹기가 어려운 섭식장애를 가지고 있는 일반 고령자용 식품에 대한 관리가 없는 실정이다. 「건강기능식품에 관한 법률」의 범위는 기능성을 가진 원료나 성분을 사용하여 제조된 식품으로 정하고 있기 때문에 건강기능식품은 고령자에게 맛과 균형 잡힌 영양을 공급하는 식품과는 거리가 있다. 「고령친화산업 진흥법」 제2조(정의)에는 식품산업이 포함되어 있지 않고, 동법 시행령 제2조 제3항에 '노인을 위한 건강기능식품 및 급식서비스'가 언급되어 있기는 하나, 이는 건강기능식품에만 국한하고 있어 노인을 위한 균형 잡힌 영양섭취의 목적에 부합하지 않고, 현재까지 고령친화식품으로 인증된 사례도 없다. 「노인장기요양보험법」에는 장기요양급여 지원대상에서 식사재료비는 제외, 비급여 대상으로 정하고 있다. 이는 노인장기요양보험 대상자 중 저소득층이나 의료급여 수급 노인들에게는 비급여인 식사재료비가 경제적 부담으로 작용할 수 있기 때문에 이들에 대한 적절한 영양공급 차원의 경제적 지원제도 마련이 필요해 보인다(김정선, 김지연, 2016).

시니어식품의 기준 및 규격에 대한 식품의약품안전처의 행정예고(안)는 하나의 최소기준으로 간주할 수 있고, 시니어의 자립적 생활정도와 경제적 수준에 따른 다양한 요구를 충족할 수 있는 다양한 식품유형 개발을 위한 시작이라고 본다.

2) 급식서비스

우리나라의 노인급식 프로그램은 노인주거 복지시설과 노인의료 복지시설의 노인들을 대상으로 하는 급식 프로그램, 노인여가 복지시설 및 재가노인 복지시설에서 제공하는 급식 프로그램으로 분류할 수 있다.

〈표 7-2〉 **노인복지시설의 종류**

종류	시설	설치목적
노인주거 복지시설	양로시설	노인을 입소시켜 급식과 그 밖에 일상생활에 필요한 편의를 제공
	노인공동 생활가정	노인들에게 가정과 같은 주거여건과 급식, 그 밖에 일상생활에 필요한 편의를 제공
	노인복지주택	노인에게 주거시설을 분양 또는 임대하여 주거의 편의 · 생활지도 · 상담 및 안전관리 등 일상생활에 필요한 편의를 제공
노인의료 복지시설	노인요양시설	치매 · 중풍 등 노인성 질환 등으로 심신에 상당한 장애가 발생하여 도움을 필요로 하는 노인을 입소시켜 급식 · 요양과 그 밖에 일상생활에 필요한 편의를 제공
	노인요양공동 생활가정	치매 · 중풍 등 노인성 질환 등으로 심신에 상당한 장애가 발생하여 도움을 필요로 하는 노인에게 가정과 같은 주거여건과 급식 · 요양, 그 밖에 일상생활에 필요한 편의를 제공
노인여가 복지시설	노인복지관	노인의 교양 · 취미생활 및 사회참여활동 등에 대한 각종 정보와 서비스를 제공하고, 건강증진 및 질병예방과 소득보장 · 재가복지, 그 밖에 노인의 복지증진에 필요한 서비스를 제공
	경로당	지역노인들이 자율적으로 친목도모 · 취미활동 · 공동작업장 운영 및 각종 정보교환과 기타 여가활동을 할 수 있도록 하는 장소를 제공

	노인교실	노인들에 대하여 사회활동 참여욕구를 충족시키기 위하여 건전한 취미생활 · 노인건강유지 · 소득보장 기타 일상생활과 관련한 학습프로그램을 제공
재가노인 복지시설	방문요양서비스	가정에서 일상생활을 영위하고 있는 노인으로서 신체적 · 정신적 장애로 어려움을 겪고 있는 노인에게 필요한 각종 편의를 제공하여 지역사회 안에서 건전하고 안정된 노후를 영위하도록 하는 서비스
	주 · 야간보호 서비스	부득이한 사유로 가족의 보호를 받을 수 없는 심신이 허약한 노인과 장애노인을 주간 또는 야간 동안 보호시설에 입소시켜 필요한 각종 편의를 제공하여 이들의 생활안정과 심신기능의 유지 · 향상을 도모하고, 그 가족의 신체적 · 정신적 부담을 덜어 주기 위한 서비스
	단기보호서비스	부득이한 사유로 가족의 보호를 받을 수 없어 일시적으로 보호가 필요한 심신이 허약한 노인과 장애노인을 보호시설에 단기간 입소시켜 보호함으로써 노인 및 노인가정의 복지증진을 도모하기 위한 서비스
	방문목욕서비스	목욕 장비를 갖추고 재가노인을 방문하여 목욕을 제공하는 서비스
	방문간호서비스	간호사 등이 의사, 한의사 또는 치과의사의 지시서(이하 "방문간호지시서"라 한다)에 따라 수급자의 가정 등을 방문하여 간호, 진료의 보조, 요양에 관한 상담 또는 구강위생 등을 제공하는 서비스
	재가노인 지원 서비스	그 밖에 재가노인에게 제공하는 서비스로서 상담 · 교육 및 각종 서비스

자료: 보건복지부(2018a).

(1) 시설 입소노인을 위한 급식 프로그램

시설 입소노인을 위한 급식 프로그램은 65세 이상이고 신체적 · 정신적 · 경제적 또는 환경상의 이유로 자택거주가 어려워 노인주거 복지시설이나 재가노인 복지시설, 노인의료 복지시설에 입소한 노인들을 위한 급식 서비스를 의미한다. 시설에 입소된 노인은 2017년 기준으로 76,371개 시설에 219,476명이다. 이는 65세 이상 전체 노인 7,356,106명(2017년 12월 31일, 주민등록 인구기준)의 2.22%(163,022명)를 차지한다. 노인주거 복지시설에는 신체활동에 문제가 없고 질병이 많지 않은 노인들이, 노인의료 시설에는 질환을 보유한 노인들이 입소하는 것이 일반적이므로 이러한 노인들의 상황에 최적화된 급식 프로그램이 필요하다.

노인의 인구 증가로 최근 실버타운 등의 유료 노인전용 주거 단지가 형성되고 있고, 문재인 정부에서는 치매국가책임제의 정책방향의 일환으로 치매 돌봄에 특화된 치매안심형 주야간보호시설 및 요양시설이 2022년까지 단계적으로 확충할 예정이므로 치매노인들을 위한 특별한 영양관리대책도 시급한 실정이다.

(2) 재가노인을 위한 급식 프로그램

재가노인이란 시설에 입소된 노인을 제외한 지역사회의 모든 노인을 의미하며 65세 이상 전체 노인 7,356,106명(2017년 12월 31일, 주민등록 인구기준) 가운데 재가노인은 97.78%(7,193,084명)를 차지한다. 재가노인에게 제공되는 급식 서비스는 회합 급식프로그램, 가정배달 급식프로그램이 있다. 회합 급식프로그램은 특정 장소에서 노인들에게 급식을 제공하는 서비스이고, 가정배달 급식 프로그램은 노령과 질병 등으로 활동이 제한적인 노인들에게 가정으로 직접 음식을 배달해 주는 프로그램이다.

① 회합 급식프로그램

회합 급식프로그램은 신체활동이 원활하여 거동이 가능한 노인들을 대상으로 실시하여 경로식당, 노인 회관, 복지센터, 기타 식당 등에 모여 급식을 제공하는 프로그램이다.

② 가정배달 급식프로그램

가정배달 급식프로그램은 거동이 불편하거나 경제적 상황이 어려운 노인들에게 영양을 공급하는 프로그램으로 현재 우리나라에서는 만 60세 이상

〈표 7-3〉 **연도별 노인복지시설 현황** (단위: 개소, 명)

노인복지시설		2017		2016		2015	
		시설	입소정원	시설	입소정원	시설	입소정원
합계		76,371	219,476	75,708	212,601	75,029	201,648
시설입소 노인시설	소계	5,646	190,578	5,588	187,892	5,490	180,024
	노인주거 복지시설	404	19,652	425	19,993	427	19,909
	노인의료 복지시설	5,242	170,926	5,163	167,899	5,063	160,115
재가노인 시설	소계	70,540	28,898	69,955	24,709	69,381	21,624
	노인여가 복지시설	67,324	–	66,787	–	66,292	–
	재가노인 복지시설	3,216	28,898	3,168	24,709	3,089	21,624

자료: 보건복지부(2018b, 2018c).

독거어르신 중 거동불편으로 경로식당을 이용할 수 없는 노인에게 주 7회 가정으로 점심식사를 배달해 주고 있다. 이러한 프로그램은 2차 세계대전 중 영국에서 여왕기념 여성자원봉사대(Women's Royal Voluntary Service: WRVS)에서 Meals on Wheels라는 이름으로 자원봉사자들이 가정으로 식사를 배달해 주면서 시작되었다.

(3) 급식 프로그램의 급식관리 실태

노년기는 노화의 진행에 따른 생리적 기능 저하와 만성질환으로 인한 신체적, 정신적 장애, 미각의 감퇴, 경제적 어려움, 우울증 등 신체적, 정신적, 환경적 요인 등에 의해 식품의 영양소 섭취가 어렵고 소화흡수율도 저하되어 영양적 위험상태에 빠지기 쉽다. 따라서 영양상태가 취약한 노인 급식에서는 급식 및 영양관리, 영양교육, 치료식 등 체계적인 관리를 위해 전문 지식을 갖춘 영양사의 역할이 무엇보다 중요하다. 그러나 노인주거복지시설의 시설기준 및 직원배치기준에서는 입소자 30인 이상의 양로시설(1회 급식

인원이 50명 이상인 경우로 한정)에 대해서만 영양사 1명을 두도록 규정하고 있으며, 노인 공동생활가정이나 노인복지주택에 대해서는 영양사 배치에 관한 규정이 마련되어 있지 않다. 「아동복지법」에 의해 아동양육시설에서는 아동 30명당 영양사를 1인 배치해야 한다는 규정에 비하면 부족한 실정이고 집단급식을 하고 있는 노인복지관과 사회복지관의 경우에는 영양사 배치 규정이 없어 「식품위생법」에 집단급식소 운영자는 "1회 급식인원 50명 이상인 집단급식소에 영양사를 두어야 한다."의 규정과 배치되는 실정이다.

〈표 7-4〉 **사회복지시설의 영양사, 조리사 배치기준 관련 규정**

<table>
<tr><th colspan="2">사회복지시설</th><th>영양사/조리사 배치기준</th><th>관계법령</th></tr>
<tr><td rowspan="4">아동 복지 시설</td><td>아동양육 시설</td><td>영양사: 아동 30명 이상 1명
조리원: 아동 30명 이상 1명(30명 초과 시 1명 추가)</td><td rowspan="4">「아동복지법 시행령」 제52조 [별표11]</td></tr>
<tr><td>아동일시 보호시설</td><td>영양사: 아동 30명 이상 1명
조리원: 아동 30명 이상 1명(30명 초과 시 1명 추가)</td></tr>
<tr><td>아동보호 치료시설</td><td>영양사: 아동 30명 이상 1명
조리원: 아동 30명 이상 1명(30명 초과 시 1명 추가)</td></tr>
<tr><td>지역아동센터</td><td>영양사: 아동 50명 이상 1명
조리원: 규정 없음</td></tr>
<tr><td rowspan="3">노인 복지 시설</td><td>노인주거 복지시설 (양로시설)</td><td>영양사: 1회 급식인원 50명 이상인 경우, 1명
조리원: 2명, 입소자 100명 초과 시 1명 추가
※ 2015년 5월 1일 개정</td><td>「노인복지법 시행규칙」 제17조제1항 [별표2]</td></tr>
<tr><td>노인의료 복지시설 (노인요양 시설)</td><td>영양사: 1회 급식인원 50명 이상인 경우, 1명
※ 2015년 5월 1일 개정
조리원: 필요수
※ 필요수: 그 시설의 장이 판단하여 결정할 수 있다</td><td>「노인복지법 시행규칙」 제22조제1항 [별표4]</td></tr>
<tr><td>노인여가 복지시설 (노인복지관)</td><td>영양사: 배치규정 없음
조리원: 1명</td><td>「노인복지법 시행규칙」 제26조제1항 [별표7]</td></tr>
</table>

자료: 보건복지부(2018d).

실제 영양사 고용여부에 따른 노인주거복지시설 거주 노인의 영양 섭취 상태를 비교한 연구(서은희, 박은주 2016)에서는 영양사가 있는 시설 거주 노인의 음식섭취빈도와 식사만족도는 영양사가 없는 시설거주 노인에 비해 높게 나타났다. 영양사가 있는 "시설거주 노인의 영양소적정섭취비(Nutrition Adequacy Ratio: NAR), 평균영양소적정도(Mean Adequacy Ratio: MAR), 식사의 균형정도를 나타내는 영양밀도지수(Index of Nutritional Quality: INQ)가 영양사가 없는 시설거주 노인에 비해 높게 나타난 것"으로 보고하였다. 결론적으로 노인주거복지시설 거주 노인들의 양호한 영양상태 유지를 위해 영양사의 역할이 매우 중요한 것으로 나타나 노인주거복지시설 거주 노인들의 영양적 관리와 식사의 질을 향상시키기 위해서는 영양사 배치가 고려되어야 한다는 것을 시사한다. 2009년까지 상시 50인 이상 운영하고 있는 경로식당 무료급식소와 재가노인 식사배달 사업소는 집단급식소 신고가 권장 사항이었고 2010년에 이들 급식소의 신고가 의무화될 정도로 노인급식은 「식품위생법」의 사각지대에 놓여 있었다.

① 회합 급식프로그램

전국적으로 수행되고 있는 회합 급식프로그램(Congregate Meals Program)의 급식관리 실태를 조사한 연구를 살펴보면 운영주체는 지방자치기관, 종교단체, 사회단체와 기업체였으며, 전문가인 영양사에 의해 급식관리가 이루어지고 있는 곳은 매우 적은 것으로 나타났다. 회합급식을 이용하는 노인의 만족도는 높게 나타나고 있다. 407명의 만족도를 조사한 결과(김아름, 이영은, 2011)를 보면 급식소의 시설환경, 배식량, 위생, 급식제공자의 서비스 태도 등의 전반적인 만족도는 5점 만점에 평균 4.22점으로 높게 나타났다. 이에 대해 노인급식 시설의 만족도가 높은 것은 노인들의 일반적인 특성이나 사회경제적인 여건이 작용했을 것(최봉순, 2005)이라고 보고 현행 무료급식의 질적 수준을 확보하는 것이 매우 중요하다고 하였다. 노인 복지시설은 종교단체나 민간단체에서 정부보조금과 후원금으로 운영되고 있는 곳이 많아 예산상의 문제로 영양사 대신 조리사가 주로 식단 작성을 하는 것으로 파악되고 있어 영양불균형의 문제가 발생할 수 있다. 이는 지속적인 표준 조리법 개발・보급과 영양 컨설팅 등이 이뤄지고 있는 어린이 급식 프로그램과는 배치되는 실정이다.

② 가정배달 급식프로그램

가정배달 급식프로그램(Home-delivered Meals Program)은 질병 등으로 거동이 불편한 노인들을 대상으로 실시한다. 직접 음식을 조리할 수 없고 가족들의 돌봄도 받을 수 없는 저소득 노인들을 대상으로 한다. 가정배달 급식프로그램 또한 전문가가 아닌 자원봉사자들에게 의존하고 있다. 노인들에게 부족한 영양을 공급해 줘야 질병 예방 등의 효과가 있음에도 전문 인력이 부족한 것으로 나타나 다른 노인급식 프로그램과 유사한 결과를 보여 주었다. 그럼에도 수혜노인들의 급식에 대한 만족도를 분석한 연구결과를 보면 보통 수준 이상으로 만족하고 있음을 알 수 있었고, 잔식량에 있어서도 제공받은 음식을 거의 남기지 않는 것으로 나타났는데 이는 수혜대상 노인들이 배고픔을 해결한 것만으로도 상당히 만족하는 것으로 사료되었다.

3. 시니어 식품산업의 국내외 사례

1) 식품산업

시니어 식품산업에 대한 국내외 현황을 살펴보면, 일본과 같이 시니어 식품에 대해 별도의 가이드라인이 있는 국가와 미국이나 유럽연합과 같이 별도 관리하고 있지 않은 국가로 나뉜다.

국내는 현재 시니어 식품에 대한 법적 근거와 제도화의 태동기를 맞이하여, 식품의약품안전처의 고령친화식품 기준규격(안)이 제안되었고, 고령친화식품의 정의가 제정되었을 뿐 아니라 식품산업계에서도 기존에 경구 및 경관 유동식과 죽에 국한되었던 시니어대상 식품유형이 A사의 부드러운 양념고기류, C사의 병원 및 요양원 식자재, M사의 음료 레토르트(즉석식품), H사의 갈비찜, HL사의 닭고기기반 육류제품 등의 다양한 제품 개발이 활발히 진행되고 있다.

일본은 개호(care)보험과 연계되어 개호식품으로 시니어식품의 보급이 활발히 진행된 국가이다. 개호식품은 노인들이 혼자서도 쉽게 음식을 섭취할 수 있도록 개발된 식품으로 고령, 질병 등으로 섭취기능이 저하된 고령자의 상태에 맞게 점도를 조정하고 미각, 시각, 영양을 모두 고려한 식품을 말한다. 1998년 처음으로 개호식품이 상품화되었고 2000년 개호보험제도의 도입과 함께 확산되었으나, 제조업체마다 규격이나 표시가 통일되지 않아 소비자의 혼란을 가중시킨다는 지적에 따라 개호식품협회가 설립되어 개호식품의 보급과 자체규격의 개발 및 인증관리를 담당해 오고 있다. 또한 2003년 고령자들만 먹는 식품이라는 부정적인 이미지를 극복하기 위해 개호식품을 유니버설 디자인 푸드(UDF)로 개명하여 일시적으로 식사가 불편한 모든 소비자를 포함하여 폭넓은 소비층을 확보하고 있고, 슈퍼마켓이나 편의점에서도 쉽

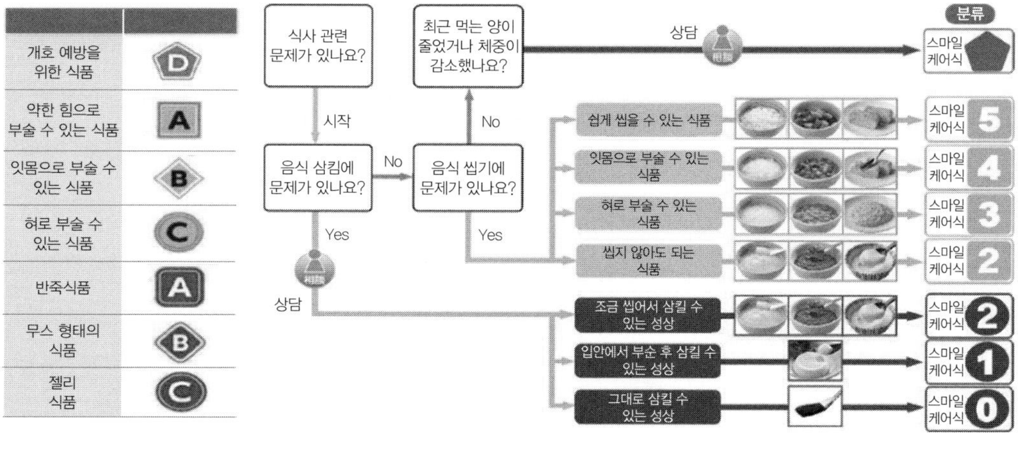

[그림 7-2] **일본 스마일케어식의 유형 분류 및 선택 방법**

자료: 김정선(2018b).

게 구매 가능하도록 유통 · 판매되고 있다. 농림수산성은 2014년 스마일케어식을 도입하였고, 2016년 고령자의 수요에 맞춘 다양한 개호식품 및 서비스 공급에 기여할 목적으로 스마일케어 다이어트를 제안하였다. 재택간호를 하

〈표 7-5〉 일본의 시니어 식품 사례

기능	제조사	상품명	용도/대상
연하 용이	아사히 화성파마	쥬시오	액체형 유동식 또는 젤리형 비타민 섭취용 음료
	아사히 화성파마	에가오 젤리	영양보급 젤리(오렌지맛, 딸기맛)
	아사히 화성파마	단단 에가오 젤리	옥수수, 감자, 단호박, 양파 등 네 가지 맛 야채스프의 젤리 타입
	아사히 마츠 식품	캇토 구루메	부드러운 음식을 필요로 하는 사람을 대상으로 잘게 썰거나 갈아서 푸딩 또는 죽 형태로 만든 제품
영양 보충	아지노모토	메디밀 스프	고령자를 위한 영양성분이 풍부한 스프 형태의 식품
	아지노모토	메디밀 무스	개호 고령자를 상대로 한 영양케어식품으로서 푸딩 형태의 제품(커스터드맛, 초코맛, 녹차맛)
저작 용이	하우스 식품	야와라카 두부	저작기능이 약화된 사람들을 위한 혀로 으깰 수 있을 정도로 부드러운 100kcal UDF 두부요리(총 2종)
	하우스 식품	20kcal 푸딩	혀로 으깰 수 있을 정도로 부드러운 UDF 푸딩(초코맛, 커스터드맛, 흑임자맛)
	쿠리니코/ 모리나가	마토메루코 easy	원하는 음식을 믹서로 갈은 다음 함께 넣고 한 번 더 갈아 주고, 상온에 일정 시간 두면 원하는 모양의 부드러운 고체형 음식으로 변화시킬 수 있는 분말
특정 보건 식품	오오츠카 제약공장	현자의 식탁	당분이나 지방의 흡수를 저하시키는 특정보건식품으로 식후 혈당치가 신경 쓰이는 사람이나 지방이 많은 식사를 자주 하는 사람의 식생활 개선에 좋음(무미무취의 분말 형태로 맛이나 색을 변화시키지 않음).

자료: 김정선(2018b).

는 가족 구성원들을 위해 매끼마다의 식사준비 부담을 덜어 주고, 고령자의 섭취기능 수준별로 푸딩이나 젤리 형태로 제공되며, 다양한 맛과 기호를 고려하여 7단계의 식품유형을 제시하였다([그림 7-2] 참조).

주로 삼키기 어려운 시니어를 위한 식품(액체형 유통식, 젤리형 음료, 푸딩이나 죽 등), 영양보충용 식품(스프, 푸딩 등), 씹기 어려운 시니어를 위한 식품(부드러운 음식과 반찬, 부드러운 간식 등)과 당분이나 지방 흡수를 저하하는 특정보건식품 등이 판매되고 있다. 특히 식품 생산 외에 배달서비스가 활발한데, 로손스토어, 패밀리마트, 세븐일레븐과 같은 편의점 배달과 니치레이, 닛신식품홀딩스, 마루하니치로와 택배쿡123과 같이 택배서비스에 전문성 있는 업체도 있다.

미국은 1996년 「미국고령자법」에 의해 60세 이상 노인에게 자립생활지원을 위한 재택서비스(가정배달식사)를 제공하기 시작하였고, 특수용도식품[1)]으로 연령을 고려한 특별한 식이를 공급하고 있다. 시니어를 위한 씹기 쉽고 삼키기 쉬운 영양보충 식품이 시판되고 있으며, Hill Heaven, Beverly Enterprises 등의 시니어산업 전문업체가 대기업으로 성장하였다. 삼키기 쉬운 식품으로 영양보충용 음료나 부드러운 식품(전자레인지로 1분 조리하는 간편식), 걸쭉한 형태의 다양한 맛의 식품, 젤리형태, 영양보충용의 분말과 음료, 씹기 쉬운 음식을 만들 수 있는 고형제(식품첨가물) 등이 생산된다. 또한 공공과 민간기업 및 자선단체들이 협업하여 배달서비스를 운영하고 있는데, 민간기업으로는 Dine Wise, Bartlett Center. Inc, Martha's Senior Gourmet, Community Action Agency of Butte Country. Inc 등이 있고, 자선단체로는 Helping Hands, Meals on Wheels(MOW) 등을 들 수 있다.

유럽연합은 시니어식품에 대한 별도의 규정은 하지 않고, 특수의료용도식

1) 질환과 회복기, 임신, 수유, 음식에 대한 알레르기 과민반응, 저체중과 과체중 등의 육체적·생리적·병리학적 혹은 기타 조건을 이유로 필요한 특별한 식이와 연령을 고려한 식이를 공급하기 위한 식품

품[2] 중 일부를 시니어 식품으로 간주한다. 특히 독일은 1995년 수발보험이 시작되어 2008년 개혁하였고, 1990년대 노인단체급식, 재가노인급식이 산업화되어 2008년부터 노인급식인증제도가 운영되고 있다. 시니어식품에 대한 정부의 규정은 별도로 존재하지 않으나, 민간 주도적 사례로 으깬식(Passierte

〈표 7-6〉 **미국의 시니어 식품 사례**

기능	제조사	상품명	용도/대상
영양 보충	Ensure	Nutrition Shake 시리즈	영양균형을 위한 음료로 의사가 환자에게 추천하기도 함.
	Ensure	Pre-Surgery & Surgery	수술 전에 몸이 준비될 수 있도록 또는 수술 후에 몸이 회복될 수 있도록 탄수화물과 항산화제를 함유한 음료
연하 용이	Nutrica/ Fortimel	Creme	글루텐프리에 단백질이 함유된 부드러운 젤리 형태로 특히 고령자나 신경질환, 연하장애가 있는 사람에게 적합한 식품
	Nutrica/ Fortimel	Compact Protein	단백질과 칼슘이 함유된 음료로 몸이 약해졌거나 회복 중인 환자, 연하기능이 떨어지는 사람에게 적합

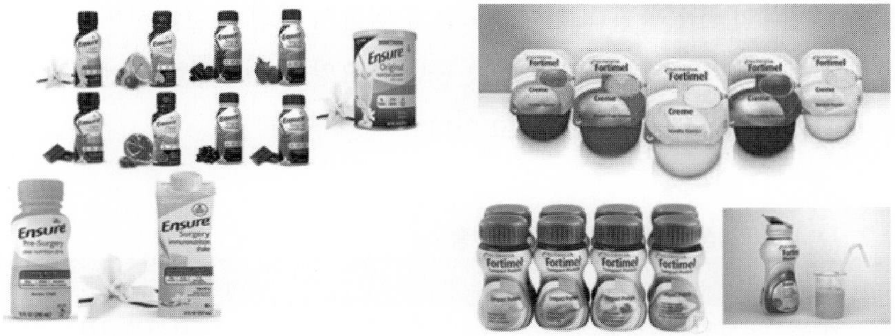

자료: 김정선(2018b).

2) 소화나 대사 과정에 문제가 있거나 특수한 생리학적 상태에 있어 식품의 일부성분의 섭취관리를 받을 수 있는 사람을 대상으로 한 식품으로 유아용 식품, 다이어트식, 의료식, 스포츠식, 당뇨병 환자식 등으로 구분되며, '특수의료목적을 위한 식품' 또는 '질병 혹은 장해에 대한 식사관리를 위함'이라는 표시를 법적으로 의무화하고 있다.

염증성 장질환 특수의료용도식품

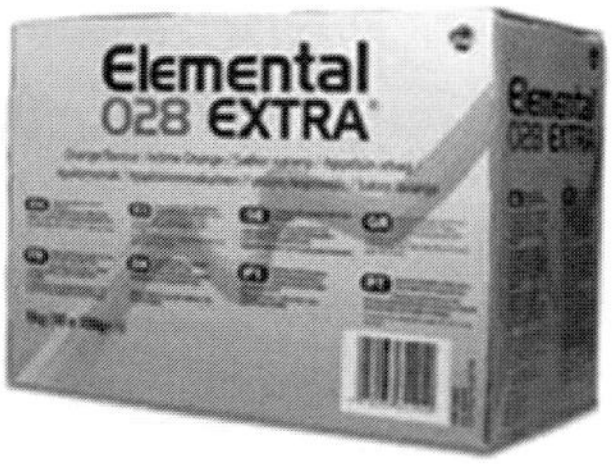

암환자용 특수의료용도식품

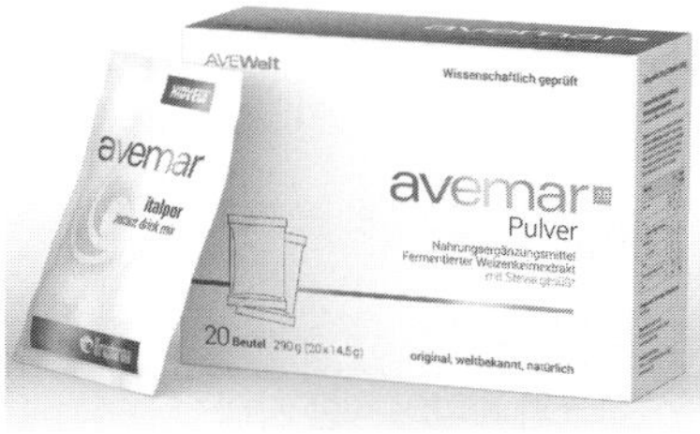

[그림 7-3] **유럽연합의 시니어 식품 사례**

자료: 김정선(2018b).

Kost), 퓨레식(Purierte Kost), 반퓨레식(Teilpurierte Kost), 일반식(Adaptierte Kost)의 4단계 시니어 식사를 제공하고 있다. 또한 노인급식인증제도 중 재가노인 배달급식의 표준화와 인증제도를 운영하고 있다.

대부분의 국가에서는 시니어식품을 별도로 관리하고 있지 않지만, 일본은 민간 주도적인 관리와 함께 「건강증진법」에 따라 시니어식품의 표시를 관리하고 있으며, 농수산성에서는 시니어식품의 활용 가이드라인을 홍보하고 있다. 또한 독일영양학회는 시니어 급식서비스 가이드라인을 마련하고 소비자원에서 시니어 급식서비스 인증제도를 운영하여 시설의 급식서비스와 재가노인 배달서비스를 표준화하였고, 인증받은 요양시설에 대한 인센티브로 적극적인 홍보와 교육 활동을 펼치고 있다.

〈표 7-7〉 **시니어식품에 대한 국가별 관리 현황**

국가	환자용 영양식품	고령친화식품
한국	특수의료용도등식품	<u>보건복지부</u> 「고령친화산업 진흥법」
	「식품위생법」 제7조(기준 및 규격)에 의거한 식품공정 제5식품별 기준 및 규격 19. 특수용도식품 제37조(영업허가 등)	<u>농림축산식품부</u> 한국식품산업표준(2018) <u>식품의약품안전처</u> 고령친화식품의 정의 신설 기준 · 규격 신설(안)

미국	Medical food	–
	Federal Food, Drug, and Cosmetic Act 21USC 360ee Medical food 〈21 CFR part 101.9(j)(8), 2013〉	
중국	특수의학용도 배방식품	–
	「식품안전법」 제4절 특수식품 제80조, 제4절 특수식품 제83조 식품안전국가표준 특수의학용도배방식품통칙(GB 29922-2013)	
일본	병자용 식품	<u>소비자청</u> 특별용도식품 중 저작 또는 삼킴이 어려운 노년층용 식품표시 허가
	「건강증진법」 제6장 특별용도식품 표시 등, 제26조 영양기능식품	<u>농림수산성</u> 스마일케어식 가이드라인 <u>개호식품협회</u> 유니버설 디자인 푸드(UDF)
유럽 연합	Food for special medical purpose	<u>독일영양학회</u> 급식 · 배달서비스 인증제도
	EU –Food for special medical purpose(FSMPs) 〈Regulation(EU) NO 609/2013〉	

자료: 김정선(2018a).

2) 급식서비스

(1) 미국의 노인급식 프로그램의 법정 배경

미국에서는 1960년대 이후부터 65세 이상 노인인구가 전체 인구대비 7%를 넘어 고령화사회로 진입하자 노인문제가 심각한 사회문제로 대두되기 시작했다. 1965년에 제정된 미국 「노인복지법(Older Americans Act: OAA)」은 노인들의 보건과 의료에 관한 문제를 해결하기 위한 방안으로 마련되었다. 미국의 「노인복지법」은 노인들에게 직접적인 재정지원을 하지 않고 주 정부와 지방정부 및 노인에게 서비스를 제공하는 비영리 사회복지단체에 재정지원을 한다. 또한 미국은 특정 노인에게 복지서비스를 제공하는 것이 아닌 기본적인 영양서비스를 제공하고 있다. 현재 우리나라와는 달리 모든 노인에게 자산조사 없이 기본적인 서비스가 제공된다.

(2) 미국의 노인급식 프로그램의 형태

노인을 위한 급식서비스는 우리나라와 같이 크게 두 가지 형태로 이루어져 있다. 노인복지서비스 기관들이 제공하는 식사 서비스인 회합 급식프로그램과 가정배달 급식프로그램이 있다.

① 회합 급식프로그램

이 프로그램은 노인들이 잘 모이는 장소인 노인복지회관이나 공공시설에 노인전용 급식소를 마련하여 60세 이상의 노인들에게 하루 한 끼의 따뜻한 식사를 제공하도록 하는 프로그램으로 노인청(Administration on Aging: AOA)에 의해 실시되고 있다. 이 프로그램은 많은 노인이 부족한 식사를 하고 있고, 여러 문제로 음식을 거르는 실태를 반영하여 연방정부에서 실시하게 되었다.

② 가정배달 급식프로그램

거동이 불편하여 공공장소에 와서 식사서비스를 받을 수 없는 노인들의 영양에 관한 요구를 충족하기 위하여, 영국에서 1939년에 시작된 'Meals on Wheels' 프로그램을 모델로 하여 1954년 1월에 필라델피아에서 시작되었다. 민간단체들의 자발적인 참여 등을 통해 다양한 프로그램이 만들어졌다. 「미국 노인복지법(OAA)」이 1978년에 개정되면서 가정배달 급식프로그램은 회합 급식프로그램에서 분리되었다. 또한 식사 배달서비스뿐만 아니라 우애방

[그림 7-4] **미국 Meals on Wheels 홈페이지 및 활동 모습**

자료: https://www.mealsonwheelsamerica.org/, https://abcnews.go.com/

문을 추가적으로 도입하여 독거노인의 관리도 가능하게 되었다.

이 프로그램 수혜대상 노인들은 스스로 식품을 구입할 능력이 없고 거동이 불편해 스스로 식사를 준비할 수 없는 노인들이다. 병원에서 퇴원한 노인에게도 연계하여 프로그램을 제공하고 있으며 노인들에게 매일 영양적으로 균형 잡힌 양질의 식사를 제공하고 있다.

4. 시니어 식품산업의 전망 및 시사점

1) 식품산업

시니어 식품산업은 산업유형별로는 가공식품산업, 급식서비스, 배달서비스로 나눌 수 있고, 활용대상별로는 크게 개인구매, 재택요양서비스와 요양시설로 나누어 대상의 특징별 맞춤제품을 보급하는 방안을 모색하는 것이 중요하다.

노인은 자립적 생활정도에 따라 서로 다른 식생활 특성을 보인다. 첫째, 자립적 생활이 가능한 건강한 노인(active seniors)은 65세 이상의 건강한 노인이나 노인가구가 해당되며, 식생활에 많은 변화가 있고 선택하는 식품군이나 식생활 방법도 과거와는 다른 조건을 필요로 하는 대상이다. 둘째, 자립적 생활이 가능하지만 건강하지 않은 노인(active seniors in risk)은 독립적 생활이나 활동이 가능한 재가노인이나, 생활환경 특성상 건강 · 영양 위험집단으로 판정받은 노인 또는 노인가구를 말한다. 셋째, 자립적 생활이 불가능한 노인장기요양보험 급여수급자 또는 시설 입소자는 거동이 불편한 재가노인(non active seniors)으로 노인장기요양등급 판정을 받은 노인, 등급판정을 받지는 않았지만 65세 이상의 기초생활수급자이면서 거동이 불편한 독거노인과 기타 독립적 생활이 불가한 노인으로 노인돌봄종합서비스를 이용하는 노인이 여기에 속한다. 넷째, 자립적 생활이 불가능하고 거동이 불편한 장기요양시설 입소노인(non active seniors)은 노인장기요양보험 수급자로 장기요양시설에 입소한 노인들이 속한다.

노인의 자립적 생활여부에 따라 제공되는 식품의 종류, 이를 위한 산업화 대상을 〈표 7-8〉에 나타냈다. 자립생활이 가능한 노인의 경우는 식품을 직접 구매하거나 외식할 수 있으나, 자립생활이 불가능한 노인장기요양보험 수급자의 경우는 대부분 급식업체에서 배달받거나 시설에서 급식서비스를 제공받기 때문에 이에 적합한 유형의 제품개발이 필요하다.

또한 의료적진단에 근거하여 기능적 식사장애(저작 및 연하 기능장애)가 있는 노인에게 제공되는 식품은 식품공전 특수용도식품의 확대나 고령친화식품의 기준 및 규격 마련 또는 고령친화식품 인증제와 같은 제도적 접근이 필요하다. 이러한 제도적 지원은 특히 치아 소실, 구강 · 인두 · 식도 근육약화에 따라 씹거나 삼키는 데 불편을 겪으며 상시적으로 영양불량의 위험에 노출되어 있는 고령후기 노인들의 영양상태와 삶의 질 개선을 위한 중요한 대책이 될 것이다.

더 나아가 고령자의 삶의 질 개선에 대한 공적책임을 강화하는 변화된 패러다임하에서 중앙정부는 고령자중심의 통합적 건강관리를 목표로 법률적 · 제도적 지원과 사전예방적 건강정책과 관련된 부처들의 협업체계를 구축하고, 고령자 건강관리서비스의 주체가 되는 지방정부는 보건 · 복지 통합관리서비스 제공방안을 마련해야 한다. 즉, 고령자를 위한 능동적이고 연속적인 식생활관리에 중점을 둔 시니어 식품산업은 사회적 시스템과 접목될 때에 짧은 시간에 그 효과를 기대할 수 있다.

고령친화식품산업 발전을 위한 제도적 개선방안으로 가장 먼저 검토되어야 할 사안은 고령친화식품 범위의 확대이다. 고령친화식품을 현재의 건강

〈표 7-8〉 **시니어의 특징별 맞춤형식품 및 식사서비스 개발사례**

고령친화식품 및 식품서비스의 종류		자립생활 가능한 건강한 노인	자립생활은 가능하지만 건강하지 않은 노인			노인장기요양 보험의 재가급여 수급자		노인장기요양 보험의 시설급여 수급자	
		건강한 75세 미만 노인	건강하지 않은 75세 미만 또는 75세 이상 노인	독거 노인	배우자가 병환 중인 노인	재가 요양	돌봄 종합	중대형 시설 입소자	소형 시설 입소자
식품	건강기능식품, 영양보충식품								
	저작용이식품, 연하용이식품								
	환자용 식품								
	노인용 간편식								
	냉동식품 및 식재료								
	시설용 반제품 개발								
	노인시설 전용간식								
급식	반찬 대체용 식품꾸러미								
	도시락								
	일반급식								
유통 판매	배달, 케이터링, 전문매장용								
식품 용기 포장	고령친화 용기포장								

기능식품과 특수의료용도식품에서 확대하여 고령자의 요구(맛과 영양, 물성, 소화편이성 등)가 반영된 다양한 식품으로의 시장확대가 필요하다. 가정간편식(HMR) 식품개발지원, 노인복지시설의 고령자들에 적합한 단체급식용 반가공품의 개발지원과 함께 고령친화 건강기능식품 및 고령환자용 특수의료용도식품은 지속적으로 개발·육성되어야 한다.

또한 고령친화식품 개발 및 기술력 확보를 위해 고령자용 물성, 영양, 안전에 대한 세부기준마련 연구개발, 시니어식품에 대한 다학제적(식품 관련 외에 재활의학과, 치과 등 전문가를 포함) R&D 강화, 고령자의 식품섭취행태분석 등이 이루어져야 하고, 저작·연하·소화촉진을 위한 소재, 식품, 포장재 개발 등에 대한 연구개발에 집중해야 한다. 동시에 1인 가구나 독거노인이 많은 이유로 제품의 크기나 포장, 용량 등에도 현실을 반영해야 하고, 이들 식품에 대한 정보를 제공하는 표시부분도 고령자에 적합한 가독성을 반영해야 한다.

시니어식품의 보급 활성화를 위한 정책 과제는 관련법·규정과 관계부처 조직의 재정비와 함께 지원제도와 서비스의 강화이다.

첫째, 「고령친화산업 진흥법」 개정, 「노인장기요양보험법」 개정, 「식품산업진흥법」 등 관련법 검토와 시니어식품관련 표준검토가 먼저 실시되어야 한다.

둘째, 조직의 체계화를 위해 관계부처 간의 협업체계 구축과 부처별 또는 지방정부에 고령친화산업지원센터 설치를 확대할 필요가 있다. 관련 조직으로 어린이급식관리지원센터를 확대하고 노인돌봄서비스와 연계하여 노인을 위한 위생안전과 균형 잡힌 영양관리 지원을 추진해야 한다. 관계부처 간 및 중앙과 지방 정부 간의 협업체계 구축도 중요하다.

셋째, 공공급식 및 취약계층 급식관리 강화를 위한 지원제도 및 서비스의 확충이다. 시니어식품 식재료 및 식품서비스에 대한 인증제도 도입, 복지관, 경로당 등 노인복지시설의 식사제공 지침마련 및 안전식단 기준보급, 장기요양시설 급식서비스관련 평가지표 개선, 노인전문 영양사 및 조리사 등 관련 전문인력양성 강화, 시니어식품 R&D 강화가 추진되어야 한다.

2) 급식서비스

(1) 정부지원 확대 및 제도정비

현행 노인급식 프로그램 수혜 대상자들은 65세 이상 전체 노인인구에 비해 매우 적어 수혜 대상의 양적확대가 필요하다. 지방자치단체 예산 및 후원금을 받아 운영하는 것으로는 한계가 있을 것으로 보이며, 노인급식 프로그램의 체계화를 위해서는 정부재정의 지원강화가 절실히 필요하다. 노인급식 프로그램을 실시하고 있는 시설 및 기관들의 재정문제를 비롯한 여러 문제점을 개선하기 위해서는 재정지원의 확대가 필수적이다. 이를 통해 노인들이 급식을 이용할 수 있는 시설을 확대하고 영양사 및 조리사를 채용할 수 있도록 하여야 한다. 또한 시설개선자금의 확충을 통해 노인급식을 조리하는 시설을 개선할 수 있는 제도가 마련되어야 한다. 더불어 집단급식을 하고 있는 노인복지관과 사회복지관의 경우에는 영양사 배치규정이 없으므로 「식품위생법」의 기준과 동일하게 영양사 배치기준을 신설해야 할 것으로 보인다. 현재 어린이급식 및 학교급식에만 집중되어 있는 영양지원, 위생지원, 재정적 지원의 형평성을 맞출 필요가 있다.

(2) 노인급식용 표준조리법 개발

표준조리법에는 급식을 위해 영양성분, 1회 분량, 조리방법, 나트륨 함량, 사용기기, 안전한 조리방법 등의 매뉴얼이 표준화되어 있어 질 높은 급식서비스가 제공될 수 있다. 현행 노인급식 프로그램 수행기관들 중 표준조리법을 사용하고 있는 기관이 매우 적으며, 전문가가 아닌 조리담당자들(조리원이나 자원봉사자)이 개인적인 경험에 의해 식단 및 조리방법을 설정하고 있어 표준조리법의 개발이 시급하다. 노인들은 평생 동안 가지고 있던 식습관을 쉽게 고칠 수 없으므로 노인들에게 익숙한 음식을 중심으로 조리법을 다양화하여 식단을 작성하고, 부족한 영양소를 보충할 수 있는 식단 개발 및 보급이 시급한 실정이다. 특히 건강지향적인 음식을 원하는 노인들이 점점 늘어나는 추세여서 달고, 짜고, 맵고, 지방과 콜레스테롤 함량이 높은 음식은 지양하면서 노인의 기호도를 고려한 메뉴를 제공해야 한다. 또한 질환별, 저작능력에 따른 다양한 메뉴를 개발·보급하여야 한다.

(3) 노인급식 프로그램의 개발

현재 저소득층 등 특정대상에 한정되어 있는 노인급식 프로그램에서 벗어나 다양한 노인층이 서비스를 이용할 수 있도록 노인급식 프로그램을 개발할 필요가 있다. 노인급식 서비스를 이용하는 인구가 늘어나면 장기적으로 노인의 건강에 도움을 줄 수 있으며, 장기적으로 개인뿐만 아니라 국가의 의료비 감소 등의 효과를 볼 수 있다. 일본의 재가노인을 위한 급식 프로그램에는 교류형, 생활원조형, 방문조리형, 식권형, 전문식당 이용형, 연계형 급식 프로그램 등(양일선, 1999)이 있다. 특히 노인들이 급식시설을 이용하는 것은 단순히 경제적인 이유만이 아닌 친구를 만나는 등의 사회적 교류가 가능하기 때문이므로 노인들의 욕구를 충족할 수 있는 노인급식 프로그램의 확충이 필요하다. 더불어 노인급식 프로그램의 인력을 노인들로 채용하면 노인의 취업기회 확대 등으로 이어질 수 있을 것이다. 다음과 같은 노인급식 프로그램을 개발하여 노인급식이 초등학교의 무료 학교급식과 같이 보편적인 제도가 되도록 하여야 한다.

① 교류형 급식프로그램

이 프로그램은 재가노인에게 여러 교류를 통한 사회적 고립과 고독감을 완화시킬 수 있다는 장점이 있다. 이용자들은 정해진 주기마다 정해진 장소에 모여 교류를 실시하며, 여러 프로그램을 통해 화합을 도모한다. 또한 다양한 노인전용 교육프로그램 및 심리상담 등을 연계하여 건강한 노인의 사회활동을 도모할 수 있다.

② 생활원조형 급식프로그램

이 프로그램은 영양가 있는 식사를 매일 노인에게 제공하고 식사를 배달할 때 수혜 노인들의 안부와 건강상태를 관찰한다. 노인들에게 이상이 있으면 관련기관에 연락을 할 수 있는 체계구축이 가능하고, 고독사 등의 사회적 문제를 예방할 수 있는 프로그램이다.

③ 방문조리형 급식프로그램

이 프로그램은 노인돌봄사업과 연계하여 수혜대상 노인의 가정을 방문하여 노인의 신체적 상황, 기호, 취향 등을 반영하여 요구에 따라 식사를 제공한다. 수혜대상이 아닌 경우에는 자기부담 등을 통해 해당 서비스를 이용할 수 있도록 하며, 전문 영양사와의 매칭을 통해 영양상담 등이 이뤄지도록 한다.

④ 식권형 급식프로그램

이 프로그램은 일반급식과 같이 노인에게 식권을 제공하여 일반식당 등에서 식사를 할 수 있도록 하는 형태로 현재 우리나라 아동들에게 제공하고 있는 프로그램이다. 이용자가 각자의 기호에 맞추어 가정에서 가까운 곳이나 편리한 곳에서 식사를 할 수 있지만, 영양 불균형 등의 문제가 발생할 수 있다는 단점이 있다.

⑤ 전문식당 이용형 급식프로그램

이 프로그램은 노인의 급식을 위하여 노인전용 전문식당을 지정하여 언제든지 자유롭게 유료로 이용할 수 있도록 하는 방식이다. 노인의 질환, 치아 상태에 따라 식단과 연식정도를 고를 수 있도록 한다. 시니어 전문식당을 설립하거나 기존에 급식설비를 갖추고 있는 복지시설이나 기관을 활용할 수 있다.

참고문헌

김아름, 이영은(2011). 충북지역 노인시설회합급식프로그램에 대한 이용노인 대상 급식품질만족도. 생활과학연구농촌, 15(1), 71-85.

김정선(2018a). 고령자 맞춤형 식품 및 급식서비스 관리 현황과 정책과제. 보건복지포럼, 264, 57-69.

김정선(2018b). 고령자의 특징별 맞춤형 제품개발 전략. 고령자를 위한 식품정책 및 제품개발 전략 세미나 발표자료. 식품저널.

김정선(2018c). 초고령사회 대비 맞춤형 식품 개발 전략. 2018 세종대학교 탄수화물소재연구소 정기 학술 심포지엄 발표자료.

김정선, 김지연(2016). 고령친화식품 관련 법 제도 개선 방안. 보건복지포럼, 235.

김초일 외(2016). 노인 식생활안전관리 종합대책 수립을 위한 연구. 충북: 한국보건산업진흥원.

농림축산식품부(2017). 고령친화식품 한국산업표준(2017.12.31. 제정)

보건복지부(2018a). 노인복지법 제31조.

보건복지부(2018b). 2018 노인복지시설 현황. 세종: 보건복지부.

보건복지부(2018c). 노인복지시설 현황.
Retrieved from http://www.index.go.kr/potal/main/EachDtlPageDetail.do?idx_cd=1010

보건복지부(2018d). 노인복지사업안내. 세종: 보건복지부.

서은희, 박은주(2016). 영양사 고용여부에 따른 노인주거복지시설 거주 노인의 영양섭취상태 비교. 한국웰니스학회지, 11(4), 473-483.

식품의약품안전처(2018). 식품의약품안전처 공고 제 2018-316호 식품의 기준 및 규격 일부개정고시(안).

양일선(1999). 노인급식 프로그램의 현황과 발전방향. 대한지역사회영양학회지, 4(2), 260-278.

이중근 외(2014). 고령친화산업 실태조사 및 산업분석. 충북: 한국보건산업진흥원.

최봉순(2005). 지역 급식소 성격에 따른 이용 노인의 영양소 섭취 수준 및 급식 만족도 비교. 대한지역사회영양학회지, 10(3), 303-310.

통계청(2018). 연령별 인구현황.

OECD (2018). OECD Income Distribution Database.
https://data.oecd.org/inequality/income-inequality.htm

OECD (2018). Health Statistics.
http://www.oecd.org/health/health-systems/health-data.htm

SENIOR BUSINESS

제8장

시니어 여가산업

◆

정은경

과거와는 다르게 자산과 소득을 바탕으로 적극적인 소비와 문화생활을 즐기는 시니어층의 등장으로 시니어 여가산업은 큰 성장을 보일 것으로 전망되고 있다. 시니어 여가산업은 단순히 여가시간을 보내고 즐거움을 추구하는 활동뿐만 아니라 사회참여, 스포츠, 문화활동 등의 다양한 분야로 구성되어 있으며, 의료 · 복지분야 등 타 산업과의 연계성도 크다.

이 장에서는 시니어 여가산업의 현황과 국내외의 비즈니스 사례를 통해 시니어 여가산업의 활성화 방안에 대하여 살펴본다.

1. 시니어 여가산업의 개념

1) 여가의 개념과 여가활동

여가의 어원은 라틴어의 Licere에서 유래된 것으로 '허락된' '자유'라는 뜻이며, 학자에 따라 조금씩 그 의미가 다르게 정의되었다. Kaplan(1960)은 여가는 놀이의 요소를 포함하고 있으며, 강제성이 없이 최대한 자발적으로 이루어지는 것으로 설명하였고, Parker(1979)는 생활의 총 시간에서 일하는 시간과 생리적으로 필요한 시간을 제외한 나머지 시간으로 정의하였다. 또 Dumazedier(1967)는 개인이 가족이나 노동, 사회의 의무로부터 벗어나 휴식을 취하거나, 창조력을 발휘하기 위하여 이용되는 활동의 총체로 설명하였다. 여가를 창조적인 여가(recreation)와 오락(leisure)의 두 가지 개념으로 보는 관점도 있다. 창조적 여가는 피로와 압박감에서 벗어나 휴식을 취함으로 내일을 위해 에너지를 재충전하는 것이며, 오락은 즐거운 시간을 보내는 것이다(최순남, 2002).

이를 종합하면, 여가란 일상생활에서 소요되는 생리적인 필수시간을 제외한 자유로운 시간에 강제성과 의무성이 최소화되고, 문화적 가치에 위배되지 않는 범위 내에서 자유와 즐거움을 느낄 수 있는 활동으로 정의될 수 있다.

문화체육관광부에서는 국민의 여가활동을 문화예술관람, 문화예술참여, 스포츠관람, 스포츠참여, 관광, 취미오락, 휴식, 사회 및 기타활동으로 분류하고, 각 분류별 세부활동을 제시하였다(문화체육관광부, 2016).

〈표 8-1〉 문화체육관광부 여가활동유형 분류

유형	세부활동
문화예술관람활동	전시회 관람, 박물관 관람, 음악연주회 관람, 전통예술공연 관람, 연극공연 관람, 무용공연 관람, 영화 관람, 연예공연 관람
문화예술참여활동	문학행사 참여, 글짓기/독서토론, 미술활동, 악기연주/노래교실, 전통예술 배우기, 사진촬영, 춤/무용
스포츠관람활동	스포츠경기 직접관람, 스포츠경기 간접관람, 격투기경기 관람, 온라인 게임경기 현장관람
스포츠참여활동	농구/배구/야구/축구/족구, 테니스/스쿼시, 당구/포켓볼, 볼링/탁구, 골프, 수영, 윈드서핑/수상스키/스킨스쿠버다이빙/래프팅/요트, 스노보드/스키, 아이스스케이트/아이스하키, 헬스(보디빌딩)/에어로빅, 요가/필라테스/태보, 배드민턴/줄넘기/맨손・스트레칭・체조/훌라후프, 육상/조깅/속보, 격투기운동, 댄스스포츠, 사이클링/산악자전거, 인라인스케이트, 승마/암벽등반/철인삼종경기/서바이벌
관광활동	문화유적 방문, 자연명승 및 풍경 관람, 삼림욕, 국내 캠핑, 해외여행, 소풍/야유회, 온천/해수욕, 유람선 타기, 테마파크 가기/놀이공원/동물원, 식물원 가기, 지역축제 참가, 자동차 드라이브
취미오락활동	수집활동, 생활공예, 요리/다도, 애완동물 돌보기, 노래방 가기, 인테리어, 등산, 낚시, 미니홈피・블로그 관리, 인터넷검색/채팅/UCC 제작/SNS, 게임, 보드게임/퍼즐맞추기, 바둑/장기/체스, 갬블/복권구입, 쇼핑/외식, 음주, 독서/만화책 보기, 미용, 어학・기술・자격증 취득 공부・학원이용
휴식활동	산책 및 걷기, 목욕/사우나/찜질방, 낮잠, TV 시청, 비디오(DVD) 시청, 라디오 청취, 음악감상, 신문/잡지 보기, 아무것도 안 하기
사회 및 기타활동	사회봉사활동, 종교활동, 클럽/나이트/디스코/카바레 가기, 가족 및 친지 방문, 잡담/통화하기, 문자 보내기, 계모임/동창회/사교(파티)모임, 이성교제(데이트), 미팅/소개팅, 친구만남/동호회 모임, 기타 여가활동

자료: 문화체육관광부(2016).

2) 시니어 여가산업

시니어 여가산업은 노인들이 여가활동에 필요한 모든 제품과 서비스를 생산함으로써 이를 이용하는 노인들의 삶의 질을 높여 주기 위한 산업이다.

좁은 의미로는 노인들의 욕구를 충족하기 위한 상품과 서비스를 제공하는 산업으로 이는 노인들이 생물학적 노화와 사회경제적인 능력이 떨어지는 것을 보완해 주기 위한 상품과 서비스가 필요하기 때문이다. 넓은 의미로는 노인들의 니즈를 우선적으로 고려하여 만들어진 상품과 서비스를 제공하는 산업이다.

우리나라 노인인구의 증가는 시니어 여가산업이 성장, 발전해 나가는 데 있어 가장 중요한 배경요인이다. 기대수명의 증가로 생애주기에서 노년기가 차지하는 기간이 길어지고, 이전 세대보다 건강과 교육 수준, 경제적 능력 등이 향상된 베이비부머가 노년기로 대거 진입하게 됨에 따라 시니어 여가산업에 대한 시장의 수요는 점차 확대될 것으로 예상되고 있다.

베이비부머들은 여유 있는 자산에 기반을 두고 적극적인 소비를 한다는 점에서 경제적으로 취약했던 이전 세대와는 구별된다. 베이비부머들은 경제력을 바탕으로 여가활동을 하면서 삶의 질을 높여 나갈 것이다.

시니어 여가산업은 단순히 여가시간을 보내고 즐거움을 추구하는 활동뿐만 아니라 사회참여와 사회공헌일자리 참여, 스포츠활동과 문화예술활동 등 매우 다양한 분야로 구성된다. 노인들이 여가활동을 하기 위해서는 건강상태가 매우 중요하기 때문에 시니어 여가산업은 의료 · 복지 분야 등의 타 산업과도 연계성이 크다. 또한 시니어 여가산업 내에서도 스포츠, 문화, 관광 등의 분야가 혼합되어 나타나며, 시설과 서비스가 연계되고 있는 실정이다.

2. 시니어 여가산업의 현황

전 세계 국가정책의 핵심코드가 '국민행복'으로 변화하고 있으며, 여가활동에 대한 사회적 욕구가 더욱 높아짐에 따라 국민의 여가활동 활성화를 위한 정책의 필요성이 강조되고 있다. 2016년 문화체육관광부에서 실시한 국민여가활동조사에 따르면 우리나라 국민이 가장 많이 경험한 여가활동은 'TV시청'으로 나타났다. 연령별로는 20대가 20.1개의 다양한 여가활동에 참여하고 있으나, 연령이 높아질수록 참여한 여가활동의 수가 감소하고, 'TV시청'에 할애하는 시간이 증가하였다. 여가활동을 하는 주목적은 20대의 40% 이상이 '개인의 즐거움을 위해'였으나, 50대 이상에서는 '건강을 위해' 여가활동을 하고 있는 것으로 나타났다.

2014년 고령친화산업 실태조사에 따르면 노인들이 주로 하는 여가활동 1순위로는 'TV시청, 음악감상, 산책 등 휴식활동'이 82.8%로 대부분을 차지하고 있다. 노후에 가장 필요로 하는 여가지원서비스는 '고령자를 위한 휴양단지 및 시설'(42.8%), '고령자를 위한 운동 및 스포츠활동'(18.9%), '고령자를 위한 영화 · 공연 · 오락 등 문화콘텐츠'(17.9%) 순으로 나타났다.

시니어 여가산업은 문화(콘텐츠)산업, 스포츠산업, 여행관광산업으로 분류하고, 65세 이상 노인의 인구비중, 소비비중, 가중치 등을 고려하여 시장을 추계하였다. 시니어 여가산업의 시장규모는 9조 3,034억 원으로 이는 전체 모태산업(여가산업)중 약 6.2%를 차지하고 있다. 시니어 여가산업은 연평균

〈표 8-2〉 **시니어 여가산업 시장규모 전망(예측)** (단위: 억 원, %)

구분	2012년	2015년	2018년	2020년	CAGR(12=20)
고령친화여가산업	93,034	137,237	202,441	262,331	13,84
비중	6.22	7.10	8.11	8.86	–
모태산업	1,495,176	1,931,679	2,495,615	2,960,325	8.91

자료: 한국보건산업진흥원(2014).

〈표 8-3〉 **고령친화 여가산업 전략품목 시장규모** **(단위: 억 원, %)**

구분				2011년	2012년
전략품목	문화(콘텐츠)	기능성 게임		200	230
		고령친화방송		18,062	20,823
		정보제공 웹 사이트		2,693	3,310
	스포츠	시설운영업		1,931	1,891
		고령친화 휴양단지	스포츠 및 레크리에이션 교육기관	537	672
	여행관광		관광편의시설업	2,726	3,042
	합계			26,149	29,968
고령친화 여가산업				82,184	93,034
고령친화 여가산업 대비 비중				31.8	32.2

자료: 한국보건산업진흥원(2014).

13.8%의 성장률을 보이고 있으며, 2020년에는 26조 2,331억 원의 규모로 성장할 것으로 전망되고 있다.

시니어 여가산업의 전략품목은 노인의 접근성, 경제력, 기술력 등을 고려하여 기능성게임, 고령친화휴양단지 등 6개 분야를 선정하였다. 6개 분야의 전략품목은 전체 시니어 여가산업에서 32.2%를 차지하고 있다.

3. 시니어 여가산업의 국내외 사례

시니어 여가산업은 단순히 여가시간을 보내고 즐거움을 추구하는 활동뿐만 아니라 사회참여와 사회공헌일자리참여 등 매우 다양한 분야로 구성되어 있다. 또한 의료 · 복지분야 등의 타 산업과의 연계뿐만 아니라 시니어 여가산업 내에서도 문화, 스포츠, 관광 등의 분야가 혼합되어 나타나고 있다.

시니어 여가산업의 사례를 문화(콘텐츠)산업분야, 스포츠산업분야, 여행관광산업분야로 나누어 살펴보면 다음과 같다.

1) 문화(콘텐츠)산업분야: 취미+교육

① 모어댄어카페(미국)

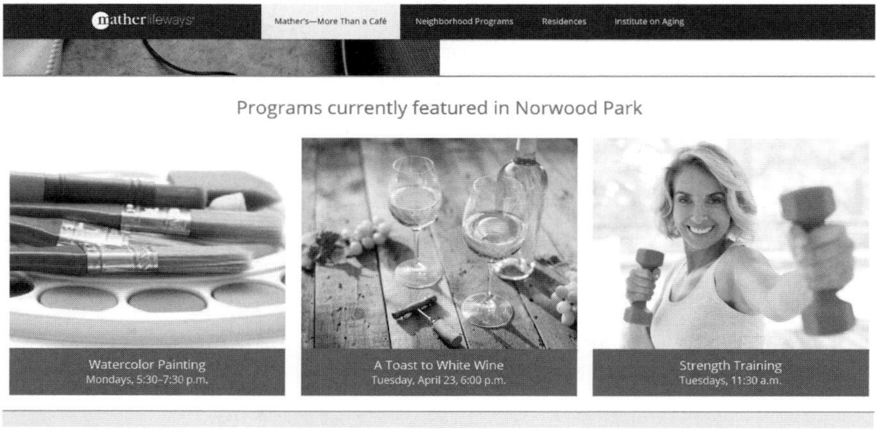

자료: https://www.matherlifeways.com/

미국 시카고에 위치한 매더라이프웨이즈(Mather LifeWays)는 인도주의자 알론조 매더가 1941년에 세운 비영리단체이다. 이 단체에서는 고령자를 위한 복합문화공간인 모어댄어카페(More Than A Café)를 운영하고 있는데, 카페 인근 약 3km 이내에 거주하는 시니어들이 매일 150~300명가량 방문하고 있으며, 방문객의 70% 이상이 한 달에 10회 이상 방문할 정도로 인기가 높다. 모어댄어카페는 학습강좌, 축제, 건강, 음식, 여행 등 시니어는 물론이고 그들의 가족과 지역주민의 참여도를 높이기 위해 다양한 프로그램을 실시하고 있다. 모어댄어카페는 먹고 마시는 것 이상의 서비스로 감동을 주고 있는데, 제1의 아지트인 가정과 제2의 아지트인 직장에 이은 제3의 아지트로서 은퇴한 이들을 위한 캠퍼스와 커뮤니티 기능을 제공하고 있다. 또한 세련된 카페 분위기에서 시니어들의 특성을 잘 알고 있는 직원들의 서비스를 받으며 아침 7시부터 가성비 좋은 식사를 할 수 있으며, 주말에는 가족과 함께 다양한 프로그램을 즐길 수 있도록 운영되고 있다.

② 원데이 유니버시티(미국)

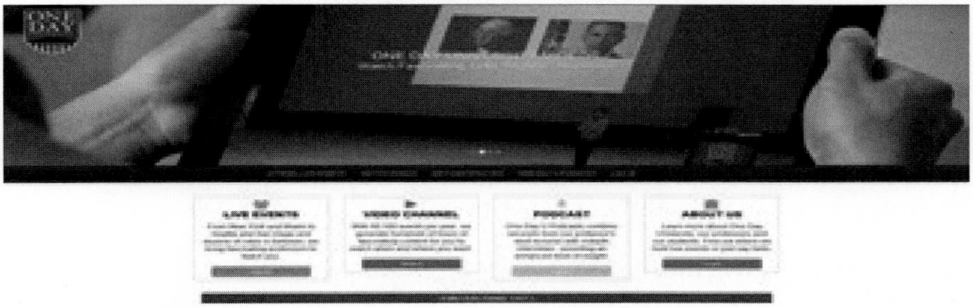

자료: https://www.onedayu.com/

원데이 유니버시티(One Day University)는 2006년에 미국 뉴욕에 설립된 평생교육기관이다. 평생교육기관이라면 대부분이 대학에서 운영하는 교육을 떠올리는데, 원데이 유니버시티는 민간에서 운영하는 기관이다. 교육프로그램의 대다수가 시니어가 관심을 가질 만한 것으로 기획되어 있어 참가자 대부분이 시니어이다. 각 프로그램은 오전반, 오후반, 종일반으로 운영되며, 종일반의 경우에는 오전과 오후에 각각 2과목씩 수업을 들을 수 있다. 원데이 유니버시티의 가장 큰 강점은 미국 전역의 유명한 대학교수들을 초청하여 최근의 정치, 경제를 비롯한 사회 전반에 걸친 수준 높은 강의를 들을 수 있다는 점이다. 최근에는 지역별로 인기 있는 강의를 비디오로 제공하는 서비스를 운영하고 있다.

③ 이구르스(캐나다)

자료: https://egurus.ca/

이구르스(eGurus)는 캐나다 26개 도시를 중심으로 시니어의 집을 방문하여 그들에게 필요한 디지털기기의 사용법과 컴퓨터 관련지식 등을 유료로 가르쳐 주는 서비스이다. 예를 들면, 가족들과 화상통화를 하는 방법이라든지 인터넷을 활용한 건강기록 관리 또는 여행정보를 찾는 방법 등 시니어에게 특화된 개인 맞춤형 수업을 진행하고 있다. 시니어가 가장 편안하게 여기는 가정방문을 통하여 고객의 눈높이에 맞추어 수업을 진행하므로 시니어들에게 큰 인기를 끌고 있다.

④ 에이벡스 라이프 디자인 랩(일본)

자료: https://facebook.com/avexlifedesignlab

2015년에 설립된 에이벡스 라이프 디자인 랩(avex Life Design lab)은 시니어를 대상으로 한 배움의 장소이다. 워크숍과 이벤트를 통하여 시니어들이 즐길 수 있는 다양한 강좌를 진행하고 있다. 이곳에서는 히트곡을 만들어 내고 있는 유명 작곡가에게 작곡을 배우는 수업이나 연극인들이 연기를 가르쳐 주는 연극교실 등을 운영하고 있다. 단순한 강좌에서 벗어나 카페에서 배우기 때문에 부담 없이 즐길 수 있다.

⑤ 시마무라악기 음악교실(일본)

자료: http://shimamura.co.jp/

시마무라악기(島村樂器)의 음악교실에서는 60대 이상의 고령층에게 피아노, 기타 등을 가르치고 있다. 연주할 수 있을 정도의 고난도 기술이 아니라 악기 연주를 즐길 수 있을 정도로 강좌가 진행되며, 자신의 페이스대로 배우도록 함으로써 시니어들이 만족감과 자신감을 얻을 수 있도록 도와주고 있다.

⑥ 50+재단(한국)

자료: http://50campus.or.kr/

서울시는 50세 이상의 인구가 우리나라 전체 인구의 21.9%를 차지하고 있는 고령사회를 맞이하여 서울시 장년층들에게 교육프로그램을 제공함으로써 은퇴 전후의 새로운 인생준비와 성공적인 노후생활을 위한 사회참여 활동을 지원하고 있다. 50+재단은 2016년에 50~60대 은퇴세대의 재교육과 사회진출을 돕기 위해 설립되었으며, 은퇴 이후의 삶을 설계하는 인생재설계학부, 직업교육을 제공하는 커리어 모색학부, 취미와 문화생활을 지원하는 일상기술학부로 나누어 교육프로그램을 제공하고 있다.

⑦ 프라임칼리지(한국)

자료: http://smart.knou.ac.kr/

프라임칼리지는 평생교육활성화 지원사업의 일환으로 2012년에 '방송대 중심의 블렌디드러닝 환경구축사업'이 추진되면서, 한국방송통신대학교가 허브대학으로 지정되었다. 프라임칼리지는 개인의 자립역량 강화 및 사회공헌 확대에 기여할 수 있도록 시니어를 위한 교육환경의 구축을 추진하고, 제2의 인생을 준비하는 프로그램을 계획하고 있다. 특히 4050세대를 위한 맞춤형 과정이 진행될 예정이다(http://smart.knou.ac.kr/).

2) 스포츠산업분야: 스포츠, 스포츠+여행

① 로우어드벤처스(미국)

자료: https://www.rowadventures.com/

시니어를 대상으로 스포츠와 여행을 결합한 미국의 로우어드벤처스(ROW Adventures)는 1979년에 설립되었다. 시니어들이 여행하고 싶어 하는 곳을 미국을 포함하여 세계 30여개 나라를 대상으로 스포츠 연계프로그램을 개발하고 있다. 또한 래프팅이나 하이킹, 낚시 등 스포츠와 모험을 좋아하는 시니어들을 대상으로 스포츠와 모험을 유명 여행지와 연계하여 상품화하고 있다. 손주들과 여행하기를 희망하는 시니어들을 위한 다세대 패키지, 부부간의 여행을 원하는 시니어들을 위한 부부 패키지 등 개인 맞춤형 여행상품도 마련되어 있다.

② 엘더트렉스(캐나다)

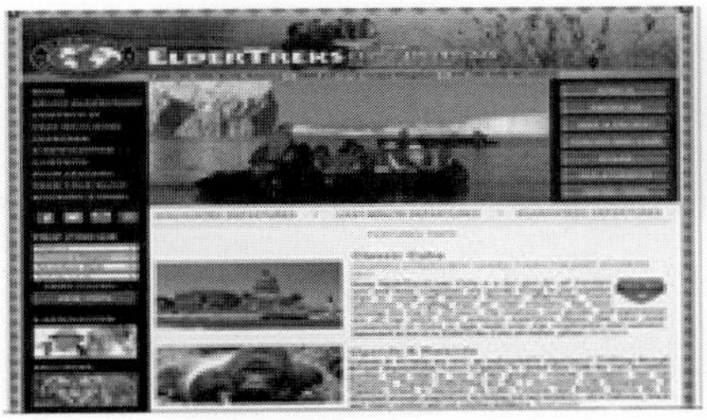

자료: https://www.elderstreks.com/

1987년도에 설립된 엘더트렉스(ElderTreks)는 전 세계 100여개국의 50세 이상 시니어를 대상으로 하는 세계 최초의 모험여행사이다. 모험의 최대인원은 16명으로 전문적인 지식을 가진 전문가가 프로그램을 진행하고 있다. 엘더트렉스는 독특한 경험을 할 수 있도록 '태평양 이스터섬에서 몽골 고비사막까지' '바하에서 갈라파고스까지' 등 다양한 모험여행상품 프로그램을 운영하고 있다.

③ 내셔널 시니어 게임즈(미국)

자료: http://nsga.com/

미국의 시니어올림픽으로 불리는 내셔널 시니어 게임즈(National Senior Games)는 50세 이상의 미국과 캐나다 시니어들만 참가가 가능한 대회이다. 사이클과 소프트볼, 테니스 등 19개 종목별로 2년에 한 번씩 개최되는데, 주별 예선경기에 우승한 팀만 전국대회에 참가할 수 있다. 스포츠대회 참여를 통해 시니어들은 건강을 유지할 뿐만 아니라 활기찬 생활을 함으로써 소속감과 삶의 만족도를 높이고 있다.

3) 여행관광산업분야: 여행+교육, 관광

① 로드스칼라(미국)

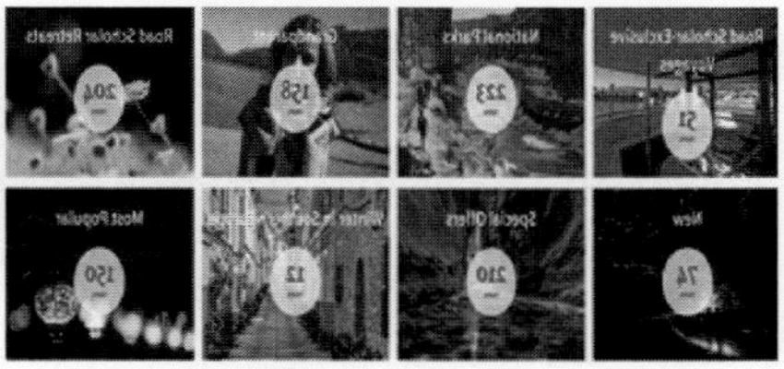

자료: https://www.roadscholar.org

로드스칼라(Road Scholar)는 미국의 대표적인 여행교육단체로 '평생교육으로서의 모험(Adventure in Lifelong Learning)'을 슬로건으로 하는 관광과 교육을 결합한 단체이다. 2013년 미국 내 평생교육기관인 Lifelong Learning Institutes(LLIs)를 설립하여 체계적인 교육네트워크망을 구축하고 있다. 여행뿐만 아니라 미국 내의 평생교육단체들과 파트너십을 맺음으로 주제별 학습 프로그램을 제공하고 있다. 또한 박물관과 학교 등을 자유롭게 이용할 수 있는 다양한 프로그램을 운영하고 있다. 로드스칼라는 매년 10만 명 이상이 교육을 신청하고 있으며, 150개국에 5,500개의 여행교육 프로그램을 제공하고 있다. 로드스칼라의 참가조건은 연령이 55세 이상이며, 동반자에게는 연령 제한이 없다.

② 클럽 투어리즘(일본)

자료: https://www.jnto.go.jp/

클럽 투어리즘(Club Tourism)은 1993년 일본 도쿄에서 설립된 시니어를 대상으로 하는 여행사로 고객의 니즈에 맞추어 여행상품을 기획하여 시니어의 마음을 사로잡고 있다. 클럽 투어리즘은 인터넷을 통한 여행과 판매가 점차 증가하고 있는 여행시장에서 가이드에 의한 서비스를 강화하였다. 또한 주력사업인 여행에 머물지 않고, 개호와 가사대행 서비스, 치매예방에 이르기까지 그 영역을 넓혀 나가고 있다.

클럽 투어리즘의 여행상품에 관한 특징을 살펴보면, 첫째, 여행에 테마를 부여함으로 고객의 참여를 유도하고 있다. 둘째, 여행하기 전 사전지식을 학습하고, 여행을 마친 후에는 커뮤니티를 구성하여 운영하고 있다. 셋째, 휠체어를 탄 여행 참가자가 이용할 수 있는 버스를 마련하는 등 교통약자를 배려하는 여행상품을 운영하고 있다. 마지막으로 여행에 참여한 고객이 '정보지'를 배포하게 하거나, 해당 여행에 가이드로 참여시키고 있다.

③ 바캉스 블루스(프랑스)

자료: https://www.vacancesbleues.fr/fr

바캉스 블루스(Vacances Bleues)는 프랑스 시니어 관광분야에서 가장 성공한 사례로 1971년에 설립되었다. 1973년 ARRCO, AGIRC, Organic 등 퇴직공제조합기관의 휴가와 숙박 관련 업무를 시작한 후, 시니어여행 전문기업으로 성장하였으며, 1980년대 중반 이후 손자, 손녀와 함께하는 상품을 개발하였다. 현재 130여개의 국내외 여행지를 대상으로 예술, 하이킹, 자전거, 겨울스포츠 등 다양한 주제의 상품들을 개발하여 운영하고 있다.

④ 세븐스타즈 인 규슈(일본)

JR규슈의 세븐스타즈 인 규슈(ななつ星 in 九州)는 호화롭게 꾸며진 열차로 2013년 10월에 첫 운행을 시작하였다. 규슈 전체를 둘러보는 3박 4일 코스와 규슈 북부를 둘러보는 1박 2일 코스가 각각 주 1회 운행되는데, 규슈 7현과 규슈의 7대 관광지를 7량의 객차로 운행하고 있다. 승차하는 하카타역에는 승객전용의 라운지가 운영되고 있고, 모든 룸이 스위트룸으로 최상의 공간에서 규슈의 멋진 풍광을 감상하면서 산해진미를 맛볼 수 있다. 세븐스타즈 인 규슈의 강점은 여행일정에 대한 사전협의, 식사 시 알레르기 유무 체크 등 고객의 작은 부분까지도 배려가 이루어진다는 점이며, 투어 중에는 경유지에 거주하는 현지인들에 의한 이벤트도 진행되어 여행의 감동을 한층 더 높여주고 있다. 세븐스타즈 인 규슈는 시니어들을 위한 공간을 제공하기 위해서 초등학생 이하는 승차를 제한하고 있다.

⑤ 프리버드클럽(미국)

시니어 대상의 에어비앤비라 할 수 있는 프리버드클럽(The Freebird Club)은 2015년에 설립되어 2016년에 영업을 시작하였다. 프리버드클럽은 50대 이상의 시니어가 자신의 집 또는 방을 시니어 여행자에게 대여해 주는 숙박서비스이다. 창업자인 피터 망간은 시니어가 젊은 사람들에 비해 본인의 집을 소유하고 있는 경우가 많고, 자녀들이 성장하여 떠난 후 남겨진 빈방을 숙박서비스를 통해 활용하면 수입을 얻을 수 있다고 생각했다. 프리버드클럽은 에어비앤비에 비해 시니어가 편리하게 사용할 수 있도록 문자메시지로 예약정보와 긴급정보를 보내 준다.

여행자는 기본적인 인적사항과 사진, 신분증 등을 사전에 제출해야 하며, 집주인의 사전심사를 통하여 선정된다. 집주인과 여행자는 프리버드클럽 사이트를 통해 서로의 정보를 확인할 수 있다.

4. 시니어 여가산업의 전망

우리나라는 빠른 고령화와 저출산 현상이 계속되고 있으며, 800만 베이비부머(1955~1963년생)가 고령층으로 진입하였다. 향후 고령사회의 주요 소비자가 될 베이비부머는 산업화와 민주화를 거치며 경제력을 갖추어 기존의 수동적인 시니어 소비자에 비해 소비여력이 높은 특징을 가지고 있다. 이전 세대보다 건강, 교육, 경제적 수준이 향상된 베이비부머가 대거 노년기로 진입함에 따라 시니어 여가시장은 급격한 성장세를 보일 것으로 전망된다.

1) 전망

(1) 문화(콘텐츠)산업 분야

건강하고 활기찬 노후를 보내기 위한 50~60대를 중심으로 최근 문화콘텐츠 시장이 움직이고 있다. 이들은 은퇴를 앞두었거나 이미 회사를 떠났음에도 적극적으로 문화와 소비 생활을 향유하고 있다. 최신 IT기술과 제품사용에 익숙한 액티브 시니어들로 인해 인터넷 이용시간도 늘어날 것으로 전망된다. 인터넷을 통한 정보의 획득뿐만 아니라 취미생활에서도 SNS를 통하여 자기를 표현하는 데 적극 활용하고 있다.

액티브 시니어를 중심으로 한 취미 웹사이트는 더욱 활발해질 것으로 예상되며, 특히 과거 필름사진을 많이 간직하고 있는 시니어들을 대상으로 디지털 복원서비스나 사진 스캔이 가능한 모바일 앱 등의 영역에서 비즈니스가 활발히 이루어질 것으로 예상되고 있다.

시니어층을 공략하기 위하여 뉴미디어업계도 발 빠르게 움직이고 있다. 그 중에도 가장 적극적인 곳은 IPTV업계이다. KT는 IPTV브랜드 '올레TV'에 시니어세대 맞춤 큐레이션 서비스인 '청 · 바 · 지(청춘은 바로 지금부터)'를 도입했다. 시니어를 위해 1,000여편의 맞춤형 콘텐츠를 편성하여 고전영화, 인문학 강의, 건강, 취미, 여행, 공연 등 다양한 장르의 프로그램을 운영하고 있다. SK브로드밴드도 자사 IPTV인 'Btv'에 '시니어 메뉴' 코너를 마련하여 건강과 취미 등의 콘텐츠를 추천하고, 생활패턴과 연계한 홈트레이닝 및 여행지 추천 등의 서비스를 제공하고 있다.

(2) 스포츠산업 분야

높은 체력이 요구되어 청년 위주의 스포츠로 분류되었던 축구나 배드민턴 등도 시니어들의 참여가 늘어나기 시작했다. 그러나 시니어들이 즐길 수 있는 스포츠 인프라가 부족하고, 참여하는 인구도 제한적이어서 스포츠 동호회의 신설이나 시니어 스포츠대회의 개최가 어려운 실정이다. 스포츠가 사회적으로 활동이 줄어드는 시니어들에게 교류의 장을 제공해 줄 수 있을 뿐만 아니라 정신건강에도 도움이 되기 때문에 스포츠산업에 대한 액티브시니어들의 관심은 지속적으로 늘어날 전망이다.

시니어들의 스포츠와 관련된 상품 소비도 눈에 띄게 증가해 롯데백화점에 따르면, 2016년 스포츠 상품군 소비에 50대 이상 고객의 구매단가가 30대 고객의 구매단가를 앞질렀으며, 스포츠 매장에서 200만 원 이상 구매한 장년층의 고객매출도 2010년에 비해 130%가 올랐다.

(3) 여행관광산업 분야

2016년 국민여행실태조사에 따르면 우리나라 50대가 40대 다음으로 높은 빈도로 국내 관광여행을 경험하였다. 이들의 관광목적은 친목도모가 주를 이루었다. 반면, 60대는 여가 등 순수한 관광목적의 여행을 주로 하는 것으로 나타났다. 50대 이상의 해외여행도 증가하였는데, 이는 50대 이상 여행인구의 건강상태가 좋아지고 미디어에서의 여행관련 노출이 증가하였기 때문인 것으로 추정된다.

일본의 한큐교통사에서는 무릎 관절이 좋지 않은 시니어들을 위해 걷는 시간을 최소화하고 계단이 없는 루트를 선택할 수 있도록 하는 여행코스를 개발하여 제공하고 있으며, ANA항공은 '와인을 맛보기 위한 프랑스 시골체험'이나 '야생동물 탐방을 위한 아프리카 여행' 등의 상품을 기획하여 운영하는 등 여행상품이 고객의 니즈에 따라 더욱 세분화 및 차별화되고 있다.

2) 활성화 방안

(1) 시니어 여가정책 분야

고령사회라는 환경적인 변화에 대처하기 위해 정부에서는 관련법을 제정하고, 지원 정책 등을 마련하여 경제적 파급효과가 큰 시니어 여가산업을 집중 육성하여야 할 것이다.

이를 위해, 첫째, 시니어 여가산업의 범위를 명확하게 설정하고, 해당 산업의 지속적인 성장을 위하여 소비자 수요조사를 실시하여 기반조성에 힘써야 할 것이다. 둘째, 시니어 여가산업이 지속적으로 성장할 수 있는 생태계가 될 수 있도록 노력해야 할 것이다. 이를 위하여 분야별 전문 인력을 양성하고, 창업을 유도하기 위한 초기 창업자본의 지원, 제품 및 서비스 R&D를 통한 표준화를 실시하여야 할 것이다. 셋째, 다양한 분야의 변화하는 수요를 분석하고 개발하여야 할 것이며, 이를 위해 지역사회 자원과의 연계가 필요하다. 넷째, 고령층의 여가경력을 개발하기 위하여 새로운 여가활동을 경험하고 체험할 수 있는 프로그램의 개발과 이를 지원할 여가전문인력의 양성이 필요하다. 마지막으로, 의료관광, 체험관광 등 소비자의 니즈에 맞는 다양한 여가상품 및 서비스의 개발이 필요하다.

(2) 시니어 여가산업 분야

시니어 여가산업 분야에 진출하고자 하는 기업은 시니어 소비자에 대한 철저한 분석이 필요하다. 시니어들은 살아온 시대와 직업 및 학력 등 지니고 있는 사회적 특성에 따라 서로 다른 가치관을 가지고 있으므로 하나의 집단으로 인식하고 접근해서는 안된다. 같은 연령일지라도 하고 있는 일의 특성에 따라 관심사항이 다를 수 있고, 동일한 경제력을 가지고 있어도 직업의 유무에 따라서 관심을 보이는 분야가 다를 수 있으므로 시니어 세대 간의 차이점과 공통점을 세분화하여 타깃별로 접근하여야 할 것이다.

과학과 의료기술의 발달로 기대수명이 길어지고 건강한 신체를 유지하여 독립적으로 생활하려는 시니어가 지속적으로 증가하고 있으므로 스포츠 분야에서는 이들의 니즈에 맞추어 전용 스포츠센터를 설립하거나 신체 특성에 맞는 맞춤 프로그램을 제공하여야 할 것이다. 또한 국내외 여행에 정기적으로 참여하는 시니어가 늘어가고 있기 때문에 소비자 각자의 취향에 맞는 여행코스를 구성하고, 여행과 교육, 여행과 스포츠, 여행과 체험 등의 다양한 프로그램의 개발이 필요하다.

영화관이나 공연장을 즐겨 찾는 등 함께 모여 취미생활을 공유하는 시니어들도 증가하고 있으므로, 복합문화공간 및 여가엔터테인먼트 프로그램 등의 상품(서비스)을 다양화해 나가야 할 것이다. 예를 들어, 앞서 설명한 미국의 모어댄어카페는 학습강좌와 건강강좌, 음식과 여행 등을 통하여 시니어뿐만 아니라 그들의 가족들과 지역주민들의 참여도를 높이고 있다. 우리나라도 이러한 복합문화공간을 제공하여 시니어들이 여가생활과 문화생활을 동시에 즐길 수 있도록 해야 할 것이다.

참고문헌

김원제, 조항민, 최현주, 최부헌, 송해룡(2018). **시니어 비즈니스 블루오션**. 경기: 한국학술정보.

문화체육관광부(2013). 2013 여가백서.

문화체육관광부(2016). 국민여가활동조사.

최순남(2002). **현대노인복지론**. 서울: 법문사.

한국보건산업진흥원(2014). 고령친화산업 실태조사 및 산업분석.

한국보건산업진흥원(2014). 고령친화서비스산업 개발 및 활성화방안.

한국보건산업진흥원(2017). 고령사회, 시니어시프트에 대응하는 국내의 비즈니스 혁신 사례.

Dumazedier, J. (1967). *Sociology of leisure*. New York: Elsevier.

Kaplan, M. (1960). *The uses of leisure: Handbook of social in gerontology*. Chicago: University of Chicago Press.

Parker, S. (1976). *The sociology of leisure*. London: George Allen & Unwin.

http://nsga.com

http://shimamura.co.jp

http://www.50campus.or.kr

http://www.egurus.ca

http://www.eldertreks.com

http://www.matherlifeways.com

http://www.National Senior Games Association

http://www.onedayu.com

http://www.roadscholar.org

http://www.rowadventures.com

http://www.smart.knou.ac.kr

http://www.vacancesbleues.fr

https://facebook.com/avexlifedesignlab

https://www.jnto.go.jp

SENIOR BUSINESS

제9장

시니어 뷰티산업

안성남 진주영

시니어 세대가 가장 원하는 것은 건강하고 아름답게 나이를 먹는 것, 즉 '웰에이징'이다. 웰빙과 힐링이 결합된 의미의 웰에이징의 중심에는 '액티브 시니어(active senior)'가 있다. 액티브 시니어들은 외모나 건강관리 등에 관심이 많아 자신에 대한 투자를 아끼지 않는다. 또한 여유 있는 경제력을 기반으로 경기의 흐름에 별 영향을 받지 않고 프리미엄 제품에 대해 높은 구매력을 행사하기도 한다.

평균수명이 늘고 시니어들의 소비 트렌드가 변함에 따라 젊음과 아름다움을 유지하기 위해 자신에게 과감하게 투자하는 경향이 대세로 자리 잡았다. 우리나라도 고령사회로 진입함에 따라 '시니어 뷰티(senior beauty)'라는 분야가 부각되면서 시니어 뷰티산업과 관련된 제품은 물론 새로운 분야의 직업군도 떠오르고 있다.

자신의 삶을 주도적으로 즐기며 진화해 가는 시니어들이 당당히 요구하는 뷰티 제품과 서비스에 대해 좀 더 깊은 관심을 가지고, 시니어 뷰티산업에 대해 살펴본다.

1. 시니어 뷰티산업의 개념

1) 시니어 뷰티산업이란

인간은 누구나 아름다워지고 싶은 욕망을 가지고 있다. 이러한 욕망을 채우기 위해 남자들은 초콜릿 복근에 집착하고, 여자들은 S라인과 V라인에 열광한다. 아름답고 싶은 열망은 자신을 가꾸고 관리하는 것뿐만 아니라 건강을 위해서도 꼭 필요한 일이다. 요즈음 100세 시대 준비를 떠나서 누구보다 열렬한 청춘을 맞이하는 시니어들이 늘고 있다. 이들은 '나이는 단지 숫자일 뿐이다'라고 외치며, 오늘도 자신의 아름다움을 가꾸기에 바쁘다. 그리고 스스로를 '꽃중년'이라 말하며 젊은 삶을 살아가고 있다. 아름다워지고 싶은 욕망은 나이가 든다고 해서 수그러들지 않는다. 이러한 흐름에 힘입어 시니어 뷰티산업은 최근 지속적으로 성장해 왔으며, 앞으로는 성장세가 더욱 가파르게 올라갈 것으로 예상된다.

여기서 우리는 4050 세대에 주목해야 할 필요가 있다. 4050 세대는 과거 '중년'의 이미지와는 완전히 다른 성향을 보인다. 이들은 최신기술과 온라인을 능숙하게 이용하고, 자신만의 가치를 추구하며 인생을 즐기고자 한다. 액티브 시니어도 뉴노멀 중년과 마찬가지로 외모와 건강관리 등에 많은 관심을 갖고 자신에 대한 투자를 아끼지 않는 성향을 보인다. 이들 또한 과거 '노인'의 이미지와는 다른 자신들만의 '삶의 방식(lifestyle mind)'을 보이고 있다. 이들은 육체적 기능 및 외모변화와 함께 심리학적 · 사회인구학적 변화를 동반하여 그에 맞는 새로운 환경에 따른 생활양식을 요구한다. 이들의 아름다움에 대한 열망은 보통 수준을 크게 넘어서고 있으며, 시니어 뷰티산업의 전망을 밝게 하고 있다.

뷰티산업에서 '뷰티(beauty)'라는 것은 아름다움[美]을 의미하는 것으로, 라틴어의 '예쁘다(bellus)'와 '좋다(good)'라는 뜻의 'bonus'가 하나로 합쳐진 것이다. 따라서 '뷰티산업'이라고 하는 것은 아름다움을 위한 제품 및 서비스와 관련된 산업을 의미하며, '시니어 뷰티산업'이란 시니어의 아름다움을 위한 제품 및 서비스를 제공하는 행위라고 할 수 있다. 다시 말해, '뉴시니어층'으로 흡수될 뉴노멀 중년층과 액티브 시니어를 위한 뷰티 예술, 뷰티 감성, 차별화된 심미적 감각으로 미래의 다른 시니어산업에 영향력을 끼칠 수 있는 핵심산업을 '시니어 뷰티산업'이라고 할 수 있을 것이다. 여기에는 예술성과 장인정신이 경쟁력의 원천으로 자리하고 있다.

시니어 뷰티산업은 더 이상 특수한 사업영역이 아니다. 국내의 시니어 세대 소비패턴 분석은 물론, 시니어비즈니스가 활성화된 선진국의 사례를 발굴하고 벤치마킹(benchmarking)하여 시니어 뷰티산업의 다차원적인 전략을 수립할 필요가 있다.

2) 시니어 뷰티산업의 소비자 특성

나이를 초월해 자신의 스타일을 추구하며 '젊음 지향'을 추구하는 자유로운 개성을 지닌 시니어들이 있다. 이들은 기존의 시니어 세대와 다른 소비행태를 보이는 '뉴시니어(new senior)' 중에서도 새로운 가치소비를 주도하는 계층으로, '액티브 시니어'라고 한다. 통계청이 발표한 '2017년 가계금융조사'에 의하면 액티브 시니어의 가구소득은 6,367만 원, 가구자산은 44,981만 원으로 모든 연령대보다 높게 나타난 것을 알 수 있다. 액티브 시니어는 안티에이징(anti-aging)에 노력을 기울이며, 자신들의 라이프스타일을 창조하고, 그들만의 자연스럽고 멋스러운 감각을 만드는 특성이 있다. 또한 건강과 여유로운 자산을 바탕으로 사회활동에 적극적으로 참여하고 소비생활과 여가생활을 즐기는 것을 좋아한다.

적극적인 소비의욕을 가진 우리나라의 전후 베이비붐 세대가 시니어 세대의 새로운 소비계층인 액티브 시니어로 부상하였다. 앞으로 구매력이 높은 액티브 시니어가 소비 트렌드를 주도할 것이며, 이에 따라 시니어 뷰티산업

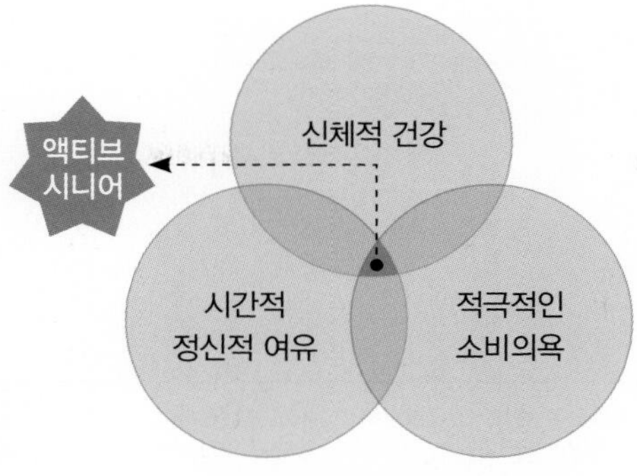

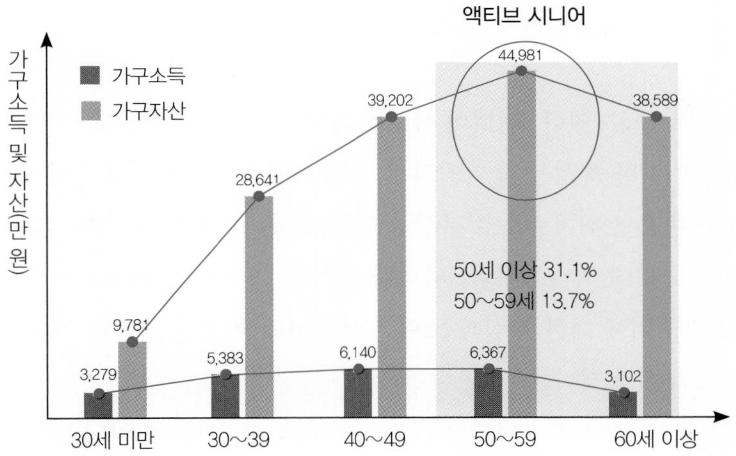

[그림 9-1] **액티브 시니어의 포지셔닝과 세대별 가구소득 및 자산**

자료: 통계청(2017) 재구성.

이 급성장할 것이라는 전망이 우세하다.

뷰티산업에 있어서 액티브 시니어의 가장 큰 특성은 남은 삶을 자신을 위해 더욱 적극적으로 펼치려는 욕구를 가지고 있으며, 여유로운 경제력을 바탕으로 젊어지기 위해 외모를 가꾸는 데 투자를 아끼지 않는다는 것을 들 수 있겠다. 이러한 특성은 한국방송광고진흥공사에서 발표한 '2015 소비자행태 보고서'에도 나타난다. 액티브 시니어의 약 67%가 외모를 꾸미기 위해 돈을 지출하는 것은 당연하고, 30~40대보다 외모에 더 신경 쓰고 있다고 답변한

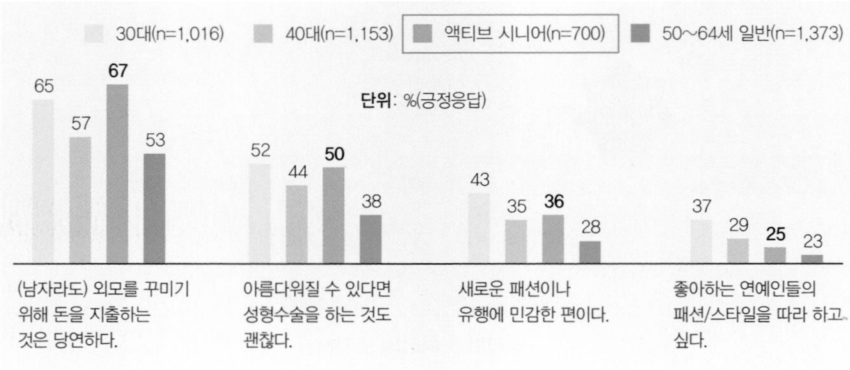

[그림 9-2] **세대별 외모 관련 태도**

자료: 한국방송광고진흥공사(2015).

것으로부터 알 수 있다. 시니어 뷰티산업에서 새로운 비즈니스 기회를 얻기 위해서는 이러한 특성을 잘 파악하는 것이 무엇보다 중요하다고 하겠다.

이렇듯 주요 소비자층으로 부상한 액티브 시니어들은 세월의 흔적을 최소화하려는 노력에 적극적이다. 넉넉한 자산과 소득이 있는 액티브 시니어들의 외모 가꾸기에 대한 관심과 노력은 뷰티산업에 많은 영향을 미치고 있고, 앞으로도 계속될 것이다.

세대문화는 끊임없이 변화하고 진화되고 있다. 기존의 시니어 세대는 필

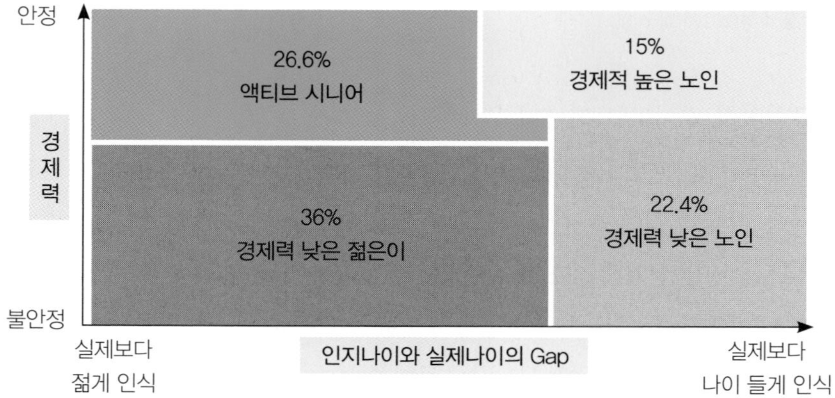

[그림 9-3] **경제력과 인지나이에 따른 시니어 그룹 구분**

수적으로 지출해야 하는 음식료품이나 주거비 등에 소비를 치중하였다. 그런 반면, 현재의 중산층인 액티브 시니어는 자신의 건강과 미용, 외식, 자기계발, 여가 · 문화활동에 적극적으로 비용을 지출하여 필수적인 소비에만 집중하지 않는 특성을 보이고 있다.

2. 시니어 뷰티산업의 특징과 종류

1) 시니어 뷰티산업의 특징

과거에는 나이가 들면 뷰티나 패션에 별로 관심을 갖지 않았다. 하지만 요즈음은 시니어라도 적극적으로 자신을 표현하는 일에 망설이지 않는다. 이러한 시니어의 변화에 맞추어 '뷰티'를 연결해 주는 비즈니스가 늘고 있다. 뷰티는 이제 젊은 세대의 전유물이 아니다. 라이프스타일이라는 좀 더 큰 카테고리가 중요하게 대두되면서 뷰티는 시니어 세대가 자신의 취향에 맞는 삶을 보내는 데 꼭 필요한 콘텐츠가 되었다.

노화를 막을 수는 없지만 충분히 늦출 수는 있다. 시니어들의 외모에 대한 적극적인 관리, 지속적인 관심과 노력은 노화를 지연시키는 충분한 에너지가 되고 있다. 그리고 그 행위는 가치소비 문화로 계속 진행될 것이다. 고령화에 따른 시니어 뷰티산업은 변화의 흐름 속에서 시니어의 다른 산업과 융합되어 새로운 거대한 시장으로 확대될 것으로 전망된다.

시니어 뷰티산업은 외모를 가꾸는 욕구충족의 단순한 목적을 넘어 생활의 질을 향상시킨다. 그뿐만 아니라 실제로 건강지수 향상, 우울증 개선에 효과가 있어 사회적 비용감소 효과의 기대가 가능한 것으로 검증되었다(예: '시세이도'가 독자적으로 개발한 화장요법 교육 프로그램).

'뷰티를 통한 외모의 자신감에서 비롯된 사회의 건강한 소속감은 마음의 충족이 결여된 노인의 자살률을 낮추는 요인이 된다.'라는 연구결과가 있다.

[그림 9-4] **화장품업계의 떠오르는 분야, 시니어 화장품**

이렇듯 시니어를 위한 뷰티 외적 디자인은 뷰티 내적 디자인의 심리적인 만족도, 정신건강, 사회성과 많은 연관성이 있다. 그러므로 시니어 뷰티산업은 시니어 세대에게 적극적인 사회활동과 긍정적인 삶을 영위할 수 있도록 기능적인 면과 심미적인 면을 고려하고 감싸주는 특징이 있는 차별화된 산업이라 할 수 있겠다. 이러한 시니어 뷰티산업의 특징을 고려하여 화장품업계에서는 이미 큰손으로 떠오른 액티브 시니어층을 공략하기에 나섰다.

2) 시니어 뷰티산업의 종류

우리나라는 물론 전 세계적으로 고령화가 빠르게 진행되면서 시니어 뷰티산업은 그 성장 가능성을 주목받고 있다. 이는 곧 국내외에 거대한 시니어 뷰티산업의 창출을 의미한다고 볼 수 있을 것이다.

시니어 뷰티산업은 크게 뷰티 제조업, 뷰티 서비스, 연관 산업(산업융합 분야)으로 나눌 수 있다. 상호 연결성을 가진 다른 시니어산업과 적지 않은 영향력을 끼칠 수 있는 충분한 특징을 지니고 있다. 따라서 시니어 뷰티산업은 개별화된 산업들의 융합으로 인하여 변화와 혁신을 이끌어 낼 것이다.

한국기술진흥원 보고서에 의하면 항노화 산업의 한 분야인 뷰티산업은 '웰빙(well-being)'과 '웰에이징(well-aging)'을 위한 고부가가치 산업이 될 것이라는 전망을 내놓았다. 시니어 뷰티산업 문화는 개인의 일상생활, 라이프스타일과 직접적인 관련이 있다. 그리고 개인별 또는 생활하는 지역이나 국가별로 약간씩 다른 성향과 소비패턴의 문화를 창출해 내고 있다.

성장동력으로서의 시니어뷰티 서비스산업의 종류는 크게 헤어, 피부, 네일아트, 메이크업으로 구분된다. 이러한 시니어뷰티 서비스산업에 대한 국내외 수요는 계속 증가하고 있다. 현재 국내 뷰티서비스산업의 시장규모는 화장품, 헤어, 피부 관리, 네일아트, 풋케어, 타투, 메이크업 등을 합쳐 약 10조 원대에 이르는 것으로 추산된다.

높은 성장잠재력, 고용창출 효과, 관련 산업과의 연계성 등을 감안할 때 시니어 뷰티산업은 새로운 서비스 산업으로 육성될 수 있는 잠재력을 충분히 가지고 있다. 그리고 해외시장을 개척할 수 있는 유망한 분야로 평가되고 있다.

3) 시니어 뷰티산업의 중심, 안티에이징

시니어 뷰티산업 중 시니어 화장품의 최대 관심사는 '안티에이징(항노화, 노화방지)'이다. 노화는 모든 인간이 보편적 · 필수적으로 겪는 생명현상이다. 수명이 연장됨에 따라 안티에이징 분야에 대한 관심이 집중되고 있다. 최근에는 젊은 세대에서 노화복구보다 사전예방이 더 효과적이라는 인식이 늘면서 안티에이징에 대한 니즈가 급증하고 있다. 즉, 젊음과 아름다움을 추구하는 안티에이징 트렌드가 빠르게 확산되면서 미의 개념도 '화려함'에서 '젊음'으로 진화하고 있다는 것이다.

필러 및 보툴리눔 톡신, 미용서비스, 기능성화장품 및 항노화 건강기능식품 등 안티에이징 산업의 고객층은 고소득자나 연예인 등 미용에 관심이 높은 사람에서 중산층과 일반대중으로 확대되고 있다. 또한 안티에이징에 대

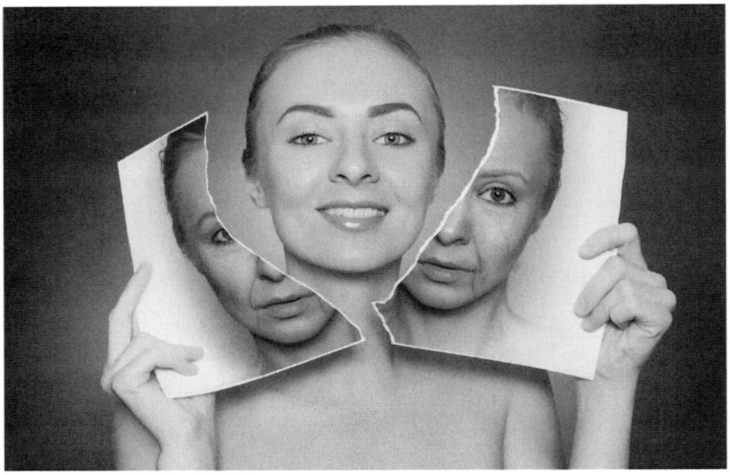

[그림 9-5] **안티에이징**

한 관심이 사회전반에 걸쳐 증가하고 있는 실정이다.

안티에이징 시장은 화장품 등의 소비재 분야, 의료 분야, 서비스 분야 등으로 나눌 수 있다. 화장품 분야에서는 나이가 들어감에 따라 발생하는 피부노화 억제 등의 소비자욕구에 부응하기 위한 미백, 노화억제, 자외선차단 등의 기능성화장품이 지속적으로 개발되고 있다. 최근에는 코스메슈티컬[화장품(cosmetics)과 의약품(pharmaceutical)의 합성어]이 수익모델로 급부상하면서 패러다임 변화를 선도하며 성장하고 있다.

뷰티산업에서의 안티에이징은 '노화를 늦추거나 노화증상을 완화하는 기술이나 상품, 비즈니스'라고 정의할 수 있다. 그리고 안티에이징의 목적을 노화예방, 증상완화 등 임상적 효능추구로 구체화하고 있다. 즉, 안티에이징 산업은 건강하고 행복한 상태를 목적으로 하는 헬스케어 산업의 한 분야로서 예방 및 관리를 통한 라이프케어에 중점을 두고 있다.

3. 시니어 뷰티산업의 현황과 국내외 사례

1) 우리나라의 시니어 뷰티산업의 현황과 사례

요즈음 부모님 세대를 들뜨게 하는 관심 키워드는 '액티브 시니어'이다. 이를 반영하여 어버이날 효도선물 테마가 '건강'보다 '미용'으로 옮겨지는 추세이다. 2018년 가정의 달 선물소비는 이미용기기 상품이 홍삼이나 안마의자 등 전통적인 선물을 앞지른 것으로 나타났다. 롯데홈쇼핑은 '올해 5월에는 예전과 달리 외모 · 몸매 관리를 위한 기능성상품 소비경향이 뚜렷해졌다. 그리고 최근 3년간 5월 1~22일 판매상품(주문건수 기준)을 분석한 결과, 올해 5월의 판매상품 중에서 외모와 몸매를 관리하는 다운에이징(down-aging) 상품은 평균 2배 늘었다고 밝혔다. 또한 이에 대한 대표적인 상품으로 셀프 이미용 관리기기가 지난해보다 138% 늘었다고 밝혔다.

노후에도 활발한 여가활동을 즐기는 액티브 시니어가 증가하면서 '나이 들어 보이는' 선물 대신 가성비와 건강한 라이프스타일을 따진 선물을 모색하는 자녀세대가 늘고 있다. 이런 '뷰티 효도'를 고민하는 이유는 예뻐지고 싶은 부모님의 마음을 사로잡기 위함이 아니겠는가? 이들 중에는 피부과 정기권을 끊어 드리는 이들도 있지만, 오고 가는 것이 번거롭다면 집에서도 간편하게 셀프케어를 할 수 있는 뷰티 디바이스를 선물하는 이들도 있다.

'실큰'의 'FaceFX'는 피부의 탄력을 되찾아 주는 안티에이징케어 의료기기로 잔주름과 피부관리에 관심이 많은 부모님 세대로부터 환영받고 있다. LED 레드라이트가 피부 진피층의 콜라겐을 재생해 피부 자체의 내성을 키우고, 세포 재생을 통해 팽팽하게 리프팅해 탄력을 되찾도록 돕기 때문이다.

시니어 뷰티산업에 있어서 이들의 영향력은 앞으로 더욱 커질 것으로 예상된다. 이러한 시니어들의 화장품 사용률은 88.5%이며, 하루 사용횟수는 약 2~3회 정도로 젊은 층과 비슷한 횟수로 나타났다. 이는 시니어들이 뷰티에

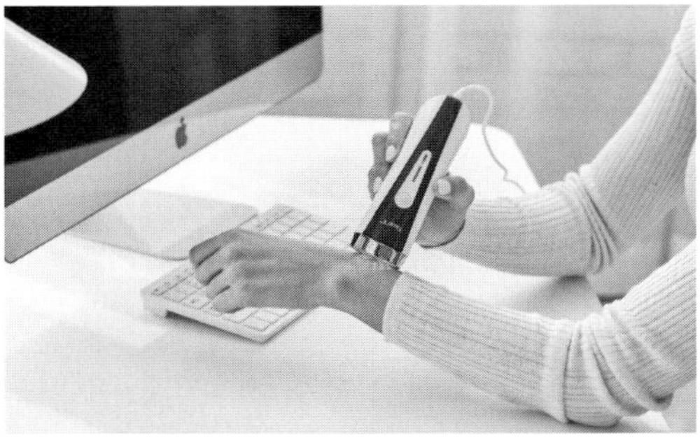

[그림 9-6] **안티에이징 뷰티 디바이스, 실큰의 FaceFX**

자료: http://www.silkn.co.kr

대한 관심이 그만큼 높다는 것을 말해 준다.

자연주의 시니어 화장품 전문브랜드 'EK뷰티'가 내놓은 'EK 플로럴 바디 클렌징 젤'이 있다. 피부를 산뜻하게 해 주고 수분 보유력을 높여 주는 젤 타입의 바디클렌징이다. 노인 냄새 제거효능이 있는데 자연적인 노화현상으로 생성되는 '노네날(nonenal)'이라는 물질을 제거해 주어, 본인과 주변사람에게도 오랫동안 향긋한 향을 느끼게 해 준다. 'EK 플로럴 바디로션'은 체취, 노인 냄새를 제거해 주는 성분이 들어 있다. 고급스러운 향기가 오래 유지되고, 미끈거리지 않는 느낌으로 피부의 결을 정돈해 준다. 또한 가려움을 진정시키

[그림 9-7] **시니어 화장품 전문브랜드 EK뷰티의 바디클렌징 젤과 바디로션**

자료: http://www.ekbeauty.co.kr

고, 보습유지력이 높은 약산성 바디로션이다.

이러한 시니어를 위한 제품들은 부모님 효도선물로 인기가 좋다고 한다.

전 세계적으로 업계 전반에서 시니어 세대가 중요한 소비계층으로 떠오르고 있는 가운데, '국내 화장품업계에서는 이에 대한 대비가 다소 미흡하다'라고 보는 시각도 있다. 아직 국내 유명 화장품업체들은 이러한 사회적 추세를 따라가지 못하고 있는 실정이라고는 하나, 모든 업체가 시니어 세대를 위한 뷰티제품 개발에 무관심한 것은 아니다. '아모레퍼시픽'의 경우, 시니어 세대들의 시장영향력을 무시할 수 없다는 판단 아래 오래전부터 대비해 온 것으로 알려져 있다. 실제로 아모레퍼시픽은 2015년 분당 서울대학교병원과 항노화솔루션 개발을 위한 협력 양해각서(MOU)를 체결하고 시니어 뷰티산업에 심혈을 기울이고 있는 것으로 알려져 있다.

2) 외국의 시니어 뷰티산업의 현황과 사례

최근 베이비붐 세대는 나이가 드는 것을 '운명'이 아닌 '라이프스타일'로 받아들이는 경향이 있다. 따라서 산업전반이 시니어 세대에 집중하고 있다.

외국의 경우 중장년층 이상을 타깃으로 한 시니어 화장품을 이미 오래전부터 출시해 왔다. 1990년대 중반 독일의 '바이어스도르프(Beiersdorf)'사는 55세 이상의 여성을 상대로 한 페이셜 크림 '니베아 바이탈(Nivea Vital)'을 출

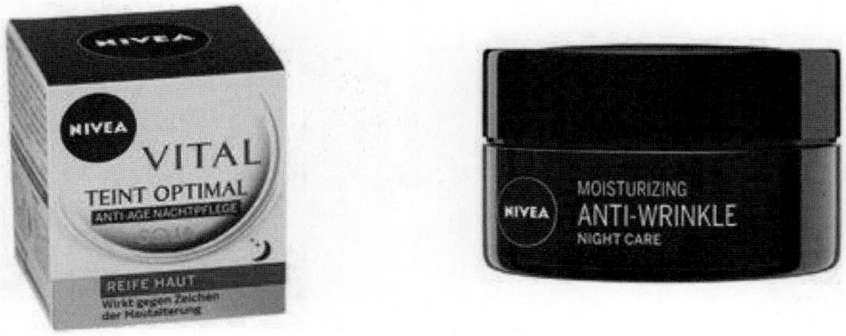

[그림 9-8] **독일 바이어스도르프사의 안티에이징 제품들**

자료: https://www.beiersdorf.co.kr

시한 바 있다. 시니어 화장품의 원조격인 이 제품은 시니어 전용화장품이 없었던 당시 큰 성공을 거두었다.

우리나라보다 훨씬 일찍 고령사회를 거쳐 초고령 사회에 접어든 일본에서는 50대 이상을 겨냥한 이른바 시니어 화장품이 뜨고 있다. 일본의 시니어들도 자신의 아름다움을 가꾸는 데 쓰는 비용은 20~30대 못지않다. 그렇다 보니, 이들을 잡기 위한 화장품업계의 경쟁도 치열하다. 일본의 50세 이상인 여성의 화장품 구매액이 일본 전체 화장품시장 매출의 절반을 차지할 정도라고 한다.

일본 유명화장품 브랜드 '카오(花王)'는 화장품 디자인에 시니어 소비자의 고민을 담아, '눈가가 처지는 노화현상에 따라 아이섀도와 아이라이너를 그리기 어렵다'라는 점을 제품에 반영하였다. 노안을 배려하여 확대경을 부착한 '브라이트업아이즈(ブライトアップアイズ)'라는 제품이 바로 그것이다. 또한 '시세이도(資生堂)'에서는 백내장을 가진 소비자들을 고려한 제품 '프리올(プリオール)'을 붉은 색상으로 제조하였다. 이러한 추세 속에서 시니어 모델을 단독으로 발탁하는 글로벌 화장품 기업들도 늘고 있는 실정이다.

백화점에서는 콜라겐을 주원료로 하여 주름예방에 도움이 되는 노화방지 전용화장품 매대를 흔히 볼 수 있다. 노안이나 백내장으로 시력이 떨어진 사람들을 배려해 눈화장 제품에 거울 대신 돋보기를 붙인 제품도 나와 있을 정

[그림 9-9] 시세이도 재팬에서 출시된 시니어 화장품 프리올(プリオール)
자료: https://shiseido.co.kr

도이다. 앞으로 몇 년 뒤에는 일본 전체 여성의 절반이 50대를 넘을 것으로 보여, 시니어 화장품 시장규모는 더 커질 것으로 예상된다.

4. 시니어 뷰티산업의 활성화 전략

최근 입에 자주 오르내리는 말 중 '그레이네상스(Greynaissance)'라는 말이 있다. 노인을 의미하는 '그레이(Grey)'와 부흥 · 전성기를 의미하는 '르네상스(Renaissance)'의 합성어이다.

액티브 시니어를 다 같은 노인으로 치부한다든가 과거의 것을 찾는 그런 사람으로 봐서는 곤란하다. 자기관리를 할 줄 아는 사람으로서의 접근이 필요하다. 이들은 '난 아직 젊어'를 외치며, 자기 나이보다 아래 세대의 상품을 찾는다. 시니어 세대가 보편적으로 원하는 '건강'이라는 욕망을 넘어선 신체적 · 정신적 '젊음'을 중시하는 이들에게 노화를 막는 '안티에이징'과 젊어지려는 '다운에이징'이 뷰티산업의 주요 트렌드로 부상하고 있다.

시니어뷰티 비즈니스 기회는 뉴시니어의 '젊음'에 대한 욕구를 충족시킬 때 발생할 것이다. 뉴시니어를 대상으로 하는 제품은 기존의 고령자 제품처럼 '고령용'을 강조하기보다는 시니어의 경험을 존중하는 특성을 반영해야 효과적이다. 청장년층을 겨냥해 내놓은 제품이 예상을 깨고 시니어 층에서 인기를 끄는 경우가 꽤 있다. 이 때문에 기업에서는 50대보다 더 고령층을 겨냥한 제품을 출시하면서도 이들보다 젊은 '청장년 제품'이라고 강조하는 마케팅을 펼치기도 한다.

화장품업체들의 경우 고령층 구매에 힘입어 고가의 노화방지 · 안티에이징 화장품 판매가 호조를 보이고 있지만, 업체들은 고령층에 한정된 마케팅을 피하는 실정이다. '노인을 위한 화장품'이라고 알리면, 연령대가 높은 소비자들이 제품구입을 피하게 될 것을 우려하기 때문이다. 따라서 '고가의 기능성 화장품'이라는 것을 강조해 시니어 소비자들이 자연스럽게 구매하도록

〈표 9-1〉 뉴시니어 대상 실패하는 카피와 성공하는 카피

상품	실패 사례	성공 사례
골프	시니어 투어	챔피언 투어
보안경	시니어 글라스	리딩(reading) 글라스
여행상품	은령(銀鈴) 이야기	동요의 뿌리를 찾아
화장품	50세 이상을 위한 메이크업 상담회	열 살 젊어지는 메이크업 상담회

자료: 마츠무라 키요시 저, 박규상 역(2007).

유연성을 두기도 한다.

시니어의 소비구조를 보면 소비성향도 높고, 가치소비를 즐겨 소비 지출액 증감률은 다른 어느 연령대보다 높은 것으로 나타난다. 시니어비즈니스 업계에서는 구매력이 높고 모바일 쇼핑에도 능숙한 중장년층 액티브 시니어를 겨냥한 마케팅 활동을 강화하기에 이르렀다.

시니어비즈니스의 거대 소비시장에 접근하기 위해서는 현재의 '시니어'층과 '뉴노멀' 중년층이 향후 시니어 소비자가 될 것이라는 사실을 염두에 두어야 할 것이다. 그리고 우선 이들의 라이프스타일과 세대성향, 세대문화, 세대 특성 파악이 무엇보다 중요하다고 하겠다. 노인이 되더라도 멋지게 늙어가기를 원하고, 나이를 드러내는 것을 원하지 않는 시니어 소비자의의 특성을 감안하여 '50세 이상을 위한 뷰티'보다 '열 살 젊어지는 뷰티'라는 표현을 쓰는 것이 더 효과적일 것이다. 연령에 무관하게 누구든 사용할 수 있는 '유니버설 디자인'의 순화된 표현방식인 '에이지리스(ageless)' 전략이 필요하다고 하겠다.

시니어의 뷰티 제품과 서비스에 유니버설 디자인을 적용하여 에이지리스의 뷰티 감각을 추구하는 시니어를 만족시키기 위한 노력들이 시도되고 있다. 변화하는 시니어 소비자의 특성을 고려하여 나이가 들어도 아름다움을 유지해 실제연령을 느끼지 못하도록 가치소비로 이끌 수 있어야 한다. 또한 이들의 라이프스타일을 대변할 뷰티 브랜드를 다각도로 개발할 필요가 있다.

시니어 뷰티시장을 공략하기 위해서는 시니어들이 어떤 상태에 있는가, 어

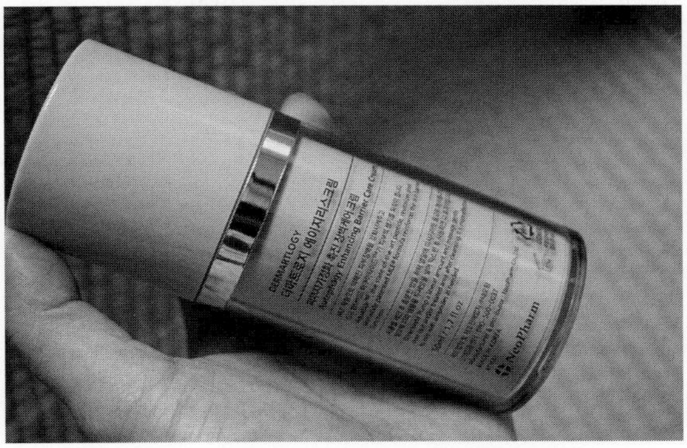

[그림 9-10] **에이지리스 화장품**

떤 것을 원하는가, 어떤 것을 인생의 목표로 삼고 있는가를 정확히 파악하고 접근해야 할 것이다. 뉴시니어시장은 이제 니치마켓(niche market)이 아닌 주력시장이다. 뷰티산업에 있어서도 젊음, 향수, 자아 등 뉴시니어의 니즈를 충족하는 상품으로 공략해야 한다. 시니어 입장에서 작은 불편함부터 파악하고, 이를 해결하기 위한 상품과 서비스를 제안하며, 고객을 철저히 관리하여 충성고객을 유인해야 할 것이다.

5. 시니어 뷰티산업의 발전 전망

사람은 누구나 '웰다잉(well-dying, 아름답게 죽는 것)'을 원하지만, 그것은 여간 어려운 일이 아니다. 그러나 그보다 더 어려운 것은 '웰에이징(well-aging, 아름답고 행복하게 늙어 가는 것)'이다. 요즘 액티브 시니어들은 웰에이징을 위해서 시간과 노력 그리고 돈 쓰는 것을 두려워하지 않는다. 이들이 산업의 지형을 바꾸고 있는 것이다. 은퇴 이후에도 소비생활과 여가생활에 적극적이며 사회생활에 적극적으로 참여하는 이들은 건강과 구매력을 바탕으로 자신에 대한 투자를 아끼지 않는다.

우리나라는 고령사회에 들어서면서 'SS[Senior(50대 이상 중장년층) · Silver

(65세 이상 노년층)]족'이 소비의 주축으로 부상하였으며, 기업들은 이를 겨냥한 사업을 확대하고 있다. 고령사회는 가전, 패션, 화장품, 의료, 식품 등 산업 전반에 걸쳐 변화를 일으키고 있으며, 특히 '시니어 뷰티'라는 분야가 더욱 조명받기 시작하였다. 이에 따라 시니어 뷰티산업과 관련된 새로운 직업군도 떠오르고 있는 실정이다.

이러한 뷰티산업은 최근 급속도로 발달하고 있으며, 시니어 뷰티산업의 발전속도도 빨라지고 있다. 시니어 뷰티산업은 경쟁력과 부가가치의 원천으로 부상하고 있을 뿐만 아니라, 명품 소비자층이 있는 액티브 시니어를 중심으로 한층 고급화 · 귀족화되는 추세이다. 이는 이들에게 맞는 감성을 기술에 접목하여 구매욕을 자극하기 때문이다.

시니어 뷰티산업이 새로운 시장의 동력으로서 부각된 이유는 이들이 지향하는 바가 일에서 지식을 지나 예술과 감성으로 이동하고, 세상이 바뀌면서 아름다움을 추구하고자 하는 본능이 더욱 강해지기 때문이다.

시니어 화장품시장에 있어서도 '액티브 시니어들이 선호하는 제품을 개발하고 판매할 수 있느냐'가 화장품업계의 성장을 좌우할 수 있을 것이다. 액티브 시니어는 다른 시니어 세대와는 달리 젊은 세대와 비슷한 모습을 보이면서도 많은 차이점을 가지고 있다. 따라서 고객을 보다 세분화해서 연구하고 대응할 필요가 있다.

한국보다 먼저 고령사회에 진입한 일본, 독일 등과 같은 해외 선진국의 기업들도 마찬가지로 다양한 시니어 뷰티산업을 벌이고 있다. 앞서 설명하였듯이 일본 화장품 업체 '시세이도'는 시니어 전용화장품 제품 '프리올'의 아이새도 뚜껑 등을 몸통과 대조되는 붉은색으로 디자인하였는데, 이는 백내장 등 시력이 떨어진 시니어 소비자를 배려한 것이라고 할 수 있다.

최근 시니어들은 실제나이보다 젊어 보이려고 하는 '탈(脫)시니어' 소비를 지향한다. 가정의 달에 액티브 시니어가 원하는 효도선물은 '현금'보다 '젊음'이다. 이들을 겨냥한 화장품들은 주로 미백이나 노화방지 기능을 포함하고 있다.

기존 시니어와 달리 뉴시니어 세대는 경제력을 바탕으로 활발한 소비활동을 벌이면서 나 자신의 아름다움을 가꾸는 일에 투자를 아끼지 않을 것이며, 이러한 기세 또한 꺾이지 않을 것이다. 따라서 액티브 시니어의 등장은 시니어 뷰티산업에 큰 영향을 미칠 것이며, 시니어 뷰티산업의 성장세는 지속될 것으로 전망된다.

참고문헌

김광석 외(2017). 고령사회 진입과 시니어 비즈니스의 기회. 서울: 삼정KPMG.

김신영(2018). 그레이네상스(Greynaissance). 서울: 브라보마이라이프.

김우선 외(2017). 고령사회, 시니어 시프트(Senior Shift)에 대응하는 국내외 비즈니스 혁신 사례. 충북: 한국보건산업진흥원.

김원제 외(2018). 시니어 비즈니스 블루오션. 경기: 이담북스.

마츠무라 키요시 저, 박규상 역(2007). 시니어 마케팅. 서울: 시니어커뮤니케이션.

마츠무라 키요시 저, 배양혜 역(2000). 돈을 벌려면 뉴시니어를 잡아라. 부산: 삼각형 M&B.

성남고령친화종합체험관 · 을지대학교(2015). 한국의 시니어 그리고 시니어 비즈니스. 경기: 성남시.

심우창(2017). 일본의 고령화 현황 및 고령사회 대책. 충북: 한국보건산업진흥원.

안신현(2011). SERI 경영노트-뉴시니어 세대의 3대 키워드. 서울: 삼성경제연구소.

유재성 외(2011). 고령친화산업 실태조사 및 산업분석. 충북: 한국보건산업진흥원.

유재성 외(2017). 화장품 정책 · 제도분석 및 해외빈출 지원. 충북: 한국보건산업진흥원.

이삼식, 김익기, 최효진(2013). 한 · 중 · 일 인구동향과 인구전략. 충북: 한국보건사회연구원.

이영찬(2017). 고령친화산업과 4차 산업혁명. 충북: 한국보건산업진흥원.

조은진, 유예진, 고충성, 이세경, 김지혜(2017). 일본 시니어 시장현황 및 우리기업 진출 방안. 서울: KOTRA.

통계청(2017). 2017년 가계금융조사.

한국방송광고진흥공사(2015). 2015 소비자행태보고서.

뉴스1(2017.12.04.). 시니어 겨냥한 업체들…… 소리없는 마케팅 전쟁.
데일리코스메틱(2015.03.03.). 화장품업계의 떠오르는 큰손, 시니어 화장품을 조명한다.
러브즈뷰티(2016.02.18.). 세계 유명 화장품업체 '실버 화장품'에 초점…… 국내는?
미래에셋은퇴연구소(2014.05.28.). 미(美)적 욕망은 연령과 무관하다. 시니어 화장품산업 주목!
싱글리스트(2018.01.24.). '액티브 시니어' 부모님 위한 설 선물 트렌드 4가지.
한국패션협회(2018.08.06.). 액티브 시니어 세대의 이해.
한국패션협회(2018.08.13.). 액티브 시니어 세대 타켓팅 전략.
헬스조선(2017.12.03.). 진정한 '안티에이징'이란.

SENIOR BUSINESS

제10장

시니어비즈니스와 과학기술

◆

이지흠 박해룡

인구구조의 변화와 삶의 질 추구는 현재의 복지과학기술 수준과 시니어비즈니스를 더욱 발전시키고 있다. 이 장에서 다루는 과학기술은 시니어의 필요와 목적에 따라 재료를 가공하고 사물을 만드는 행위를 의미한다. 특히 4차 산업혁명으로 이야기되는 초연결시대는 융합된 기술의 진일보를 통해 다양한 시니어비즈니스 산업을 성장시키고 있다. 특히 ICT, IoT, 빅데이터, AI, 로봇 등이 시니어비즈시스에 접목될 때 그리고 이들 기술이 네트워크를 형성하며 정제된 다양한 정보들이 분석되어 재가공될 때 그 시너지와 파급효과는 가히 폭발적일 것이다.

이 장에서는 4차 산업혁명시대에 시니어비즈니스에 과학기술이 어떻게 활용될 것이며, 그 전망은 어떠한지 살펴본다.

1. 4차 산업혁명시대 과학기술의 개념

과학기술이란 사전적으로 "자연 과학, 응용과학, 공학 따위를 실제로 적용하여 인간 생활에 유용하도록 가공하는 수단을 통틀어 이르는 말"이다. '과학'과 '기술'의 합성어인 '과학기술'에서 '기술'은 인간의 필요나 목적에 따라 재료를 가공하거나 사물을 만드는 것을 뜻한다. 과학기술이란 단어의 원어에서 오는 의미는 '과학과 기술'을 뜻한다. 근래는 4차 산업혁명이 사회 전반에서 화두가 되며 다양한 분야에서 큰 영향을 미치고 있다. 초연결시대를 상징하는 4차 산업혁명의 개념은 각 산업분야의 경계가 허물어지며 여러 분야의 정보와 기술들이 연결되고 융합되는 기술혁명을 뜻한다.

클라우스 슈밥(Klaus Schwab, 2016)이 세계경제포럼(World Economic Forum: WEF)에서 2016년에 이야기한 4차 산업혁명은 기술이 글로벌 가치사슬 구조를 근본적으로 어떻게 바꾸는지를 설명하는 용어이다. 즉, 개인의 요구에 맞추어 소규모 다양한 제품의 완전 생산이 가능해지며 모든 기술이 연결되고 융합되어 상호작용을 하는 것을 의미한다.

4차 산업혁명은 정보통신기술과 인터넷 기반의 네트워크를 바탕으로 서로 다른 분야의 연결과 융합을 통한 새로운 부가가치의 생산을 의미한다(한국직업능력개발원, 2017). 방대한 빅데이터는 분석을 통해 인간행동을 예측하는 도구로 활용된다. 이를 바탕으로 인간의 요구에 부합하는 제품과 서비스들이 만들어진다. AI는 방대하게 수집된 빅데이터를 바탕으로 알고리즘을 분석하여 새로운 패턴과 모델을 만들어 낸다. 4차 산업혁명은 IoT, 빅데이터, AI, 로봇이 네트워크를 형성하고 서로 피드백을 주고받으며 융합되어 결국에는 생산성 향상의 결과물을 도출하는 것이라 말할 수 있다.

4차 산업혁명은 1차, 2차, 3차 산업혁명과는 큰 차이점을 보이며 우리가 인지하지 못하는 사이에 점점 현실로 다가와 우리의 삶에 큰 영향을 미치고 있다. 시니어비즈니스 분야도 예외는 아니다. 이 장에서는 과학기술의 발전이

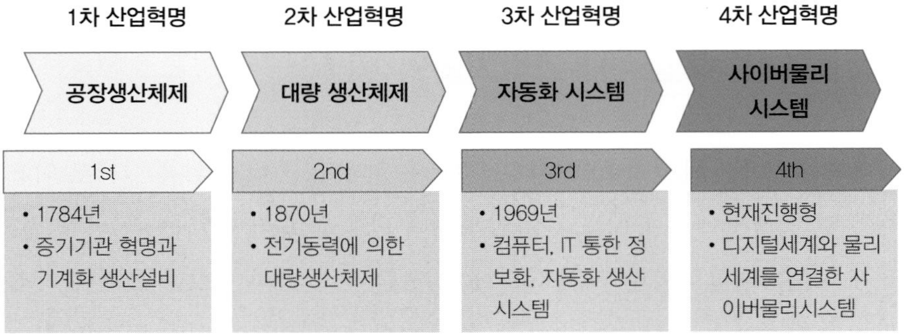

[그림 10-1] **산업혁명 과정 비교**

자료: 손병호, 김진하, 최동혁(2017).

시니어비즈니스에 어떠한 영향을 미칠 것인지 살펴보고자 한다.

2. 복지과학기술과 시니어산업

복지과학기술은 시니어의 관점에서 과학기술을 통해 좀 더 역동적이고 편리한 삶을 누리는 것과 거기에서 그치지 않고 더 나은 삶을 누리게 하는 것이다(Bouma, Herman et al., 2007). 기존의 복지과학기술은 노약자 및 장애인의 신체기능을 개인적으로 보완할 수 있도록 해 주는 보조기술이나 지원기술 등의 좁은 의미로 사용됐으나, 최근에는 통신이나 교통, 건축 환경 등을 그 대상으로 포괄하는 넓은 의미로 활용되고 있다(교수신문, 2002).

'복지기술(Welfare Technology: WT)'에 대한 많은 논의에도 불구하고, 이를 명료한 문장으로 정의하기는 쉽지 않다. 유근춘 등(2014)은 목적과 수단이라는 일반적인 관점에서 복지기술을 '복지문제를 해결하는 수단으로서 과학기술을 사용하는 경우'로 정의하고, 기존 북구의 복지기술(welfare technology), 영미권의 보조기술(assistive technology)이나 노인을 위한 기술(gerontechnology) 그리고 유럽 중심의 '포괄적으로 지원되는 삶(Ambient Assisted Living: AAL)' 등에서 논의되는 문제와 해결 수단 등이 모두 복지기술의 범주에 포함된다고 정의했다.

이는 우리나라에도 동일하게 적용될 것으로 생각된다. 공공의 영역에서 민간이 하지 않는 복지정책에 과학기술이 함께 적용되어야 하며 비용과 효용을 고려한 적정과학기술에 대한 논의가 필요하다. 복지과학기술은 급격하고 혁신적이며 혁명적인 과학기술의 발전과 정책환경의 변화, 국민의 인식변화가 서로 맞물려 등장했다. 또한 인구구조의 변화와 삶의 질 추구는 복지과학기술의 필요성을 더욱 높이고 있다. 늘어나는 복지수요와 한정된 인력과 자원은 필연적으로 복지과학기술의 발전을 요구하고 있다.

시니어비즈니스에 적용되는 과학기술은 서비스의 대상이 보편적이지 않은 특정집단과 구분되는 소비계층에 그 초점을 맞추고 있다. 공공성과는 다른 차별화된 제품과 서비스를 필요로 하는 사람들에게 제공되어야 한다. 그래야 비즈니스의 가장 큰 목표인 이윤 창출을 추구할 수 있고, 그로 인한 지속적인 성장은 복지과학기술에도 긍정적인 영향을 미칠 것이다.

3. 과학기술 적용 사례 및 전망

향후 10년 내 액티브 시니어로 불리는 이들은 약 300백만 명 정도가 신규 진입할 전망이다. 이들은 전쟁 이후 급격한 경제성장의 시기에 부동산과 자산을 갖춘 집단으로 고령사회에서 핵심 소비주체가 될 계층으로 분류된다. 시니어비즈니스의 타깃은 당연히 이들이어야 할 것이다. 이들의 특징은 인터넷과 미디어 및 SNS를 활용하고, 스마트폰을 즐기며, 새로운 과학기술에 대해서 적극적으로 활용하고 수용하는 계층이다.

과학기술의 발전은 시니어비즈니스 분야에서 앞으로 급진적이고 혁신적인 변화를 많이 가져올 것이다. 이는 시니어들이 자신의 삶을 풍족하고 가치있게 살고자 하는 것과 맞물려 필요한 요구가 과학기술과 결합된 시니어비즈니스를 통해 활성화될 것이다. 실제로 최근 ICT, IoT, AI, 빅데이터가 서로 연계되고 연결되면서 많은 정보가 융합되며 시니어가 원하는 서비스와 제품들이 기존과는 다른 형태로 만들어지고 있다. 기존에 존재하지 않던 새로운 형태의 스타트업들이 만들어지고 있는 것이다.

케어서비스를 제공하는 사람과 시니어를 연결해 주는 플랫폼, 센서를 활용해서 혼자 사는 고령자를 케어하는 서비스, 간병인들이 시니어환자를 관리할 때 물리적인 힘을 적게 들이고 관리할 수 있게 하는 다양한 기구, 간병로봇의 생산 등 다양한 분야에서 기존과는 다른 서비스와 제품이 제공되고 있다.

1) IoT

IoT란 Internet of Things의 약어로 가전제품, 모바일 기기, 웨어러블 장비, 컴퓨터 등 각종 사물에 센서와 통신 기능을 내장하여 인터넷에 연결하는 기술을 뜻하며, 사물인터넷이라고도 한다. IoT에 연결되는 사물들은 자신을 구별할 수 있는 유일한 아이피(인터넷 체계)를 가지고 인터넷으로 연결되어야 하며, 외부 환경으로부터의 데이터 취득을 위해 센서를 내장할 수 있다.

이런 연결은 사물이 지능을 갖는다는 것을 의미한다. 가전제품의 측면에서 보면 모든 가전제품이 서로 통신을 하며, 학습과 판단을 한다. 이런 가전제품들은 사람의 개입 없이 스스로 자율적인 정보처리를 한다. 즉, 세상의 모든 사물이 망으로 '연결'되어 사물 간의 정보를 주고받는 것을 의미한다. 이는 과학 발전에 있어서 획기적인 변화로 볼 수 있다. IoT를 활용해 여러 가지 센서로 네트워킹된 시니어의 삶은 좀 더 안정적이고 편안해질 것으로 예상되며, 심각한 바이털사인이 즉각 통보되어 그에 상응하는 조치가 이루어짐으로써 고독사와 돌연사의 문제는 줄어들 것이다.

예를 들면, 이스라엘의 에코케어 테크놀러지스(EchoCare Technologies)는 카메라가 아닌 센서를 활용한 시니어 케어 시스템으로 정보를 모니터링하다 이상 발생 시 응급상황을 즉시 파악할 수 있는 플랫폼을 구축했다.

이와 비슷한 서비스를 우리나라에서도 하고 있다. 전력망에 IoT기술을 접

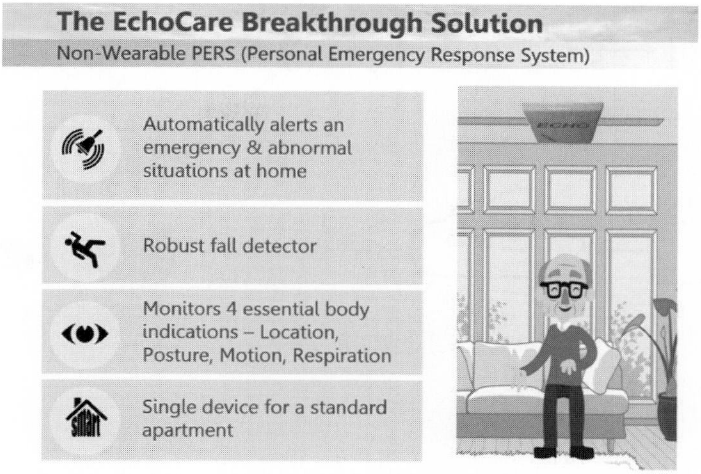

[그림 10-2] **센서를 활용한 에코케어**

자료: http://www.echocare-tech.com

목해 소비자의 전력사용 패턴을 분석하고 취합한 뒤 사회안전망을 구성하는 프로젝트가 있다. 우리나라의 통신사들은 부모안심서비스 등의 이름으로 자녀들의 효심을 자극하는 서비스를 IoT와 모바일을 연계해 제공하고 있다. Life Care IoT 전문기업인 드림비전스(주)는 IoT를 활용한 시니어케어 서비스를 제공하고 있다. 일반적으로 몸에 웨어러블 기기를 지녀야 하는 불편함을 제거한 것이 큰 장점이다. 이 서비스는 비접촉식 생체센서를 이용해 기기를 몸에 부착하거나 휴대하지 않아도 사용자의 생체신호를 감지하고, 건강상태를 체크하여 문제 발생 시 조치를 취한다. 이 기기를 바탕으로 서울시는 독거노인 모니터링 시스템을 구축하여 시행하고 있다.

또 다른 외국의 사례로 위급용 앰뷸런스 호출시계 '라이블리(Lively)'를 개발한 스타트업 라이블리는 시니어가 위급상황 발생 시 시계 버튼을 누르면 앰뷸런스와 가족에게 알림이 간다. 생활방수 기능이 있어 장소에 구애받지 않고 활용 가능하며, 시니어의 걸음 패턴과 심박을 분석해 위급 시 사용자가 시계 버튼을 누르지 못하더라도 자동적으로 앰뷸런스를 호출하는 역할을 한다. 이 뿐만 아니라 출입문과 냉장고 문, 화장실과 약품케이스에 센서를 부착해

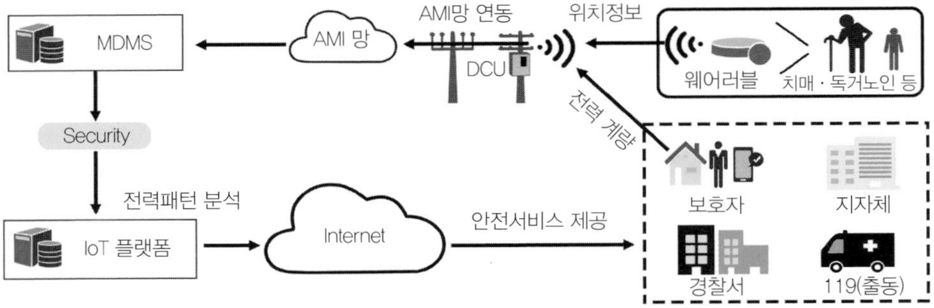

[그림 10-3] **전력량을 이용한 IoT**

자료: 전자신문.

동작을 체크하고 이상 동작을 감지하면 모바일 애플리케이션과 이메일로 이상을 보호자에게 통보하는 서비스를 제공하고 있다.

노인만으로 이루어진 공동체(가족) 또는 홀로 사는 노인들은 자신의 신체 상황을 인지하지 못하며, 급격한 신체기능의 저하로 인해 심장쇼크, 뇌경색 등의 비상상황이 빈번하게 발생한다. 이러한 문제를 해결하기 위해 IoT를 활용하여 고령자들의 신체를 모니터링하고, 즉각적인 반응체계의 네트워크를 만드는 것은 성공적인 시니어비즈니스의 사례로 볼 수 있다. 추후 이 분야는

[그림 10-4] **서울 은평구에 설치된 '독거어르신 안전 · 건강관리 솔루션' 상황판**

자료: 서울특별시 제공. http://www.hankookilbo.com/News/Read/201804191525811996

스마트헬스케어(smart healthcare)와 연계되어 시니어 의료시장과도 협업할 부분이 많을 것이다.

고령의 시니어의 경우 자신이 정량의 약을 정시에 복용했는지를 자주 망각한다. 이 또한 IoT 기반의 웨어러블 기기 또는 센서를 활용하여 시니어의 움직임, 심박, 활동량 등 건강지표를 관리할 수 있으며, 복용 당사자에게 약을 먹어야 할 시간과 정시 복용 여부를 알려 줄 것이며, 바이오털사인에 문제가 있을 때 의료체계와 연계되어 구급조치가 가능할 것이다.

2) 빅데이터와 AI

빅데이터는 현재의 시스템으로 처리 가능한 범위를 넘어서는 데이터로 기존의 형태로는 수집 분석이 불가능한 데이터이다. 즉, 기존 데이터 양을 넘어서는 엄청난 양(volume), 데이터의 생성과 흐름이 매우 빠르게 진행되는 속도(velocity), 사진과 동영상 등 기존의 구조화된 데이터가 아닌 다양한(variety) 형태라는 세 가지 속성을 가진 데이터가 '빅데이터'라는 게 대다수 전문가의 의견이다. 한편, 미국의 IT 리서치회사 가트너(Gartner)는 3v에 복잡성을 추가해 3vtc로 정의하기도 한다(고수연, 2012).

AI는 컴퓨터가 인간의 지능활동을 모방할 수 있도록 하는 것이다. 즉, 인간의 지능이 할 수 있는 사고 · 학습 · 모방 · 자기계발 등을 컴퓨터가 할 수 있도록 연구하는 컴퓨터공학 및 정보기술 분야를 말한다(정기욱, 2008). 방대한 인터넷 네트워크에서 돌아다니는 데이터를 시니어 산업분야에 적합하게 활용 가능하게 하는 것은 딥러닝(deep learning)을 통한 학습으로 가능하다.

시니어를 상징하는 단어 중 활동적이고 밝고 긍정적인 키워드는 많지 않다. 그런 우울한 키워드를 조금은 중화시키는 역할을 AI가 감당할 수 있을 것으로 보인다. 완벽하지는 않지만, 학습을 통해 점점 정교해질 수 있는 AI는 병상에 있거나 홀로 생활하는 시니어, 치매 초기환자에게 친근하고 스마트한 서비스를 제공할 수 있다. AI스피커를 통해 대화를 나눌 수 있고, 필요로 하는 다양한 정보를 제공하기도 한다. 또한 AI와 연계된 IoT는 TV와 조명을 제어하고, 가스밸브를 감지하여 자동으로 잠그며, 치매환자에게는 브레인게임을 통해 가상의 공간에서 운동을 유도하기도 한다. 이때 AR을 활용하여 효과를 증대시킬 수도 있다.

인공지능 잠재성이 가장 큰 분야는 일상생활 파트너역할 기술인 VAPA (Voice-Activated Personal Assistants)이다. 대표적인 VAPA디바이스는 아마존에서 2014년에 출시한 음성인식 AI비서인 '알렉사(Alexa)'를 꼽을 수 있다. 초기 179달러짜리 원통형 스피커 '에코'를 설치하고 "알렉사"를 부르면 언제든 충실하게 답하며, 필요한 정보를 제공하고, 목소리로 각종 가전기기나 난방, 조명 등을 제어할 수 있다.

현재는 국내에도 SKT의 '누구', KT의 '지니' 등이 비슷한 서비스를 제공하고 있다. 그러나 시니어에 특화된 서비스가 아니라 일반인 대상의 서비스이기에 VAPA 분야도 시니어에 특화하여 유니버설 디자인으로 접근하는 것이 앞으로 확대될 시니어비즈니스의 한 영역을 구축할 수 있을 것이다. 이로 인해 병상에 있는 환자 또는 신체적 핸디캡으로 인해 이동이 불편한 고령자에게 정보제공, 대화상대, 가정이나 병실 내의 전자기기 제어, 신체의 모니터링 등 다양한 서비스를 제공할 수 있게 될 것이다.

AI는 다양하게 수집된 빅데이터를 딥러닝을 통해 더욱더 정확한 결과물로 분석하여 소비자에게 제공하고 있다. 다양한 네트워크를 통해 모아지는 빅데이터는 AI를 통해 분석 정리되어지며, 시니어가 필요로 하는 다양한 요구를 충족시키고 있다.

또한 AI의 활용은 집 전체를 '스마트홈(smart home)'으로 활용할 수 있게 만들 것이다. 스마트홈은 기술, 자동화, 원격 제어 등을 아파트나 주택에서 활용하는 것을 말한다. 스마트홈은 가정에서 삶의 질과 편의성을 높이고, 보안을 향상함과 동시에 연결된 원격제어 기기를 사용하여 제어 및 모니터링을 하며, 에너지 효율을 높이는 장점이 있다. 고령화, 환경에 대한 인식, 지속 가능한 에너지 공급 등의 당면 과제가 스마트홈 서비스로 인하여 상당 부분 해

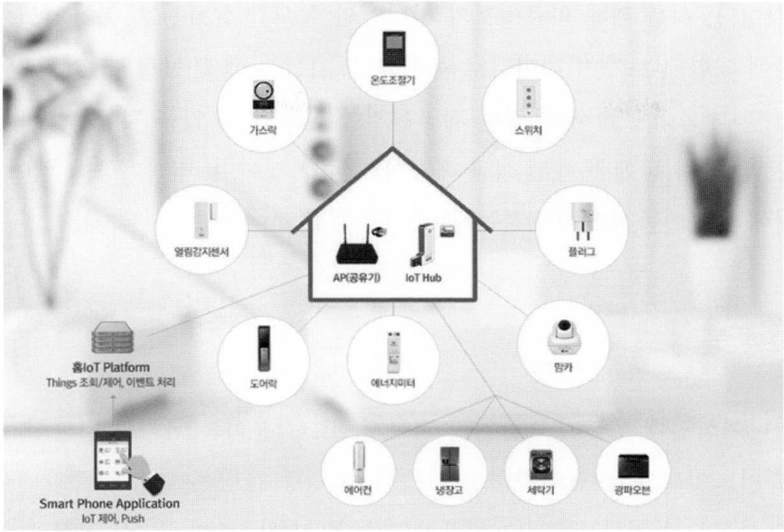

[그림 10-5] **스마트홈**

자료: http://www.uplus.co.kr/ent/iot/lotpareutspackinfo.hpi

결될 것이며, 우리의 삶은 획기적으로 변화할 것이다.

스마트홈이 시니어에게 만병통치약인 것만은 아니다. 그러나 시니어가 더 오래, 그리고 더 안전하게 집에 머물 수 있도록 해주는 것은 분명하다.

미국의 워싱턴 주립대학교(Washington State University)는 스마트홈보다 한 단계 더 발전한 '스마트 환경(smart environment)'을 개발해 왔다. 보호자에게 거주자의 움직임과 행동에 대한 데이터를 제공하는 것이 주요 목표이다. 주방으로 걸어가는지, 상수도를 얼마나 사용했는지 등 모든 것이 집 안에 설치된 센서를 통해 추적, 수집된다. 앞으로는 거주자가 약을 먹었는지 안 먹었는지까지 알 수 있게 될 것이다.

IT 강국인 우리나라도 이 분야의 연구에서 앞서 나가고 있다. LG U플러스에서는 시니어와 가족들을 위하여 가상비서와 원격 전기사용 알리미, 가스 잠그미, 도어 센서 등의 IoT 장비를 서비스하고 있으며, KT, SKT도 비슷한 서비스를 제공하고 있다.

또한 식품 분야에서도 개개인의 신체상황에 맞는 맞춤식의 제공이 가능해질 것이다. 이를 위해 의료정보와 시니어의 실시간 신체정보, 복용하고 있는 약물에 대한 정보가 빅데이터로 축적되고, AI를 통해 분석될 때, 개개인에게 맞는 맞춤 음식으로 어떤 것이 제공될지를 선정할 수 있을 것이다. 당뇨, 고혈압, 암 환자 등에 특화된 식단 제공이 가능할 것이며, 저작기능이 떨어지는 노인에게는 연동식을 제공하는 것이 가능해질 것이다.

3) 로봇

시니어산업에 로봇기술을 가장 적극적으로 적용하는 국가는 일본이다. 특히 휴머노이드 로봇에 집중하고 있는데, 고령층 간병 수요가 급증하면서 빠르게 성장하고 있다. 2023년 이후에는 간호, 승차, 보행, 운동, 교감 등 다양한 분야까지 확대될 것으로 보인다. 휴머노이드 로봇의 가장 큰 특징은 바로 사람의 움직임을 그대로 로봇에 적용할 수 있는 점이다.

예를 들어, 도요타의 T-HR3 로봇은 HTC Vive 헤드셋과 각종 센서가 부착된 컨트롤러를 통해 사람의 움직임과 로봇을 동기화(同期化)하여 컨트롤할 수 있으며, 각 기동 부위에 모터, 감속기어 및 토크센서 등이 탑재되어 부드

[그림 10-6] **휴머노이드로봇**

자료: https://global.toyota/en/newsroom/corporate/19841525.html

[그림 10-7] **사이버다인과 현대의 외골격 로봇**

자료: https://www.cyberdyne.jp/english/
https://news.naver.com.main/read.nhn?oid= 277&aid=0004010012

럽고 매끄러운 움직임을 구현한다. 도요타는 이 휴머노이드가 가정과 의료 시설 등 다양한 환경에서 사용되길 기대하고 있다.

인건비가 상승하는 시점에 환자를 목욕시키고 욕창을 방지하고 케어하기 위해 여러 명의 간병인을 활용하는 것은 현실적인 어려움이 있다. 이런 시장 상황에 따라 케어에 도움이 되는 웨어러블 슈트(외골격 로봇)가 추후에 보편적으로 활용될 것이며, 근골격이 약해 이동에 어려움이 있는 시니어들도 외골격 로봇을 활용해 일상생활이 가능할 것이다. 이는 시니어의 이동성을 보장하는 중요한 도구로 다양한 분야에서 활용도가 높을 것이다.

일본 가전업체 NEC는 2013년에 가정용 로봇인 파페로(Papero)를 내놓았다. 파페로는 기억력이 퇴화하는 노인에게 매일 약 복용시간을 큰 소리로 알려 주거나 혈압을 체크하는 등 간호서비스를 제공한다. 그리고 독거노인의 움직임이나 목소리를 인식해 SNS에 자동으로 상태를 보고하고, 시니어와 멀리 떨어져 있는 가족들이 안전과 안부를 확인할 수 있다.

프랑스의 알데바란 로보틱스(Aldebaran Robotics)가 개발한 '로미오(Romeo)'는 걷기, 계단 오르기, 문 열고 테이블 위 물건 놓기는 물론 간단한 대화나 인터넷 정보수집도 가능하다. 로미오는 거동이 불편한 시니어를 부축하거나 간

[그림 10-8] **파페로와 로미오**

자료: https://www.necplatforms.co.jp/solution/papero_i/
http://projectromeo.com/

단한 의사소통을 하는 용도로 활용될 예정이다. 하지만 아직은 비싼 가격이 상용화에 걸림돌이 되고 있다.

일본의 소프트뱅크(SoftBank)는 인간과 감정적으로 교류하는 로봇으로 일본의 '페퍼(Pepper)'를 개발했다. 페퍼는 1만 대 이상이 판매됐으며, 사람의 표정 변화와 목소리 톤을 인식하여 감정을 파악할 수 있다. 카페, 식당, 미용실 등에서 활용되다가 최근에는 요양시설에 투입돼 외로운 노인들의 친구 역할을 하고 있다. 로봇에도 AI 기술이 적용될 때 인간의 거부감을 줄이며 소비자들의 필요를 더 충족시킬 수 있을 것이다. 일본 산업기술총합연구소(AIST)는 아기 하프물범 모양의 로봇 '파로(Paro)'라는 감성 로봇을 2005년 출시하

[그림 10-9] **페퍼와 파로**

자료: https://www.softbank.jp/robot/special/talkaboutpepper
http://www.parorobots.com/

였다. 이 로봇은 요양시설 수용자, 입원환자, 간병인 등의 스트레스를 줄여 주기 위한 목적으로 개발됐다. 촉각, 시각, 청각 등을 감지할 수 있는 센서가 내장되어 있으며, 미국 식품의약국(FDA)으로부터 신경치료용 의료기기로 인정받았다.

고령화시대에 로봇은 점점 시니어의 동반자가 되어서 실생활에 많은 변화를 가져올 것이다. 때로는 친구가 되기도 하고, 정서적인 위안이 되며, 돌보는 역할도 할 것이다. 시니어와 로봇은 심리적 요소가 많이 들어간 감성용 로봇이 많으며, 현재는 치료용으로 많이 개발되고 있다. 앞으로는 시장이 커짐에 따라 가격이 낮아져서 심리치료용뿐 아니라 가정의 일상적인 가전제품이 될 것이다.

4) 증강현실(AR) / 가상현실(VR) / 혼합현실(MR)

증강현실(AR: Augmented Reality)은 사용자가 눈으로 보는 현실 세계에 가상 물체를 겹쳐 보여 주는 기술이다. MR(Mixed Reality)은 현실 세계에 실시간으로 부가정보를 갖는 가상세계를 합쳐 하나의 영상으로 보여 주므로 혼합현실(Mixed Reality: MR)이라고 불린다. 현실환경과 가상환경을 융합하는 복합형 가상현실 시스템(hybrid VR system; 안수진, 김수연, 2018)인 것이다. VR은 AR과 다르게 사용자의 눈에 보이는 사물이 허상인 것이 특징이다.

포켓몬 고는 AR을 접목한 대표적인 사례로 들 수 있다. 이 게임은 현실세계에 가상의 이미지와 정보를 증강하여 게임화한 것으로 전 세계의 많은 사용자를 열광케 했으나 초기단계의 AR 기술을 사용하였다. 미래의 AR 기술은 시각정보에 그치는 것이 아니라 청각과 촉각까지 증강하고, 여기에 인간의 인지기능까지 증강하는 기술을 의미한다. 이런 기술력이 적용된다면 AR 또한 시니어비즈니스의 다양한 분야에 활용될 것이다.

대표적인 MR의 사례를 든다면 3DLive라는 유럽 컨소시엄이 개발한 MR 스키 게임이 있다. 스키 선수가 야외의 코스를 내려오는 동안 다른 두 게이머들

〈표 10-1〉 각 영상기술의 개념 및 사례와 적용분야

구분	AR(증강현실)	VR(가상현실)	MR(혼합현실)
개념	현실의 정보에 가상의 정보를 합성해 사물이나 이미지의 정보를 '증강' 시켜 주는 것	실재하는 공간이나 이미지를 컴퓨터그래픽으로 만들어 재현해 낸 것	AR과 VR 기술을 동시에 적용하여 증강과 재현을 함께 하는 것
사례	• 축구 경기 중계방송 중 프리킥 위치에서 골대까지 거리표시 효과 • 전투기 파일럿의 디스플레이 화면	컴퓨터 그래픽으로 재현된 현실의 유명한 장소를 바탕으로 재구성된 가상공간(게임 등에서 활용)	• 증강과 가상을 혼합한 게임 • 위험한 훈련의 대체
적용 분야	내비게이션, 도로안내, 메뉴판, 서적	교육훈련, 게임, 테마파크 등	AR, VR 활용 가능한 모든 분야

자료: 김효균, 손영주, 김명석, 이석진(2017).

은 게임 장비를 이용해 스키를 타고 셋이 실시간 경주를 벌이는 포맷이다. 스키선수는 실제 지형에서 HMD를 착용하고 스키를 타며, 실시간 HMD를 통해 게이머들의 위치를 확인하고 게이머들은 실내에 준비된 VR 스키장비 위에서 코스 영상을 보며 경주하는 모습이다(김효균, 손영주, 김명석, 이선진, 2017).

이러한 AR, VR, MR 기술은 고령자의 외로움과 고립 등의 정서적 문제를 해결하는 데 활용될 수 있다. 고령층의 외로움과 고립된 생활은 전 세계적으로 공통의 문제로 나타나고 있다. 특히 한국의 경우 부모를 모시던 세대들이 요양병원 또는 보호시설에서 거주하게 되면서 가족과 사회로부터 고립되고 병든 신체에서 느끼는 상실감은 더욱 크다. 신체기능의 급속한 저하로 하루 24시간 병상에 의지해야 하는 시니어들로 크게 늘어나고 있다. 시니어가 사회와 가족으로부터 분리된 현실은 상실감과 우울감을 느끼게 한다. 이러한 시니어들에게 VR은 많은 부분에서 긍정적 효과를 보이고 있다. 거동이 불편하지만 여행을 원하는 시니어를 위해 일본의 가상현실 콘텐츠 전문제조사 '모구라(Mogura)'는 해외여행 서비스를 통해 노인들이 여가를 즐길 수 있는 서비스를 제공한다. 서비스명은 'FIRST AIRLINES'이다. 이와 비슷한 서비스로 미국 MIT

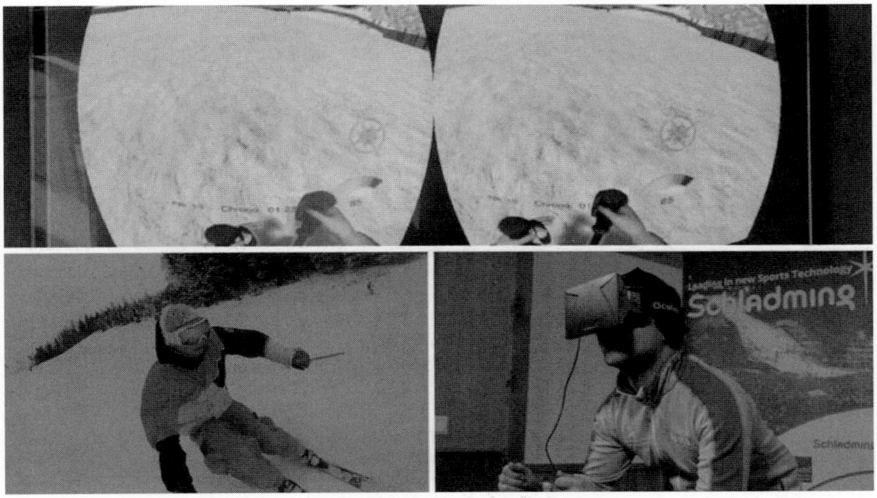

[그림 10-10] **MR 스키 게임**

자료: http://www.southampton.ac.uk/mediacentre/news/2015/Feb/15_19,shtml

대학교 스타트업 '렌데버(Rendever)'는 결혼, 졸업 등 가족 행사 영상을 가상현실화해 추억을 잃어버리기 쉬운 노인들에게 제공한다. [그림 10-11]에서처럼 병실에 누워서 생활하는 시니어가 자신의 추억을 가상현실로 보며 즐거워하고 감동하는 모습을 볼 수 있다.

특히 디지털기기에 거부감이 적은 액티브 시니어는 강력한 서비스 구매자가 될 것이다. 이는 서비스 구매 타깃이 자녀에서 시니어로 변화됨을 의미한다. 또한 유니버설 디자인을 선택함으로써 시니어만을 위한 서비스가 아닌 일반인도 거부감 없이 사용하는 적정 기술이 될 것이다.

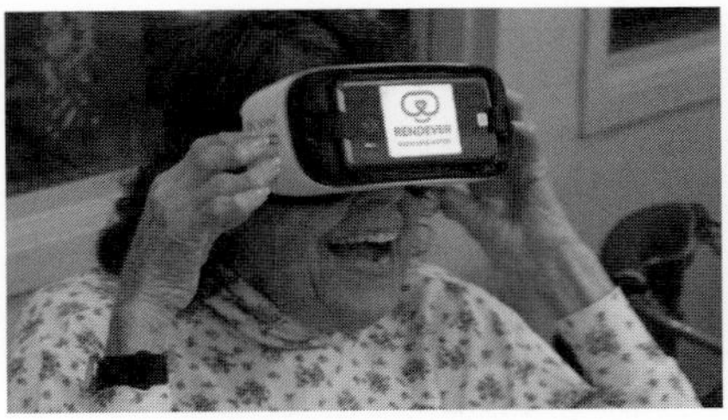

[그림 10-11] **렌데버**

자료: https://rendever.com

[그림 10-12] **모구라 여행서비스**

자료: https://www.moguravr.com

4. 시니어비즈니스 활성화 전략

과학기술이 시니어가 겪게 되는 나이와 관련된 차별, 고정관념을 뛰어넘는 데 도움을 주는 비즈니스툴로 활용된다면 시니어의 요구에 적합한 서비스 제공으로 인해 비즈니스의 확산과 활성화가 기대된다. 다음 〈표 10-2〉에서 보면 4차 산업혁명의 핵심기술이라 할 수 있는 IoT, 모바일, 빅데이터, AI, 로봇은 밀접한 연관성을 맺고 있다. 이들이 네트워크를 형성하며 기술이 집중되고 새롭고 방대한 데이터들이 알고리즘에 의해 재해석되고 적재적소에 사용된다면 그 시너지와 확장성은 상당히 클 것이다. 4차 산업혁명의 핵심기술들을 제품과 서비스에 활용할 때는 시니어에 대한 이해에서 출발해야 한다. 제품제작 초기단계부터 시니어의 요구를 바탕으로 설계되어야 한다. 그들을 이해하지 못한 제품들은 확산되지 않고 외면당하는 첨단기술일 뿐이다. 따라서 과학과 시니어비즈니스의 적절한 접점을 찾고 소비자와 눈높이에 맞는 제품과 서비스의 제공이 필요할 것이다.

〈표 10-2〉 4차산업 주요 핵심기술과 친고령 비즈니스 적용 사례

핵심기술	관련기술	주요내용	관련제품 · 기업
IoT	반도체, 센서 통신기술	고령자 가정방범, 가전 · 냉난방, 조명제어 등	삼성전자, 홈킷(애플), LG전자, SKT, KT, LG U플러스
모바일	IoT연계소프트웨어, 모바일 애플리케이션 등	고령자식단 · 건강 관리, 병원진료예약	핏비트, 애플, 삼성전자, LG 등
빅데이터	데이터마이닝, 텍스트마이닝, 감성 분석 등	고령자의료정보, 질병예측 · 예방	미디사이엔스, DNA링크
AI	전문가 시스템(expert system), 기계학습(machine learning), 퍼지이론 등	고령자맞춤형의료, 질병예측 · 예방	Siri(애플), Waston(IBM), 알파고(구글), 안실리코, 루닛, 네오펙트
로봇	센서, AI, 통신, SW콘텐츠 등	수술용 로봇, 간병, 노인생활보조	혼자, 소니, 현대로템, 바이두(챗봇)

자료: 김근령(2017).

과학기술이 시니어비즈니스에 시너지 효과를 불어넣기 위해서는 다음과 같은 전제가 선행되어야 할 것이다.

첫째, 시니어의 필요에 맞는 서비스와 제품의 제공이 필요하다. 아무리 좋은 기술도 사용자의 눈높이를 떠나 버린다면 외면당할 수밖에 없다. 따라서 첨단기술은 시니어에게 거추장스러운 장식품에 그칠 수 있기 때문에 기술기반 시니어제품은 가볍고, 간단하고, 쓰기가 쉬워야 할 것이다. 일례로 핸드폰에서 거추장스러운 기능은 빼 버리고 시니어가 필요로 하는 큰 화면과 폰트 그리고 조작하기 쉬운 디자인을 갖춘 것은 시니어의 구매 욕구를 자극했고, 다른 제품과 차별화될 수 있었다. 그렇기 때문에 시니어용 제품의 사용법은 조작이 간단하며, 직관적인 제품으로 설계되어야 한다. 이렇게 만들어진 시제품은 포커스그룹을 만들어 지속적으로 사용하여 개선점과 보완사항을 적용해 시니어의 눈높이에 맞게 시장에 공급해야 한다.

둘째, 시니어의 삶의 질 향상을 그 목적으로 해야 한다. 기존의 시니어 제품과 서비스는 최소한의 삶을 지속하고 연명하는 수준에 머물렀다. 이는 시니어의 삶의 질이 외면당하는 현실적 문제를 안고 있다.

궁극적으로 시니어비즈니스가 시니어 삶의 질 향상에 그 가치를 둔다면, 이는 시장의 확대에서 그치는 것이 아니라 다양한 과학기술을 통한 서비스를 받는 시니어들의 일상생활을 가능하게 하고, 정부의 정책적 도움을 받아야 하는 계층에서 개인의 삶을 위해 작은 경제활동을 영속할 수 있는 경제활동 인구로도 변화할 수 있다. 사회적 파급효과가 상당히 큰 산업의 시프트라 할 수 있다.

셋째, 비즈니스의 대상이 될 수 있는 시니어를 위한 적정과학기술의 사업화가 필요하다. 모든 마케팅에는 소비자를 특성별로 분류하고, 그중 제품과 서비스의 주된 수혜대상을 타기팅한 후, 제품의 포지션을 잡는 과정이 필요하다. 제품과 서비스의 제공은 궁극적으로 소비자를 위해 이루어지는 경제 행위이다. 시니어비즈니스는 정부가 감당하지 않는 부분에서 비즈니스모델을 만들어 내는 것이 매우 중요하다. 이런 점에서 '리빙랩(living lab)'의 활용은 시니어제품과 서비스에 대해 검토, 체험, 사용성 평가, 피드백의 과정을 거쳐 사용자 중심의 적정기술을 선별할 수 있을 뿐만 아니라 연령과 소득수준, 성별에 따라 어떤 제품과 서비스 그리고 어느 정도의 과학기술이 적용되어야 할지 그 수위를 결정할 수 있다는 장점이 있다. 또한 이는 첨단과 혁신을 제품화하려 할 때 소요되는 과도한 R&D 비용을 절감함과 동시에 시니어에 적합한 서비스를 제공할 수 있다. 이를 위해 기관에서의 운영이 아니라 실제 시니어가 생활하는 다양한 형태의 공간들을 리빙랩으로 선정하고, 여기서 얻는 데이터를 공공정보로서 창업자, 스타트업과 기업들에 제공한다면 시니어의 요구에 적합한 서비스가 제공될 것이다.

넷째, 시니어에 대한 이해와 공감에서 출발하는 제품과 서비스를 제공해야 할 것이다. 아무리 좋은 기술이라도 사용자를 배려하지 못한다면 외면당할 것이다. 모든 시니어비즈니스를 하고자 하는 창업자들은 시니어를 이해하는 관점에서 출발해야 할 것이다. 대한민국의 시니어비즈니스 시장은 이제 성장의 기지개를 펴고 있고, 많은 이가 시니어비즈니스가 황금알을 낳는 사업이 될 것으로 생각하고 있다. 여기에는 전제되어야 할 몇 가지가 있다. 과학기술이 적용될 때 첨단과 혁신만을 추구한다면 시니어에게 외면당할 수 있다. 모든 사업은 시니어를 이해함에서 시작되어야 한다. 시니어의 소비패턴이 건강 상태와 재정적 차이에 따라 달라지기 때문이다.

끝으로 과학을 표현한다면 첨단, 새로움, 다양성, 기발함, 난해함, 사용처의 불분명, 위험성, 편리함 등 다양한 단어로 표현될 것이다. 이들이 잘 조합을 이룬다면 가치 있는 결과물로 탄생해 인간을 이롭게 하며, 그로 인해 삶의 질이 높아질 것이다. 최근에 안락사를 돕는 기계가 만들어졌다. 존엄사와 안락사의 문제가 많은 사람에게 회자되며 논란을 불러일으켰다. 또 배아줄기세포를 이용해 연구하는 것 또한 궁극적인 목적은 인간을 위함이지만 배아를 생명으로 인정하느냐 아니냐의 문제로 논란이 많다. 인간의 삶의 가치를 높이고자 하는 시도이지만, 많은 사람의 동의와 합의가 전제되지 않은 과학기술의 독주는 인간의 삶에 긍정적이지는 않을 것이다. 과학기술은 발전되어야 함과 동시에 과학 윤리의 관점에서 정의되어야 한다. 시니어비즈니스의 확장은 시대적 흐름이고, 이를 이룩하기 위한 도구로 융합된 과학기술의 적용은 필수적이다. 여기에 철학과 윤리가 동반될 때 시니어비즈니스 시장은 더욱 확장되고 성장할 것이다.

참고문헌

김근령(2017). 4차 산업 혁명에 따른 고령친화 산업 대응 방안. 한국보건산업진흥원.

김석관, 최병삼, 양희태, 장필성, 손수정, 장병열, 이제영(2017). 4차 산업혁명의 기술 동인과 산업파급전망.

김태은(2017). 북유럽 국가의 복지기술 활용과 시사점. **보건복지포럼, 246.**

김효군, 손영주, 김명석, 이선진(2017). 현실과 가상의 모호한 경계 'AR(증강현실) vs VR(가상현실) vs MR(혼합현실)'의 현재와 미래. **국방과 기술, 455,** 76-87.

손병호, 김진하, 최동혁(2017). 4차산업혁명 대응을 위한 주요 과학기술 혁신 정책과제. 한국과학기술평가원, ISSUE PAPER 2017(04).

송성수(2017). 산업혁명의 역사적 전개와 4차 산업혁명의 위상. 2017년 한국과학기술학회 전기 학술대회, 2017.5. 1-18.

안수진, 김수연(2018). HMD(Head Mounted Display) 기반 가상현실에서 사용자의 적응 시간에 따른 주의집중과 주시특성. **한국실내디자인학회 논문집, 27**(5), 74-83.

유근춘, 서지영, 김정일, 김태은, 최요한, 정지원, 김선희, 이동우, 이재성, 조규진(2014). **복지와 기술융합(W-Tech)체계 구축 연구.** 세종: KiHASA(한국보건사회연구원).

정기욱(2008). **손에 잡히는 IT 시사용어.** 서울: 전자신문사.

클라우스 슈밥(2016). **클라우스 슈밥의 제4차 산업혁명.** 서울: 새로운현재.

한국보건사회연구원(2007). **한국인의 삶의 질 수준에 관한 연구.** 서울: 한국보건사회연구원.

한국직업능력개발원(2017). **The HRD Review, 20**(4).

교수신문(2002.12.18.). 고령사회에 대비한 복지과학기술.

머니투데이(2016.02.18.). 고령화시대 '실버케어' 스타트업이 뜬다.

중앙일보(2018.01.06.). 4차 산업혁명으로 진화하는 시니어 비즈니스.

한국경제매거진(2017.02.07.). 또다시 '증강현실(AR)'에 주목해야 하는 이유.

Bouma, H., Fozard, J. L., Bouwhuis, D. G., & Taipale, V. (2007). Gerontechnology in perspective. *Gerontechnology, 6*(4), 190-216.

NSF(2002). *Converging technologies for improving human performance*. Washington D.C.: National Science Foundation.

Porter, M., & Heppelmann, J. (2014). How smart, connected products are transforming competition.

https://rendever.com

https://www.moguravr.com

https://global.toyota/en/newsroom/corporate/19841525.html

http://www.echocare-tech.com

http://www.science.go.kr

SENIOR BUSINESS

제11장

시니어비즈니스의 혁신전략

한세미

전 세계적인 고령인구의 가파른 상승은 고령화에 따른 문제를 해결하기 위한 기존 방법의 한계를 드러내었으며, 이에 따라 고령화를 더 이상 위기로 보지 않고 기회로 활용하고자 하는 관점이 등장하기 시작하였다.
이와 같은 새로운 접근을 위해서는 기존 솔루션의 변화 또는 혁신이 필요하며, 이를 위하여 이 장에서는 시니어비즈니스의 혁신을 비즈니스모델과 역량의 축을 기준으로 네 가지(일상적 · 파괴적 · 급진적 · 아키텍처 혁신)로 분류하였다. 또 시니어비즈니스 혁신의 각 영역별 정의 및 전략을 구체화하기 위하여 각 영역을 시니어 소비자의 생활영역에 적용하여 살펴보았다.
시니어비즈니스 관련 조직은 각 조직의 역량과 비즈니스모델에 따라 어떠한 혁신이 일어날 것인지에 대한 통찰력을 가지는 것이 중요할 것이며, 시니어비즈니스 신규진출 조직은 시니어의 생활영역별 혁신의 프레임워크를 고려함으로써 시니어를 위한 신사업의 창출 등이 가능할 것으로 기대된다.

1. 시니어비즈니스 혁신전략의 개요

1) 시니어비즈니스 혁신전략의 필요성

시니어비즈니스의 밝은 미래는 약 20년 전부터 전망됐으나 현실은 기대와 다르게 흘러갔다. 예상과 다른 현실은 시니어시장의 절대적인 규모가 크지 않았으며 65세 이상 고령층의 소비력이 갖추어지지 않았기 때문으로 분석되었다. 하지만 65세 이상인 현재의 고령층과 달리 경제력, 여가력, 다양한 소비경험 등을 갖춘 베이비붐 세대가 은퇴를 하고 고령층에 진입함에 따라 시니어비즈니스가 새로운 성장동력으로 다시금 주목받고 있다. 또한 전체인구 대비 장노년층의 비율이 빠르게 증가함에 따라 전체 산업의 흐름이 이들을 대상으로 하는 시니어시프트 현상이 나타나고 있다.

이러한 시니어비즈니스의 신성장동력화와 시니어시프트를 현실화하기 위해서는 시니어비즈니스 업계의 현재 전략에 대한 검토가 필요하다. 지금까지 시니어시장에서 제공되는 제품 및 서비스는 시니어가 선호하는 디자인 등을 고려하지 않고 기능에만 충실하거나, 시니어가 필요로 하는 기능을 제공하지 않거나, 병약하고 경제력이 낮은 시니어를 타깃으로 하거나 혹은 반대로 지나치게 많은 기능이 들어가 고가로 시장에 진출하곤 하였다. 이러한 현상황에서 한발 나아가기 위해서는, 첫째, 시니어소비자가 필요로 하는 것은 무엇인지 그리고 불편해하는 점은 무엇인지에 대한 이해가 필요하며, 둘째, 어떤 분야에서의 변화가 필요한지에 대한 통찰력이 필요하다. 즉, 공급자 위주의 관점이 아닌 시니어소비자의 관점에서 산업의 변화를 이끄는 혁신전략이 구축되어야 한다. 일반적으로 혁신이라 하면 최신기술 등을 떠올리지만, 혁신은 기술뿐만 아니라 제품 및 서비스의 변화, 생산조직 및 프로세스의 변화, 비즈니스모델의 변화, 새로운 제도의 도입 등 새로운 결합을 뜻하며, 하이테크 산업뿐만 아니라 모든 산업이 한 단계 발전하기 위하여 필요한 활동이다. 따라서 시니어비즈니스의 혁신이란 단순히 기술 기반의 솔루션을 뜻하는 것이 아닌, 시니어소비자의 욕구 충족과 삶의 질 향상을 위한 제품 및 서비스, 비즈니스모델, 규제 및 제도 등에서의 변화와 개선을 뜻한다.

이 장에서는 시니어비즈니스의 대상자(시니어, 예비 시니어, 부양자 등)에게 알맞은 가치를 제공하기 위한 혁신전략을 소개한다. 공급자 위주가 아닌 수요자 위주의 혁신전략을 구축하기 위한 시니어소비자의 중요성을 먼저 언급하고, 시니어비즈니스 혁신의 목표와 분야를 제안하며, 각 분야별 사례를 살펴보고자 한다.

2) 시니어소비자 주도의 시니어비즈니스 혁신

과거에는 혁신이란 실험실과 연구실 등에서 개발자의 주도하에 이루어지는 기술 위주의 활동으로 인식되는 경우가 많았다. 하지만 최근 들어 제품 및 서비스 등의 개발에 있어 소비자 의견이 반영되는 시장 주도적 관점의 중요성이 커짐에 따라 성공적인 혁신의 시작은 소비자의 불편함에서 시작된다고 보게 되었다. 즉, 혁신은 개발자나 제공자가 만들고 싶은 것을 만드는 것이 아닌, 소비자가 불편해하고 필요로 하는 부분을 파악하여 해결해 주는 것이다. 따라서 혁신의 시작은 기술적 진보가 아닌 소비자의 욕구이며, 혁신이란 그 욕구를 충족하고 있는 현재의 방안을 변화시키거나 미충족 욕구를 충족시키는 새로운 방안을 만들어 내는 것으로 볼 수 있다.

이는 시니어비즈니스의 혁신에도 적용된다. 사실상 소비자의 욕구를 파악하고 이를 충족시키는 제품 및 서비스 등을 기획하는 것은 비즈니스의 기본임에도 불구하고 시니어비즈니스에서는 이 기본이 지켜지지 않는 경우가 많다. 물론 대부분의 상품 기획자가 젊은 세대이기 때문에 시니어소비자의 욕구를 파악하고 이해하는 것은 어려울 수밖에 없다. 하지만 다양한 시장조사 기법을 활용하여 시니어소비자를 이해하고자 하는 노력은 반드시 필요하다. 시니어소비자를 이해하기 위하여 2차 자료를 활용할 수 있겠지만, 개개인이 평생 거쳐 온 삶의 이벤트가 제각기 다른 시니어소비자는 문헌에서 언급되는 내용과 다른 경우가 많다. 특히 혁신에 대한 시니어소비자의 인식 혹은 관련 욕구를 탐색하기에 기존 문헌 결과는 충분하지 않다.

일반적으로 소비자 조사방법은 양적 방법과 질적 방법으로 나누어진다. 전형적인 양적 방법은 설문조사로 빠르고 경제적이며, 데이터가 수치화되므로 명확한 결과 도출이 가능하다. 하지만 결과가 예상 가능하며 일반적이기 때문에 소비자에 대한 통찰력 있는 이해는 어렵다는 단점이 있다. 질적 방법의 대표적 유형은 인터뷰와 관찰 등으로 이는 소비자를 깊이 이해하는 데 보다 효과적이다. 하지만 시간과 비용의 부담이 크며 조사결과를 분석하기가 쉽지 않은 단점을 가진다. 두 방법 모두 장단점을 가지므로 어느 방법이 더 좋다고 볼 수는 없으나, 다양한 배경을 가진 시니어소비자를 이해하기 위해서는 구조적인 양적 방법보다는 비구조적이고 형식적이지 않은 질적 방법이 더욱 효과적일 수 있다.

이와 같은 질적 방법을 통한 소비자에 대한 이해는 혁신과 관련된 활동의 경우 더욱 중요하다. 소비자를 위한 혁신을 기획하기 위해서는 소비자가 평소에 불편함을 느끼는 분야, 필요를 느끼는 분야 등을 파악할 필요가 있는데 양적 방법을 통해서는 이에 대한 정보를 유연하게 수집하기가 어렵다. 따라서 소비자 위주의 질적 사고가 중요할 수밖에 없으며, 소비자로부터 잠재적 욕구를 끌어내고 공감하기 위하여 디자인씽킹과 서비스디자인 방법론 등의 역할이 주목받고 있다. 그럼에도 시니어소비자를 대상으로 이러한 방법론 등이 적용되는 경우는 드물다. 하지만 변화하는 시니어소비자를 위한 혁신이 필요한 이 시점에서 시니어소비자의 'pain-point'를 탐색하고 공감하는 접근은 중요하다. 이를 통해 시니어소비자가 가지는 불편함과 문제점 등을 기존과 다른 방법으로 해결해 주는 혁신이 가능할 것으로 기대된다.

그렇다면 시니어비즈니스의 혁신은 어떠한 목표를 가지고 어떤 분야에서 일어나게 될 것인지 그 가능성을 살펴보겠다.

2. 시니어비즈니스 혁신의 목표와 분야

모든 소비자는 노화가 진행됨에 따라 신체적 · 정서적 · 사회적 변화를 경험하게 된다. 시니어소비자는 이러한 변화로부터의 쇠퇴 등을 보상받음으로써 불편함을 최소화하거나(보상), 변화가 최대한 늦어지도록 예방하거나(예방), 혹은 변화를 경험한다 할지라도 일정 수준 이상의 삶의 질을 누리며 생활(증진)하고 싶어 한다(Schulz et al., 2014).

일반적으로 노화에 의한 불편함을 최소화하기 위하여 특정 제품을 사용한다(보상). 예를 들어, 시력 및 청력 감퇴 등을 위해서 돋보기와 보청기 등의 보조도구를 사용하고, 보행이 불편한 시니어는 지팡이와 보행보조기 등을 사용한다. 노화에 의한 변화를 최대한 늦추기 위해서 식습관, 운동, 생활습관 등을 조절하며(예방) 또한 일정 수준 이상의 삶의 질을 누리기 위하여 즐거움, 자기계발, 사회환원 등 다양한 활동에 참여한다(증진). 이를 매슬로의 욕구계층이론과 연결 지어 살펴보면, '보상'과 '예방'은 매슬로 하위욕구인 생리적 욕구 및 안전의 욕구와 관련이 있다. 즉, 노화에 의한 쇠퇴와 불편함을 해결해 주는 '보상'은 시니어의 가장 기본적인 욕구를 충족해 주는 활동으로 건강, 복지, 주거, 기본 생계유지 등 인간의 기본권 보장을 위한 정부의 역할이 중요한 분야이다. '예방' 활동의 경우 노화에 의한 변화를 최대한 늦추거나 현 상태를 유지해 줌으로써 신체적 · 정신적 · 사회적 차원에서의 보호 및 불안 회피 등이 가능하므로 안전의 욕구를 충족시킬 수 있다. '증진'은 생리적 욕구와 안전의 욕구가 어느 정도 충족이 된 후에 중요시되는 활동이다. 보상과 예방을 통해 기본적 생활을 위한 욕구가 충족되고 불안요소가 제거되었다면, 보다 높은 삶의 질을 영위하기를 바라게 된다. 예를 들어, 사회적 활동을 통한 소속감과 소통 등을 원하게 되며, 더 나아가 자아실현 및 자기계발을 위한 의미 있는 시간 소비, 삶의 방향성 정립, 정체성 확립 등을 추구하게 된다. 즉, 매슬로의 욕구 중 소속감과 애정의 욕구, 존경의 욕구, 자아실현의 욕구 등이 '증진' 활동의 목적이 될 수 있다.

현재까지의 국내 시니어비즈니스는 시니어 활동목표 중에서는 '보상', 매슬로 욕구계층 중에서는 '생리적 욕구'에 중점을 두어 왔다. 케어가 필요한 기존 노년층의 건강 및 사회보장 등이 우선시되어야 했기 때문에 공적자금에 기반을 둔 복지용구 중심의 시장이 형성되어 온 것이다. 하지만 최근 들어 시니어비즈니스의 타깃으로 주목받고 있는 베이비붐 세대는 상대적으로 건강하고 경제적 여유를 갖추어, 기본적인 생리적 욕구는 어느 정도 충족한 것으로 볼 수 있다. 따라서 이들은 예방 및 증진 활동과 생리적 욕구의 상위욕구(안전 · 소속감과 애정 · 존경 · 자아실현의 욕구) 등을 보다 중요시 여기므로, 이와 같은 분야로 시니어비즈니스의 영역이 확장될 필요가 있으며, 이러한 시도가 시니어비즈니스의 혁신을 이끌 수 있을 것이다.

그렇다면 시니어비즈니스에서 혁신이 필요한 분야는 어떠한 영역인지 시니어소비자의 관점에서 살펴보겠다. 일반적으로 시니어비즈니스는 산업 측면에서 분류가 된다. 이는 산업규모의 측정, 관련 종사기업에 대한 통계처리 등을 위하여 필요한 분류임은 분명하다. 하지만 이 장에서는 시니어소비자의 관점에서 혁신이 필요한 분야를 살펴보기 위해서 시니어소비자의 생활영역에 기반을 둔 분류를 살펴보고자 한다.

첫째, 시니어 삶의 질 향상을 위한 혁신적 방안으로서 기술의 역할을 살펴본 연구에서는 시니어 삶의 영역을 건강, 이동, 주거 및 일상생활, 의사소통 및 사회적 관계, 일과 여가 등으로 살펴보았다(Graafmans, 2016). 건강 영역에는 신체기능 저하, 인지기능 쇠퇴, 사회적 고립 및 외로움 등 신체적 · 인지적 · 정서적 건강의 변화가 포함된다. 주거 및 일상생활 영역은 주거공간 내에서의 독립적인 생활을 의미하며, 일상생활 수행능력(activities of daily living) 및 수단적 일상생활 수행능력(instrumental activities of daily living) 등 활동의 변화가 이 영역에 해당된다. 이동 영역은 주거공간 밖에서의 도보이동 및 교통수단 이용 행동을 뜻하며, 사회적 관계 영역은 가족, 친지, 친구 등과의 지속적인 교류활동을 의미한다. 마지막으로 일과 여가 영역은 시니어의 사회적 기여 및 즐거움을 위한 활동을 포함한다. 둘째, 고령화를 경제 원동력으로 보는 유럽의 실버경제(silver economy) 관점에서는 시니어 삶의 영역인 일, 가족관계, 주거, 여가 및 취미활동, 여행 및 이동, 건강 및 돌봄 등이 만족되어야 활동적이고 건강한 노화가 가능하다고 보았다(European Commission, 2015). 셋째, 고령화로부터의 위협과 기회를 혁신으로 다루고자 위해 설립된 Aging 2.0 조직은 시니어 삶의 질 향상을 위하여 고려해야 할 분야(사회참여, 재정적 안전, 이동, 일상생활 및 라이프스타일, 부양자 격려 및 지원, 부양활동 관리, 정신건강, 삶의 마무리 준비 등)를 제시하고 각 분야에서의 혁신방안을 연구 중이다(Aging 2.0, 2018).

세 개의 연구에서 제안된 생활영역들 중 공통된 영역은 건강, 주거 및 일상생활, 이동, 가족 및 사회적 관계, 일과 사회참여, 여가 등으로 정리된다. 이와 같은 생활영역은 앞에서 살펴본 시니어 활동의 목표(보상, 예방, 증진)와 맞물려 살펴볼 수 있다. 같은 영역이라 할지라도 시니어 활동의 목표에 따라 제공되는 제품, 서비스, 정책 등이 다르게 나타날 수 있다.

예를 들어, 건강 영역의 경우 '보상'을 위한 제품, 서비스, 정책 등은 건강상태가 이미 좋지 않아 도움이 필요한 시니어를 대상으로 하며, 공적자금에 기반을 둔 복지용구 등이 이에 해당할 수 있다. 건강 영역의 '예방' 예시로는 현재 건강에 큰 문제는 없으나 신체적 기능 악화를 예방하고 싶은 시니어 대상의 건강검진 등을 들 수 있으며, '증진'에는 건강한 시니어의 삶의 질 향상을 위한 다양한 운동 프로그램 등이 포함된다.

주거 및 일상생활 영역의 경우, 자립생활이 어려운 시니어를 위한 재가서비스 혹은 집 안에서 거동을 편하게 해 주는 주택개조 등이 '보상'을 목표로 제공될 수 있다. '예방'을 위해서는 집 안에서 일어날 수 있는 안전사고 및 응급상황 등의 관리서비스가 제공될 수 있으며, 다양한 센서를 집 안에 설치하여 시니어의 움직임 등을 확인하는 사물인터넷(Internet of Things: IoT) 기반 안전관리 서비스를 예시로 들 수 있다. 주거공간에서의 삶의 질 '증진'을 위한 방안으로는 건강하고 활동적인 시니어들이 주거커뮤니티 내에서 사소한 불편을 서로 돕고 케어하는 공동체(예: 미국의 Village to Village Network) 등이 있다. 공동체 거주 시니어들은 실버타운 등 노인전용 주거 및 요양시설로 이주하지 않고 자신이 거주하던 커뮤니티 내에서 계속 머무르며 기존의 라이프스타일 혹은 보다 나은 라이프스타일을 영위한다.

이동 영역에서 '보상'을 목표로 제공되는 서비스로는 외출 등의 이동이 어려운 시니어를 대상으로 무료 혹은 실비로 택시운행을 제공하는 지방자치단체의 정책 등이 있다. '예방'을 위한 활동의 예로는 시니어의 운전사고를 예방하기 위한 고령운전자 교통안전 교육프로그램 등을 들 수 있으며, '증진'의 경우 운전에 어려움이 없으나 다양한 편의기능을 원하는 시니어를 비롯한 소비자 대상의 자동차 라인이 해당된다.

가족 및 사회적 관계 영역에서의 '보상'은 사회적 고립감과 소외감을 느끼는 독거노인을 대상으로 진행되는 사회관계 활성화사업을 예시로 들 수 있으며, 고립감과 소외감을 느낄 가능성이 높은 시니어를 대상으로 제공되는 사회적 고립 예방프로그램은 '예방'의 예시로 볼 수 있다. 거동에 문제가 없고 사회적으로도 활발한 시니어는 오프라인이나 온라인에서 시니어 커뮤니티 등에 참여하여 사교활동을 이어 감으로써 관계 '증진'이 가능하다.

일과 사회참여 영역의 '보상'에는 현재 무직이지만 일을 해야 하는 혹은 하고 싶어 하는 시니어 대상의 재취업교육이 해당되며, 은퇴를 앞둔 시니어 대상의 은퇴준비 교육은 은퇴 후 일과 사회참여 측면에서의 고립을 '예방'하는 역할을 한다. 은퇴 후 이미 다양한 활동을 적극적으로 행하는 시니어 대상으로는 창업 및 창직 등의 기회를 제공함으로써 은퇴 후 사회참여를 보다 '증진'하도록 지원할 수 있다.

여가 영역의 경우, 거동이 불편하여 여행을 가기 어려운 시니어를 대상으로 하는 배리어프리(barrier free) 여행패키지가 '보상' 측면에서 제공될 수 있다. 여가의 '예방'으로는 노년기 여가시간을 어떻게 보내야 할지 잘 모르는 시니어를 대상으로 여가교육 프로그램을 제공함으로써 여가활동에서의 고립과 소외를 예방해 주는 활동 등이 있다. 최근 관심을 받고 있는 액티브 시니어를 위한 자유여행 프로그램 등은 시니어가 누리는 여가의 질을 '증진'하는 목표를 가진다.

이와 같은 생활영역과 목표를 기반으로 한 시니어비즈니스의 분류와 예시를 통해, 혁신이 요구되는 분야를 보다 쉽게 찾을 수 있을 것이다. 예를 들어 다양한 분야 중 현재 제공되는 제품과 서비스를 찾기 힘든 영역은 시장개발과 혁신이 필요한 분야로 볼 수 있다. 그렇다면 영역별로 어떠한 혁신이 나타날 수 있을지 그 혁신의 종류와 예시를 살펴보겠다.

〈표 11-1〉 **시니어 생활영역과 목표별 제품 및 서비스 예시**

	건강	주거 및 일상생활	이동	가족 및 사회적 관계	일과 사회참여	여가
보상	복지용구	재가 서비스, 주택개조	교통약자 이동지원 택시	독거노인 사회관계 활성화 사업	재취업 교육	barrier free 여행패키지
예방	건강검진	IoT 기반 안전관리	고령운전자 교통안전 교육	고령자 사회적 고립 예방프로그램	은퇴 준비 교육	여가교육 프로그램
증진	운동 프로그램	공동체 주거 커뮤니티	편의기능을 갖춘 자동차	시니어 클럽/ 커뮤니티	창업/창직 지원	액티브 시니어를 위한 자유여행

3. 시니어비즈니스 분야별 혁신 사례

시니어 삶의 영역별로 보상, 예방, 증진 등의 목표를 효율적이고 효과적으로 달성하기 위해서는 현재의 제공 방식과 다른 가치가 제공되어야 한다. 현재의 가치가 가족의 부양, 시설 보호, 복지 등의 관점에서 제공되었다면, 베이비붐 세대 등 가까운 미래에서 시니어비즈니스를 이끌어 갈 소비자 대상으로는 탈가족화, 탈시설화, 커뮤니티 기반, 생산자이자 소비자 등의 관점에서

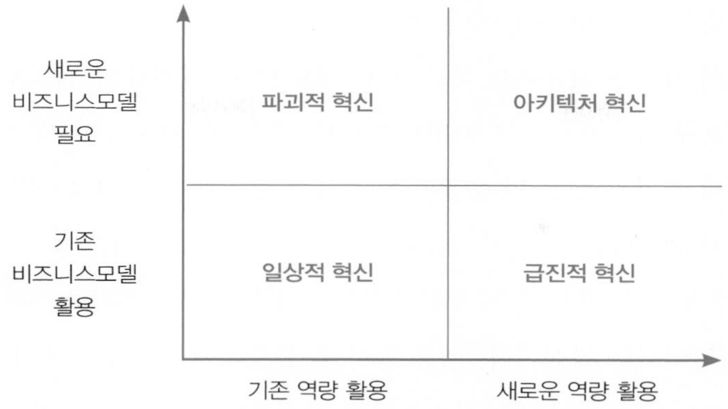

[그림 11-1] **혁신의 종류**

자료: Pisano(2015).

가치가 제공될 필요가 있다. 이와 같은 새로운 가치를 제공하기 위해서 혁신 전략의 도입 및 적용이 요구되는 것이다.

혁신은 개선과 새로움 두 측면에서 일어날 수 있다. 개선은 이미 널리 알려진 보편적인 문제를 더 나은 기능을 통해 다루는 것이며, 새로움은 알려지지 않았고 소비자도 인식하지 못한 문제를 발굴하고 이를 해결하고자 하는 것이다. 개선과 새로움을 이루기 위해서는 제공조직의 역량과 비즈니스모델을 검토할 필요가 있다. 단, 항상 새로운 역량과 비즈니스모델을 필요로 하는 것은 아니며 기존의 역량과 비즈니스모델을 활용해서도 혁신은 가능하다.

조직의 역량과 비즈니스모델을 축으로 하는 혁신의 종류는 [그림 11-1]과 같이 정리할 수 있다(Pisano, 2015).

각 분야의 정의를 치매노인 배회감지기 제품을 통해 설명하면 다음과 같다.

- **일상적 혁신**: 조직이 이미 보유한 역량을 활용하며 기존 비즈니스모델에 부합하는 혁신이다. 이미 존재하는 치매노인 배회감지기가 위치를 정확하게 알려 주지 않는다는 소비자의 불편함을 해결하기 위하여 GPS 기능을 향상시킴으로써 실내외 위치추적 정확도를 개선하는 경우이다.
- **파괴적 혁신**: 기존의 역량을 그대로 활용하지만 새로운 비즈니스모델을

구축하여, 기존 제품이나 서비스를 사용하지 않았던 혹은 못했던 고객에게 가치를 제공하는 혁신이다. 예를 들어, 배회감지기는 2013년에 복지용구 급여품목으로 지정됨으로써 이전에는 비용이 부담스럽거나 제품의 존재 자체를 알지 못하여 사용하지 못했던 소비자들이 사용할 수 있게 되었다.

- 급진적 혁신: 기술, 인적자원, 협력네트워크 등 조직역량을 향상시킴으로써 일어나는 혁신이다. 예를 들어, 배회감지기 제조업체가 배회 관련 빅데이터를 축적하고 인공지능으로 분석하는 기술을 개발함으로써 급진적 혁신을 이룰 수 있다. 하지만 제조업체 입장에서 배회 관련 빅데이터 구축, 인공지능 기반의 배회감지기 개발, 서비스 제공 등은 벅찬 과제일 수 있다.
- 아키텍처 혁신: 이는 역량과 비즈니스모델 차원에서의 혁신을 통합하므로 기존 기업이 도전하여 달성하기에 가장 어려운 혁신이다. 급진적 혁신인 인공지능 기반의 배회방지기를 시장에서 성공시키기 위해서는 비즈니스모델 차원에서의 혁신 역시 요구된다. 배회감지기 제품을 판매하거나 대여함으로써 얻는 수익이 아닌 서비스를 제공함으로써 이익을 얻는 방법을 찾아야 하며, 서비스 운영을 위하여 협력이 필요한 이해관계자와의 관계 구축 등이 필요하다.

이와 같은 혁신의 종류는 앞에서 살펴본 시니어소비자의 생활영역별로 적용해 볼 수 있다. 대표적으로 주거와 건강관리 분야에 적용하면 [그림 11-2]와 [그림 11-3]으로 정리된다.

나이가 들수록 집에서 지내는 시간이 늘어나고, 시설에 들어가기보다는 살아온 공간에서 계속 지내고 싶어 하므로, 시니어소비자의 삶의 질에 있어 주거환경은 중요한 요소 중 하나이다. 그럼에도 불구하고 고령자의 주거환경에 대한 만족도는 다른 연령대 대비 대체로 낮은 수준이다. 고령자는 만족스러운 주거환경에 있어 의료시설과의 인접성, 안전한 주택 내부환경, 편리한

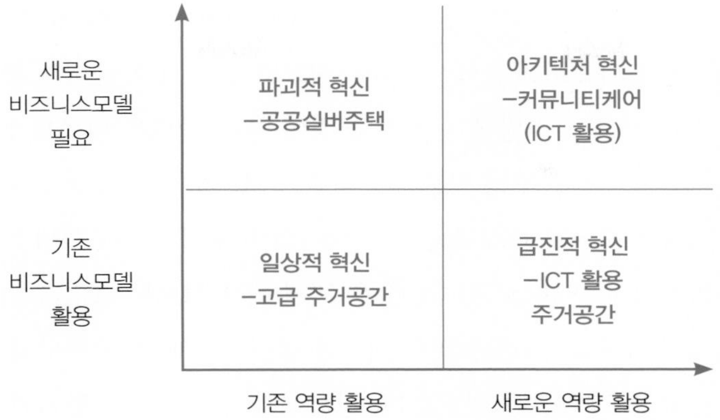

[그림 11–2] **시니어비즈니스 주거 분야의 혁신 종류**

교통, 부담스럽지 않는 주거비용 등을 중요시하지만, 현재 고령자 대상 주거환경은 이러한 요소를 만족스럽게 제공하지 못하는 경우가 많다. 이와 같은 시니어소비자의 주거 욕구와 현실 간의 격차를 좁히기 위하여 시니어소비자의 주거환경에 대한 혁신이 필요하다.

대체로 시니어는 기존에 살던 공간에서 계속 거주하고 싶어 하지만, 외로움과 건강 등의 이유로 실버타운과 공동주택 등의 주거형태를 찾는 경우가 있다. 실버타운은 실버산업의 초기 단계부터 주목받은 분야이지만, 기대와 다르게 우리나라에서 성공한 실버타운은 많지 않다. 시니어 주거시설의 도약은 시설을 고급화하고 호텔식 서비스를 제공하며 맛있는 음식을 제공하는 등의 '일상적 혁신'만으로 달성되기가 쉽지 않다. 무조건적인 고급화보다는 의료, 안전, 접근성, 비용, 사교활동, 재미 등의 측면에서 시니어소비자가 원하는 주거환경을 구축해 주는 것이 필요하다. 시니어의 건강과 안전 케어를 위해서는 특정 시간에만 안전과 건강을 확인하는 것이 아니라 연속하여 건강과 안전을 확인할 수 있어야 한다. 인력을 활용하여 24시간 밀착케어를 할 수는 없으므로 ICT(Information and Communication Technology, 정보통신기술) 기반의 다양한 솔루션을 통해 건강상태, 규칙적 식사, 생활패턴, 가스나 화재로부터의 안전, 응급상황 등을 모니터링하고 대응할 수 있다. 이는 주거공간을 관리해 온 기존 역량과 다른 기술역량을 필요로 하지만, 실버타운 등 주택 임대 및 관리의 비즈니스모델 틀에서 이루어지므로 '급진적 혁신'이라 볼 수 있다.

이와 같은 새로운 역량을 활용하는 것이 아닌 새로운 비즈니스모델을 활용함으로써 혁신을 이루는 것도 가능하다. 예를 들어, 2016년 도입된 공공실버주택의 경우 주택과 복지관을 함께 설치하여 주거와 복지서비스를 함께 제공하는 공공임대주택으로 입주대상은 65세 이상 저소득 고령자이다. 주택은 높낮이 조절 세면대, 안전손잡이, 비상콜 등이 설치되어 고령자의 안전과 편리성을 높이고, 복지관은 건강관리, 일상생활지원, 여가활동지원 등의 서비스를 제공한다. 공공실버주택은 주택 공급에만 치중하는 비즈니스모델이 아닌 입주고령자에게 보다 종합적인 지원을 제공하며 주거비가 부담되는 저소득 고령자에게 저렴한 비용으로 주거지를 제공하는 비즈니스모델을 가진다. 이러한 비즈니스모델 혁신을 통해 안정적인 주거지를 확보하지 못하였던 저소득 고령자도 혜택을 누릴 수 있는 '파괴적 혁신'이 가능한 것이다.

시니어 주거시설의 '아키텍처 혁신'은 ICT 등을 활용하여 건강 및 안전을 효과적이고 효율적으로 관리하는 동시에 시니어가 본인이 살던 집 혹은 커뮤니티에서 계속 살 수 있도록 새로운 비즈니스모델을 구축할 때 그 혁신이 일어날 수 있다. 고령인구가 급격히 증가함에 따라 병원 혹은 요양원 등 기관에서의 케어가 필요한 고령자 역시 증가하게 된다. 하지만 한정된 재정으로는 이러한 시설기반의 케어를 제공하기 어렵다. 따라서 고령화 선경험 국가들은 고령사회에 접어들 즈음에 탈시설화와 탈가족화를 위한 커뮤니티케어 정책을 도입하여 왔다. 우리나라도 2017년 고령사회에 접어들었으며, 2018년 지역사회 통합돌봄 기본계획(1단계: 노인 커뮤니티케어)을 발표하였다. 고령자가 시설에 가지 않고 거주하던 지역사회 내에서 건강하고 안전하게 살도록 지원하는 커뮤니티케어 모델에 있어 고령자의 삶을 모니터링해 주는 ICT 활용 역량의 중요성은 갈수록 증가할 것으로 예상된다. 이와 같이 새로운 케어 모델의 도입과 새로운 역량을 활용함으로써 시니어의 주거환경에 있어 '아키텍처 혁신'이 일어날 수 있을 것이다.

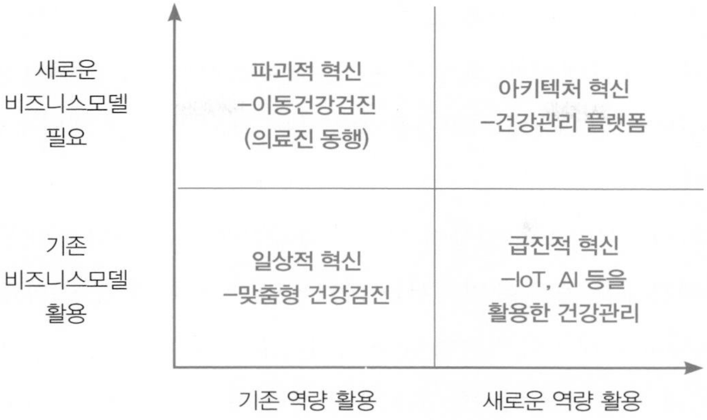

[그림 11–3] **시니어비즈니스 건강관리 분야의 혁신 종류**

다음으로 시니어비즈니스 건강관리 분야의 혁신 종류를 살펴보겠다([그림 11–3] 참조). 시니어소비자의 가장 큰 관심이자 걱정거리는 건강이며, 전체 지출 중에서 건강관리를 위한 비용지출도 크다. 기본적인 건강 체크를 위하여 건강보험공단 등에서 실시하는 건강검진을 받을 수 있으며, 이보다 자세한 건강검진을 위해서는 종합병원의 건강검진 혹은 건강검진 전문병원의 건강검진 등의 서비스를 이용할 수 있다. 최근에는 종합병원의 특화된 건강검진 프로그램, 고급 건강검진 상품, 일대일 맞춤 평생건강관리서비스 등과 검진전문센터의 전문성이 강화되고, 프리미엄급의 건강검진 등이 기존 건강검진과의 차별화를 꾀하고 있다. 이는 서비스품질 및 가격 등의 면에서 고급화되기는 하지만, 기존의 검진역량을 활용하여 기존의 건강검진 비즈니스모델로 건강검진을 제공하기 때문에 '일상적 혁신'이라고 볼 수 있다.

이러한 고비용의 건강검진과 별개로, 경제력이 낮고 이동이 어려운 시니어소비자를 대상으로 병원에 방문하지 않고도 건강관리가 가능한 서비스모델이 필요하게 되었다. 따라서 지역사회 내에서 방문간호사업이 국민기초생활수급자 및 저소득주민을 대상으로 제공되고 있다. 방문간호사가 대상자의 가정에 방문하여 대상자가 필요로 하는 보건의료 서비스를 직접 제공하거나 연계해 줌으로써 지역사회 소외계층의 보건의료서비스 접근성을 높이고 건강과 삶의 질이 향상된 생활을 지원한다. 이는 병원에서의 건강검진 수준으로 정확하지는 않겠지만, 적정 수준의 보건의료서비스로 건강검진을 사용하지 못하였던 고령자에게 서비스를 제공하는 '파괴적 혁신' 개념으로 볼 수 있을 것이다.

이러한 의료서비스의 일상적 혁신과 파괴적 혁신은 서비스 대상자와 참여하는 이해관계자 등의 측면에서는 다르지만, 시니어가 직접 의료인력과 만날 때만 서비스 제공이 가능하다는 점에서 동일하다고 볼 수 있다. 즉, 시니어소비자가 평상시에 어떠한 운동을 얼마나 하는지, 무엇을 얼마나 먹는지, 건강지표는 어떠한지 등 시니어의 라이프스타일에 대한 이해 없이, 의료진을 만나는 그 순간의 측정지표와 의료진의 질문에 대한 시니어의 응답을 바탕으로 시니어에게 건강관리 및 질병예방 서비스를 제공하는 것이다. 시니어의 건강을 효과적으로 관리하기 위해서는 이처럼 건강의 한순간 스냅샷(snapshot)을 가지고 건강을 관리하는 서비스가 아닌, 시니어 일상생활에서의 행동과 생활습관 등을 지속적으로 측정하여 일종의 건강상태 동영상을 가지고 건강을 관리하는 서비스가 필요하다.

혁신기술은(특히 4차 산업혁명의 기술이라고 주목받고 있는) 이러한 건강의 동영상을 만들기 위한 유용한 도구 역할을 한다. 일반적으로 4차 산업혁명의 기술로 사물인터넷(IoT), 빅데이터, 클라우드, 인공지능(AI) 등을 꼽는다. 사물인터넷을 통해 실시간으로 정보를 측정하고, 그 축적된 정보가 빅데이터가 되어 안전하게 클라우드에 저장된 후, 방대한 양의 데이터(빅데이터)를 인간의 힘으로 분석하기 어려우므로 인공지능의 힘을 빌려 분석하는 흐름이다. 이러한 기술의 흐름은 건강관리 분야에도 접목될 수 있다. 예를 들어, 사물인터넷 혹은 의료사물인터넷(Internet of Medical Things: IoMT)을 통해 측정한 일상생활에서의 시니어 건강상태 및 건강행동 빅데이터를 인공지능이 분석하여 시니어 개개인에게 알맞은 건강관리 서비스를 제공하고, 적절한 방법으로 건강을 관리한 시니어는 질병에 걸릴 위험을 최소화하고 예방할 수 있는 것이다. 이러한 기술을 활용한 건강정보 측정은 의료진을 만날 때에만 건강체크가 가능하였던 한계를 극복하는 데 도움을 줄 수 있다. 즉, 시니어가 병원에 오지 않더라도 손목에 차고 있는 스마트밴드 혹은 스마트워치, 운동할 때 착용하는 운동복 혹은 운동화, 잠을 잘 때 매트리스에 깔린 패드 등을 통해 생체신호 및 건강관리 관련 데이터(심박 수, 심전도, 혈당, 혈압, 운동량, 수면시간 및 질 등)의 측정이 가능한 것이다. 이렇게 끊임없이 실시간으로 측정된 시니어의 데이터를 의료진이 면대면 진료 시 참고하게 된다면 시니어가 평소에 건강하게 생활하고 있는지, 의료진의 권고안을 잘 따르고 있는지, 어떠한 점을 더 집중적으로 관리해야 하는지 등에 대하여 알 수 있게 되며, 이는 의료진이 시니어에게 보다 질 높고 효과적인 의료서비스를 제공하는 데 도움이 될 것이다. 이는 시니어가 의료진을 만나야 한다는 기본적인 비즈니스모델은 변화가 없지만, 새로운 기술 등의 역량을 활용하여 시니어소비자의 건강을 보다 효과적이고 효율적으로 관리해 주므로 '급진적 혁신'이라고 볼 수 있다.

마지막으로 시니어 건강관리의 '아키텍처 혁신'은 앞에서 설명한 사물인터넷–빅데이터–클라우드–인공지능 흐름이 건강관리 분야에서 완벽하게 구현될 때 일어나게 된다. 건강관리 플랫폼을 통한 끊임없는 건강관리와 예방활동 등을 통해 시니어는 의료진과의 만남을 최소화하고 질병에 걸릴 위험을 낮추는 등 예방 위주의 건강관리가 가능해지는 것이다. 이러한 예방 활동은 시니어가 의료진을 만나야 하는 횟수를 줄여 주어 의료진 위주의 의료 및 건강관리 비즈니스모델에서 시니어가 자신의 건강에 대하여 책임과 권리를 갖는 시니어 위주의 건강관리 비즈니스모델을 가능하게 한다. 이는 건강관리의 가장 이상적인 혁신으로 이러한 아키텍처 혁신이 실제로 구현된다면 시니어 건강관리에 있어 혁신적인 변화가 일어날 것으로 기대된다.

하지만 이러한 혁신은 결코 쉽지 않다. 현재 생태계의 전반적인 변화, 이해관계자 간 협업, 규제의 혁신 등 어려운 변화가 수반되어야 한다. 또한 시니어를 대상으로 이러한 기술기반 혁신을 현실화하기 위해서는 기술의 발전보다 중요한 것이 시니어소비자의 기술 수용이다. 일반적으로 시니어는 기술을 적극적으로 사용하지 않는다는 고정관념이 강하며, 실제로도 젊은 세대에 비하여 시니어의 기술 수용 및 활용 정도는 낮은 수준이다. 다행히도 베이비붐 세대는 현재의 65세 이상 고령자에 비해 기술 수용의향 및 사용행동이 보다 적극적이다. 또한 에이징과 기술 간 융합과 관련된 기사, 논문, 도서, 보고서 등이 출간되고, 관련 학회도 열리며, 해외에서는 이와 관련된 조직이 운영되는 등 사회적 분위기도 변화하는 추세이다. 하지만 아직까지는 시니어 세대의 기술 수용 및 사용이 젊은 세대만큼 익숙하다고 볼 수 없다. 따라서 이러한 아키텍처 혁신이 시장에 자리잡도록 하기 위해서는 시니어소비자가 기술 기반 서비스를 적극적으로 수용하고 지속적으로 사용하도록 동기부여해주는 사용자 위주의 접근이 필요할 것이다.

4. 혁신전략과 시사점

전 세계적인 고령인구의 가파른 상승은 고령화에 따른 문제를 해결하기 위한 기존 방법의 한계를 드러내었으며, 이에 따라 고령화를 더 이상 위기로 보지 않고 기회로 활용하고자 하는 관점이 등장하기 시작하였다. 이러한 관점은 아프고 경제사정이 좋지 않은 고령자도 존재하지만, 건강하고 구매력이 있는 시니어도 존재하며, 이러한 시니어소비자의 제품 및 서비스 구매, 사회참여, 경제활동 등으로부터 발생 되는 모든 경제적 가치에 포커스를 맞추는 관점이다.

이와 같은 새로운 접근을 위해서는 기존 솔루션의 변화 내지 혁신이 필요할 수밖에 없다. 이러한 변화와 혁신을 이끌어 냄에 있어 시니어소비자의 역할이 보다 중요해지는 추세이다. 따라서 이 장에서는 시니어소비자의 관점에서 혁신이 필요한 분야를 탐색하기 위하여 시니어 활동의 세 가지 목표(보상, 예방, 증진)와 시니어의 생활영역(건강, 주거 및 일상생활, 이동, 가족 및 사회적 관계, 일과 사회참여, 여가)을 살펴보았다. 각 생활영역을 목표별로 분석함으로써 시니어비즈니스의 다양한 분야를 탐색하고, 혁신이 필요한 분야를 분석할 수 있는 틀을 제시하였다. 그러고 나서 시니어비즈니스에서 일어날 수 있는 혁신을 비즈니스모델과 역량의 축을 기준으로 네 가지(일상적 · 파괴적 · 급진적 · 아키텍쳐 혁신)로 분류하였다. 혁신이라는 것은 항상 파격적으로 새롭고 가장 최신기술이 활용되어야 한다는 고정관념이 있지만, 사실상 사소한 변화일지라도 소비자 삶을 개선하거나 향상한다면 의미 있는 혁신이라고 볼 수 있다. 따라서 혁신의 네 가지 유형 모두 의미가 있으며, 시니어 삶의 질을 향상시켜 줄 수 있는 방법인 것이다.

이 장에서 제시된 혁신의 종류와 각 종류별 예시는 얼마든지 변동 가능하며, 시대의 흐름에 따라 더 이상 혁신이 아니게 될 수도 있다. 각 혁신의 정의와 예시에 매몰되기보다는 각자가 속해 있는 조직의 역량과 비즈니스모델에 따라 어떠한 혁신이 일어날 수 있을지 통찰력을 가지는 것이 중요할 것이다. 또한 시니어 활동의 목표와 시니어의 생활영역별로 혁신의 프레임워크를 고려한다면, 시니어를 위한 신사업의 창출 혹은 현재 사업의 발전 등이 가능할 것으로 기대된다.

참고문헌

Aging 2.0 (2018). *Aging 2.0 Report 2017-2018*.

European Commission (2015). Growing the European silver economy.

Graafmans, Jan A. M. (2016). The history and incubation of gerontechnology. In S. Kwon (Ed.), *Gerontechnology: Research, practice, and principles in the field of technology and aging* (pp. 3-12). New York: Springer Publishing Company.

Pisano, G. P. (2015). You need an innovation strategy. *Harvard Business Review, 93*(6), 44-54.

Schulz, R., Wahl, H. W., Matthews, J. T., De Vito Dabbs, A., Beach, S. R., & Czaja, S. J. (2014). Advancing the aging and technology agenda in gerontology. *The Gerontologist, 55*(5), 724-734.

찾아보기

저자 소개

◆ **김형수**(제1장 시니어비즈니스의 이해) / kimhs@hoseo.edu

미국 미주리 주립대학교(University of Missouri-Columbia)에서 사회학 박사학위를 취득하였으며, 한국보건사회연구원 책임연구원과 호서대학교 사회복지학전공 교수를 역임하였다. 현재 호서대학교 대학원 미래산업융복합학과(고령친화산업전공) 학과장과 HS 사회복지연구개발센터장으로 재직 중이며, 한국시니어비즈니스학회 회장으로 활동 중이다.

◆ **고경환**(제2장 시니어비즈니스의 방향) / khgho@kihasa.re.kr

성균관대학교에서 사회복지학 박사학위를 취득하였으며, 현재 한국보건사회연구원 선임연구위원으로 재직 중이다. 주요 연구 분야는 복지재정, OECD SOCX(Social Expenditure Database, 사회복지지출) 연구, 복지경영, 복지계정 구축 등이며, OECD SOCX의 한국 Correspondent, 한국복지경영학회 명예회장, 사회보장위원회 위원, 통계청 국가통계위원, 사회복지법인 보령중보재단 사외이사 등으로 활동 중이다.

◆ **송양민**(제3장 시니어 주거산업) / ymsong@gachon.ac.kr

서울대학교 영문학과를 졸업한 뒤, 벨기에 루뱅 대학교(Katholieke Universiteit Leuven)에서 유럽학 석사학위를, 연세대학교 대학원에서 보건학 박사학위를 취득하였다. 1983년 조선일보에 입사하여 경제부장과 논설위원을 지냈으며, 2008년 가천대학교로 옮겨 보건대학원장, 특수치료대학원장을 역임하였다. 주요 관심사는 인구고령화, 보건정책, 경제교육 등이며, 정부 자문위원회인 고령화 및 미래사회위원회 위원을 역임하였다. 현재 가천대학교 의료경영학과 교수로 재직 중이다.

◆ 김숙응(제4장 시니어 용품산업) / sekim8@sookmyung.ac.kr

숙명여자대학교 경영학과에서 경영학 박사학위를 취득하였고, 현재 숙명여자대학교 원격대학원 실버비즈니스학과 교수로 재직 중이다. 주요 관심사는 실버마케팅, 실버 소비자 행동 등 실버산업 전반이며, 한국시니어비즈니스학회, 한국기업경영학회, 한국유라시아학회, 동중앙아시아경제학회 등에서 활동 중이다.

◆ 이원재(제5장 시니어 보건의료산업) / health21@gachon.ac.kr

미국 버밍엄 소재 앨라배마 대학교(University of Alabama at Birmingham)에서 보건학 박사학위를 취득하였으며, 한국보건사회연구원 주임연구원과 미국 앨라배마 대학교 의과대학 소아과 Data Manager, 고려대학교 임상치의학대학원 외래부교수, 한국알코올과학회 회장, 경기도 통합건강증진사업지원단장 등을 역임하였다. 현재 가천대학교 의료경영학과 교수로 재직 중이며, 한국학교지역보건교육학회 회장으로 활동 중이다.

◆ 김정근(제6장 시니어 요양산업) / jkkim@kangnam.ac.kr

미국 매디슨 소재 위스콘신 주립대학교(University of Wisconsin-Madison)에서 사회복지학 박사학위를 취득하였으며, 미국 국립고령화연구소(National Institute on Aging) 박사후 연구원, 미국 미시간 대학교(University of Michigan-Ann Arbor) 겸임교수, 삼성경제연구소 수석연구원, 대통령직속 저출산고령사회위원회 정책운영위원 등을 역임하였다. 현재 강남대학교 실버산업학과 교수로 재직 중이다.

◆ 김정선(제7장 시니어 식품산업) / kjs0416@kihasa.re.kr

독일 베를린 공과대학교(Technische Universität Berlin)에서 이학박사학위(Dr. rer. nat.)를 취득하였다. 두산 R&D센터 식품안전연구팀 책임연구원을 역임하였고, 현재 한국보건사회연구원 연구위원으로 재직 중이다. 식품의약품안전처 식품위생심의위원, 식품의약품안전처 자체규제심사위원, ㈔한국식품위생안전성학회 이사로 활동 중이다.

◆ 엄애선(제7장 시니어 식품산업) / aesonom@hanyang.ac.kr
한양대학교 식품영양학과에서 박사학위를 취득하였고, 미국 미시간 주립대학교(Michigan State University)에서 박사과정(Dept. of Food Science and Human Nutrition)을 수료하였으며, 미국 오클라호마 주립대학교(Oklahoma State University)에서 연구교수(Dept. of Anatomy & Cell Biology)로 재직하였다. ㈔한국급식외식위생학회 회장 등을 역임하였고, 현재 한양대학교 생활과학대학 학장 및 식품영양학과 · 고령산업융합학과 교수를 겸임하고 있으며, 국무총리실 식품안전정책위원회 민간위원으로 활동 중이다.

◆ 정은경(제8장 시니어 여가산업) / ekcheong@hanmail.net
베이비부머의 여가활동 관련 논문으로 경영학 박사학위를 취득하였다. 노엘인터트레이드 이사와 바디셰이프 대표를 역임하였고, 현재 한국비즈컨설팅㈜ 이사와 국제주얼리디자인학술협회 부회장, 한국주얼리평가협회 이사, 한국시니어비즈니스학회 홍보이사, 소상공인시장진흥공단 평가위원 등으로 활동하고 있다.

◆ 안성남(제9장 시니어 뷰티산업) / gloria707@hanmail.net
뷰티서비스산업 관련 논문으로 경영학 박사학위를 취득하였으며, 현재 한국서비스경영연구소 소장과 호서대학교 대학원 뷰티디자인학과 겸임교수로 재직 중이다. 호원대학교 패션디자인학부 겸임교수를 역임하였으며, 한국뷰티경영학회 부회장과 한국시니어비즈니스학회 상임이사로 활동 중이다.

◆ 진주영(제9장 시니어 뷰티산업) / muye007@hanmail.net
베이비붐 세대의 경제활동 관련 논문으로 경영학 박사학위를 취득하였다. 현재 ㈜에스엠앤비 대표이사와 호원대학교 항공관광학부 겸임교수로 재직 중이고, ㈔한국벤처창업학회 이사와 한국시니어비즈니스학회 상임이사로 활동 중이다.

◆ **이지흠**(제10장 시니어비즈니스와 과학기술) / land75@naver.com
융복합산업 관련 논문으로 벤처경영학 박사학위를 취득하였으며, 현재 안동대학교 LINC+사업단 교수 및 학교기업지원센터 부센터장으로 재직 중이다. ㈜창신조경 이사와 림빈, 쿡앤푸드, 로스터리1223의 대표를 역임하였으며, 세종창조혁신센터, 경기6차산업, 제주테크노파크 전문위원과 농업문화정보원 평가위원으로 활동 중이다.

◆ **박해룡**(제10장 시니어비즈니스와 과학기술) / taijinmia@hotmail.com
자율주행 자동차 관련 논문으로 벤처경영학 박사학위를 취득하였으며, 현재 컨설팅 프랜드㈜ 경영지원본부장과 Tj미디어 강북대리점 대표로 재직 중이다. 주요 관심사는 음향·영상기기, 마케팅, 기술, 컨설팅 등이며, 한국시니어비즈니스학회 이사로 활동 중이다.

◆ **한세미**(제11장 시니어비즈니스의 혁신전략) / smm32@cha.ac.kr
KAIST에서 경영학 박사학위를 취득하였으며, 현재 차의과학대학교 일반대학원 고령친화산업학과 교수로 재직 중이다. 주요 관심사는 시니어비즈니스 경영, 시니어소비자 행동, Aging과 기술 간 융합, 디지털 혁신전략 등이며, 고령친화산업 혁신추진단과 의료정보 빅데이터센터 등의 자문위원 및 한국시니어비즈니스학회 편집이사로 활동 중이다.

학회 소개

한국 시니어 비즈니스 학회
Korean Society of Senior Business

미션	시니어비즈니스 산업 발전 및 시니어 삶의 질 향상
비전	50+ 시니어 영역에 대한 학문적 연구와 'Bravo Senior Life'가 될 수 있는 여건 조성
목표	1. 고령사회 대비와 바람직한 방향성 제시 2. 정책 입안자에게 유용한 학문적 연구결과 전달 3. 시니어비즈니스 경영자에게 가이드라인 제공

창립 선언문

현재 우리나라는 고령사회로의 진전으로 50+ 시니어가 차지하는 비중과 중요성이 갈수록 커지는 시대적 변화를 맞이하고 있습니다. 이에 고령사회로 인한 문제점 해결방안 모색과 시니어비즈니스의 발전 및 시니어의 삶의 질 향상을 위한 활동이 시급한 현실입니다.

한국시니어비즈니스학회는 시대적 요구에 따른 시니어비즈니스를 위한 여러 분야의 발전에 이바지하고자 창립되었습니다. 이를 위해 고령사회 대비와 바람직한 방향성을 학술 활동으로 제시하고, 정책입안자들에게 유용한 학문적 연구 결과를 전하는 동시에 시니어비즈니스 관련 분야 경영자에게 가이드라인을 활발히 제공하고자 합니다.

또한 한국시니어비즈니스학회의 지향점은 다양한 분야의 연구자와 전문가, 정책입안자, 운영실무자, 시민 사회활동가, 학생 등이 모여 새로운 네트워크를 형성하고, 다학제 간 교류의 공간이 되어 연구성과를 공유하는 것입니다. 이를 토대로 폭넓은 훈련 기회를 제공하는 것을 주 목적사업으로 추진합니다.

이제 새로 창립하는 본 학회가 실제적인 시니어 정책을 바탕으로 선순환적 시니어비즈니스 발전을 꾀하고, 관련 연구와 교육, 정책, 비즈니스 등의 분야에서 국내는 물론 국제적 수준으로 자리매김하여 굳건한 위상을 떨칠 수 있기를 기대합니다.

2017년 12월 5일

한국시니어비즈니스학회 창립준비위원회 일동

주요 활동내역

2017년 12월 5일	한국시니어비즈니스학회 창립총회(국회의원회관 제1세미나실)
2018년 3월 16일	2018 춘계학술포럼 개최(가천대학교 비전타워) 주제: 지역사회와 고령친화산업 발전 방안
2018년 5월 25일	2018 춘계학술대회 개최(국회의원회관 제2세미나실) 주제: 시니어비즈니스의 기회와 도전
2018년 11월 8일	2018 추계학술포럼 개최(대우재단빌딩 한국보건사회연구원) 주제: 시니어비즈니스, 일본에서 무엇을 벤치마킹할 것인가?
2019년 1월 18일	제1회 한국시니어비즈니스학회 정기총회 (대우재단빌딩 한국보건사회연구원)
2019년 6월 28일	『시니어비즈니스 이해와 전략』 출간
2019년 7월 1일	2019 하계학술포럼 개최(대우재단빌딩 한국보건사회연구원) 주제: 시니어비즈니스와 공유가치(CSV)의 실현

시니어비즈니스학회(초대 및 제2대 이사진)

성명	소속	비고
김형수	호서대학교 대학원 고령친화산업전공 교수	회장
고경환	한국보건사회연구원 선임연구위원	수석부회장
이원재	가천대학교 의료경영학과 교수	부회장
김숙응	숙명여자대학교 실버비즈니스학과 교수	부회장
김병준	강남대학교 실버산업학과 교수	부회장
송양민	가천대학교 의료경영학과 교수	감사
이민석	㈜알테오젠 상무	감사
이지흠	안동대학교 LINC+사업단 교수	총무이사
엄애선	한양대학교 생활과학대학 식품영양학과/ 고령산업융합학과 교수	학술이사
한세미	차의과학대학교 일반대학원 고령친화산업학과 교수	편집이사
김성철	백석대학교 보건복지대학원 복지경영학과 교수	기획이사
정은경	한국비즈컨설팅㈜ 이사	홍보이사
조한종	서울시50플러스재단 교육사업 실장	대외협력이사
김성국	㈜케이원트레이딩 대표이사	대외협력이사
구성수	하남시 보건소장	상임
김 민	철수식품 대표	상임
김경식	호서대학교 게임공학과 교수	상임
김광석	삼정KPMG경제연구원 수석연구원	상임
김대중	한국보건사회연구원 부연구위원	상임
김수형	성남 고령친화종합체험관 팀장	상임
김은희	나비의꿈시설 원장	상임
김정근	강남대학교 실버산업학과 교수	상임
김정선	한국보건사회연구원 연구위원	상임
김좌진	㈜마더스제약 대표이사	상임
김한수	주식회사 비지팅엔젤스코리아 대표	상임

류시원	인제대학교 보건대학원 교수	상임
문명국	청운대학교 융합소재공학과 교수	상임
문승권	다산경영정보연구원 원장	상임
박원필	대한간호노인요양원 부원장	상임
박해룡	컨설팅프랜드㈜ 경영지원본부장	상임
신동성	㈜이롬파트너스 대표	상임
안기용	㈜교문사 이사	상임
안성남	한국서비스경영연구소 소장	상임
유왕근	대구한의대학교 보건복지대학원장	상임
이갑숙	총신대학교 평생교육원 책임교수	상임
이상호	자연본색 대표	상임
이선협	컨설팅프렌즈㈜ 사업본부	상임
이소진	㈜아하인재교육원 대표이사	상임
이용진	근로복지공단 안산병원 과장	상임
이자현	크레비즈 대표	상임
이정우	인제대학교 사회복지학과 교수	상임
이채규	에이세미㈜ 이사	상임
이필도	을지대학교 장례지도학과 교수	상임
이현숙	동원대학교 외래교수	상임
장현	광주복지재단 대표이사	상임
전영미	㈔디베이트협회 회장	상임
정부현	㈔한국약용작물교육협회 교육위원	상임
조정문	㈔한국경력개발진흥원 대표	상임
진주영	에스엠앤비㈜ 대표이사	상임
최숙희	한양사이버대학교 실버산업학과 교수	상임

• 홈페이지: http://kssb.co.kr
• 카페: http://cafe.naver.com/sb50plus
• 이메일: sb50plus@naver.com

시니어비즈니스 이해와 전략

Understanding and Strategies of Senior Business

2019년 6월 28일 1판 1쇄 발행
2023년 10월 20일 1판 2쇄 발행

지은이 • 김형수 · 고경환 · 송양민 · 김숙응 · 이원재 · 김정근 · 김정선
엄애선 · 정은경 · 안성남 · 진주영 · 이지흠 · 박해룡 · 한세미
한국시니어비즈니스학회

펴낸이 • 김진환

펴낸곳 • ㈜학지사
04031 서울특별시 마포구 양화로 15길 20 마인드월드빌딩

대표전화 • 02-330-5114   팩스 • 02-324-2345

등록번호 • 제313-2006-000265호

홈페이지 • http://www.hakjisa.co.kr

인스타그램 • https://www.instagram.com/hakjisa

ISBN 978-89-997-1852-6 93330

정가 17,000원

저자와의 협약으로 인지는 생략합니다.
파본은 구입처에서 교환해 드립니다.

이 책을 무단으로 전재하거나 복제할 경우 저작권법에 따라 처벌을 받게 됩니다.

이 도서의 국립중앙도서관 출판시도서목록(CIP)은 서지정보유통지원시스템 홈페이지(http://seoji.nl.go.kr)와 국가자료공동목록시스템(http://www.nl.go.kr/kolisnet)에서 이용하실 수 있습니다.
(CIP 제어번호: CIP2019023723)

출판미디어기업 학지사

간호보건의학출판 **학지사메디컬** www.hakjisamd.co.kr
심리검사연구소 **인싸이트** www.inpsyt.co.kr
학술논문서비스 **뉴논문** www.newnonmun.com
교육연수원 **카운피아** www.counpia.com